Reflexiones sobre
EL ORIGEN
DE LA GRAMÁTICA
EN OCCIDENTE

Antecedentes y cristalizaciones conceptuales en la época clásica y helenística

L. Ángel Castello – Marisa Divenosa (comp.)

Reflexiones sobre el origen de la gramática en occidente: antecedentes y cristalizaciones conceptuales en la época clásica y helenística /
Castello Luis Ángel... [et al.]; compilado por Luis Ángel Castello ; Marisa G. Divenosa; Uuirto, 1a ed. - San Martín, Bs As : Febrero, 2020.
182 p. ; 21 x 15 cm.

ISBN 978-987-47511-0-2

1. Gramática. 2. Semántica. 3. Retórica. I. Castello, Luis Ángel, comp. II. Marisa G. Divenosa, comp. CDD 410s.

Edición y corrección técnica: Vecchio Ariel y Mattos Roberto
Arte de tapa y diseño: Mattos Roberto

www.uuirto.com
info@uuirto.com
+54-11-6577-1818

Impreso en el mes de agosto de 2020
Panamericana km 37.5, ramal escobar, Parque Industrial Garín Lote 3,
Pcia de Bs As

PRÓLOGO

El presente volumen se enmarca un proyecto de investigación UBACyT desarrollado durante los años 2018 y 2019. El tema del mismo es precisamente el que da nombre a nuestro libro, y es fruto de trabajos de investigación desarrollados, tanto en este proyecto particular, como de otros que lo precedieron. El grupo de trabajo ha recorrido desde hace años el ámbito de la crítica, análisis y conformación de la diversas disciplinas del lenguaje que se constituyeron en Grecia a partir de su diseminación del tronco común de la oralidad épica y la aparición de la técnica letrada. Es de esta forma como hemos logrado relevar relaciones dialécticas entre los diferentes teóricos antiguos, que tomaron forma en trabajos particulares como los que siguen. Los proyectos anteriores, que se abocaron a reflexionar sobre el "Uso de los *trópoi* (metáfora y metonimia) y figuras en la retórica antigua: presencia de la oralidad en la escritura" (UBACyT 2013-2016), y sobre "El tránsito de la Cultura Oral a la escritura: una clave hermenéutica de la Grecia clásica" (2010-2012), no sólo han derivado en estas formulaciones sobre la gramática, sino que se continuarán en "El origen de la sintaxis en Occidente: antecedentes filológicos y filosóficos, y sus formulaciones grecolatinas", sobre el que prevemos avanzar a partir de aquí.

Los artículos que conforman el volumen focalizan en diferentes puntos centrales de la conformación de la gramática como técnica. En sus líneas generales, un primer grupo de artículos se centra en lo que los gramáticos alejandrinos llamaron la parte técnica de la gramática, es decir, las reflexiones y sistematizaciones sobre la manera de decir, el léxico utilizado y las particularidades semánticas con que se los utiliza. Así, el trabajo que abre el volumen, "La polisemia de la muerte, símbolo de la filosofía", le permite a A. Brousson detenerse en la red léxica que Platón utiliza en el *Fedón* para dar diferentes características de la muerte y tematiza su simbología respecto de la actividad filosófica. En el artículo "Acerca de la *léxis*, la tonalidad afectiva y la persuasión en Aristóteles", A. Vecchio reflexiona también sobre la influencia de cuestiones léxicas, pero enmarcadas en la propuesta aristotélica de la interpretación del fenómeno persuasivo. Estos dos trabajos -como decimos- se encargan de remontar las elaboraciones teóricas de la época clásica acerca de la parte técnica de la gramática. Otro tanto puede señalarse del artículo de Á. Castello, "El tratamiento de la anáfora en Apolonio Díscolo y el fenómeno sintáctico del pronombre relativo", donde el centro del desarrollo es ahora la anáfora, no ya desde los antecedentes clásicos de la conformación técnica de la disciplina que nos ocupa, sino a partir del análisis del fenómeno que ha logrado realizar Apolonio Díscolo en el siglo II de nuestra era, y de donde es posible extraer una génesis del fenómeno del "pronombre relativo" de la gramática posterior. Esta primera sección se cierra con el aporte de Jorge Mainero, "Analogía, anomalía y género de voces latinas en Aulo Gelio", que enfoca la atención del lector hacia la génesis de los géneros en el indoeuropeo, y sus mutaciones en el latín.

Los artículos que siguen se ocupan de lo que podríamos llamar la parte retórico-literaria de la gramática –sobre la que los alejandrinos habrán de centrar su aporte principal a la constitución de la disciplina–, que se encarga de interpretar producciones poéticas y en prosa. Así, A. Vecchio, en su "Narrar el saber filosófico: el Sócrates platónico como *ethopoiía* del *know-how*", abre la perspectiva de un análisis de los diálogos de Platón en los que contamos internamente con una herramienta de interpretación discursiva: la *ethopoiía*. Mediante ella, la forma dialógica se vuelve parte del contenido filosófico que pretende exponerse, y no un mero medio o continente neutro en el que se vehiculiza lo conceptual. M.A. Fierro y M. Lozano, por su parte, proponen en su trabajo "Estrategias para la ampliación de la técnica retórica en el *Fedro*" una interpretación acerca del valor y de la amplitud de la oratoria en el marco del diálogo de Platón maduro. Estos dos planteos recogen los antecedentes teóricos relativos a los temas tomados por los artículos de J. A. Vargas Caparroz, J. Mainero y M. Divenosa, centrados ya en el estado de la cuestión gramatical durante los primeros siglos de nuestra era. Mientras que el primero, en "La crítica e interpretación de la poesía: un posible aporte de Diógenes de Enoanda a la polémica entre epicureísmo y gramática", recoge un extenso debate sobre la interpretación poética, el segundo lo hace respecto de la representación de lo extraño en la ficcionalización, tal como aparece desarrollado en la obra de Aulo Gelio. La tercera autora mencionada cierra el volumen con la propuesta: "Sexto Empírico lee a Dionisio Tracio", donde todos los desarrollos teóricos anteriores se revisan a la luz de la radical crítica escéptica. Ésta, materializada en la obra de Sexto *Contra los Gramáticos*, arremete contra la estabilidad y solidez de los desarrollos de los gramáticos a través de todos los tiempos, y nos proporciona al mismo tiempo una amplia recopilación de voces que, desde su origen, conformaron sin duda el escenario de la teorización gramatical.

Queremos finalizar este Prólogo expresando nuestro especial agradecimiento a Ariel Vecchio y a Roberto Mattos, por su esmerada colaboración en la edición y corrección de este volumen.

LA POLISEMIA DE LA MUERTE, SÍMBOLO DE LA FILOSOFÍA
Agustín Brousson (UBA)

Una de las características de la producción platónica perteneciente al llamado período de madurez es la utilización por parte del filósofo ateniense de mitos, de alegorías, de imágenes, en definitiva, de lo que en un sentido amplio podemos denominar símbolos. Pero el recurso a los mismos no es algo que obedezca exclusivamente a razones literarias. Por el contrario, los símbolos siempre aparecen cuando la reflexión está abocada a asuntos de gran importancia dentro de la filosofía platónica. Así, por ejemplo, cuando Sócrates debe hablar sobre la ἰδέα del alma, en lugar de hacer una descripción, ofrece la conocida imagen del carro alado. Otro tanto ocurre en *República* VI y VII con las tres imágenes –el sol, la línea dividida y la caverna– que desarrolla en lugar de decir qué es el Bien, cuál es su relación con la demás Formas y cómo es el camino que el filósofo recorre en su intento por aprehenderlo. Finalmente, entre muchos otros, podemos mencionar la bellísima imagen de *Carta* VII: "a partir de una larga intimidad con la cosa misma surge súbitamente, como encendida por un fuego centelleante, una luz en el alma y se alimenta a sí misma" (341c-d). Vemos, entonces, que cuando tiene que hablar sobre asuntos de capital importancia, Platón opta por abandonar el lenguaje directo y ofrece en su lugar un símbolo –o más de uno. Según nuestra interpretación, en esto se hace evidente la conciencia platónica respecto a dos asuntos íntima y estrechamente relacionados: por un lado, los límites del lenguaje humano, su incapacidad para reflejar determinados asuntos de manera directa; y, por otro lado, la potencia del lenguaje simbólico para expresar aquellos que el lenguaje directo no puede.

Además de los mencionados (ἰδέα del alma, el Bien y el conocimiento), hay otro tema respecto del cual Platón no dice ni oculta, sino que prefiere dar símbolos: su propia concepción de la filosofía. En efecto, el filósofo ateniense no expresa de manera directa en qué consiste el quehacer filosófico –al menos en el ya mencionado período de madurez–, sino que recurre para ello a analogías, metáforas, imágenes, en una palabra, a símbolos. El presente trabajo estará dedicado al análisis de uno de estos símbolos, el de la filosofía como muerte en *Fedón*. Lo que intentaremos mostrar es cómo en dicho diálogo la reflexión socrática parte de una concepción de la muerte que podríamos denominar "popular" o "tradicional", que es la de la muerte como viaje o tránsito hacia el más allá, que a medida que avanza la argumentación va siendo enriquecida semánticamente hasta convertirse en casi sinónimo de la actividad filosófica. Esto nos permitirá, en primer lugar, ver cómo trabaja Platón con el símbolo y, en segundo lugar, hacer evidente algo que hemos mencionado antes: que el recurso al lenguaje simbólico no obedece a razones literarias-estilísticas, sino a la conciencia respecto a la potencia semántica del lenguaje simbólico para expresar lo que el lenguaje directo no puede.[1]

I. Muerte como viaje o tránsito hacia el más allá

En 61b, tras responder a Simias y Cebes sobre el motivo por el cual ha compuesto un himno a Apolo y ha puesto en verso fábulas esópicas, Sócrates les pide que digan a Eveno que "si es sensato, me siga lo más rápido posible".[2] Ante el asombro de sus interlocutores pregunta: "¿No es filósofo Eveno?" (61c). A partir de este breve episodio resulta posible vislumbrar, en primer lugar, cierto vínculo, cierta relación entre morir y filosofar, tema del que nos ocuparemos en el siguiente apartado. Pero también puede colegirse del vocabulario con que Sócrates se refiere a la muerte entre 61b y 63e una primera concepción de la muerte. En efecto, el filósofo ateniense utiliza verbos como διώκω, ἄπειμι, ἔρχομαι y sustantivos como ἀποδημία, entre otros, mediante los cuales se hace evidente la concepción de la muerte como viaje o tránsito hacia el más allá. De este modo, no se aleja de lo que podríamos denominar, por no encontrar un mejor adjetivo, la concepción "popular" de la muerte.[3] Ciertamente, en el imaginario griego, al igual que en el de muchos otros pueblos, encontramos la representación del morir como un viaje que el difunto –o parte de él, su ψυχή– emprende hacia el más allá. Para reconstruirla contamos con dos tipos de documentos: las fuentes literarias y, fundamentalmente, el material arqueológico (tumbas, lécitos, copas, etc.). Ambos testimonian la relevancia de cuatro figuras en este tránsito hacia el más allá: los hermanos Hýpnos y Thánatos, el dios Hermes y el barquero Caronte.

El testimonio literario más importante respecto a Hýpnos y Thánatos en relación con la muerte lo encontramos en el canto XVI de *Ilíada*, en el episodio de la muerte de Sarpedón a manos de Patroclo. Cuando ambos héroes se encuentran en plena lucha, al ver que Sarpedón, el más querido de los mortales para él, va a sucumbir, Zeus manifiesta que se debate entre extraerlo de la batalla y salvarlo o no. Al oír esto y tras manifestarle que no todos los dioses aprobarían su intervención, Hera le dice:

---

[1] Una versión preliminar de este trabajo fue presentada en *VIII Coloquio internacional Cartografías del yo en el mundo antiguo. Estrategias de su textualización* (La Plata, junio de 2018) y publicada en las Actas del mismo.

[2] A partir de aquí todas las citas platónicas pertenecen a *Fedón*, por lo cual nos limitamos a indicar la numeración de Stephanus. La traducción de los textos griegos es propia salvo que se indique lo contrario.

[3] "Popular" en el sentido de ser común o extendida entre la mayoría de los griegos.

Pero si te es querido y tu corazón siente lástima por él, déjalo primero en la violenta batalla sucumbir a manos de Patroclo Menecíada, y en cuanto lo abandone el aliento y la vida, envía a la Muerte y al dulce Sueño a que lo transporten hasta llevarlo al pueblo de la vasta Licia, donde sus hermanos y parientes le harán solemnes exequias con una tumba y una estela: ¡ése es el privilegio de los que mueren! (XVI 450-457)[4]

Más adelante en el mismo canto, ya muerto Sarpedón, Zeus pide a Apolo que saque el cuerpo, lo limpie y lo lleve

ante los raudos escoltas, ante el Sueño y la Muerte, hermanos gemelos, quienes pronto lo depositarán en el pingüe pueblo de la vasta Licia, donde sus hermanos y parientes le harán solemnes exequias con una tumba y una estela: ¡ése es el privilegio de los que mueren! (671-675).

Ambos pasajes, ejemplos de lo que se conoce como repeticiones homéricas, resultan de gran interés para nuestro tema, pues a partir de ellos se hace manifiesta la función de los hermanos con relación a la muerte: ellos son quienes transportan y escoltan el cadáver hacia dónde se encuentran sus familiares para que éstos le den la debida sepultura. Además de impío, dejar insepulto un cadáver impide que la ψυχή del difunto pueda arribar a su destino final, permaneciendo en una suerte de limbo, como puede verse, por ejemplo, en el pedido que la ψυχή de Patroclo hace a Aquiles en el canto XIII de *Ilíada* y el de Elpénor a Odiseo en el canto XI de *Odisea*. Como complemento de los testimonios homéricos, una serie de lécitos y vasos exhiben a Hýpnos y Thánatos depositando el cadáver en la tumba. Según la sugestiva interpretación de Díez de Velasco (1995: 33-34), Hýpnos y Thánatos transportan imaginariamente el cadáver de alguien que ha fallecido lejos de su patria –probablemente un soldado– hacia la tumba, donde los familiares podrán rendir las debidas honras fúnebres. Ahora bien, si la acción de los gemelos es ésta, cumplen sólo una función liminal en este viaje al más allá: garantizan que, incluso quien ha muerto lejos de sus familiares, reciba sepultura e inicie así el camino propiamente dicho hacia el Allende.

Una vez sepultado el cuerpo, el alma del difunto es recibida y escoltada por el dios Hermes. Si bien se trata de una deidad polifacética y polifuncional, dice Otto (1973: 96) que "en el favor del acompañamiento se manifiesta la verdadera realidad del dios". Entre los muchos epítetos

---

[4] La traducción es de Crespo, E. (2006) *Ilíada*, Madrid, Gredos.

que recibe se cuentan ψυχοπομπός (conductor, escolta de almas) y ψυχαγωγός (guía de almas). Así lo encontramos en el descenso a la morada de Hades de las almas de los pretendientes de Penélope narrada en el canto XXIV de *Odisea*:

> Hermes, dios de Cilene, hacia sí convocaba las almas de los muertos galanes. Llevaba su vara en las manos, vara hermosa, dorada, que aduerme a los hombres los ojos si él lo quiere o los saca del sueño. Despiertas por ella llevaba sus almas […] exhalando quejidos marchaban en grupo tras Hermes sanador, que sus pasos guiaba en las lóbregas rutas (XXIV 1-10).[5]

Gran cantidad de lécitos y estelas funerarias representan a Hermes en su carácter de escolta y guía de almas. En ellos puede verse al dios a veces junto a la tumba esperando al difunto, a veces escoltándolo en medio del trayecto o bien arribando junto a él a la siguiente etapa del viaje. Hermes, en palabras de Díez de Velasco, "cumple un papel reconfortante en la ideología funeraria, pues asegura que el muerto no emprende en soledad su viaje sino que le espera, como un amigo, un dios para guiarlo en los caminos de la muerte" (1995: 39).

En el último trayecto de este viaje del alma hacia su morada definitiva la figura recurrente es la de Caronte, el barquero que cruza las almas por el Aqueronte. Si bien éste es el personaje más famoso del imaginario griego de la muerte, no hay ninguna referencia a él ni en Homero ni en Hesíodo, lo cual hace pensar que se trata de una figura tomada de otra cultura e incorporada a la griega en época más reciente. En el libro X de la *Descripción de Grecia* de Pausanias encontramos la alusión al documento más antiguo que menciona a Caronte. En efecto, en el parágrafo 28 de dicho libro, al describir y comentar una pintura de Polignoto cuyo tema es la νέκυια que Odiseo realiza en el canto XI de *Odisea*, dice:

> Lo que hay en la pintura es así: hay agua que parece representar un río, evidentemente el Aqueronte, y en él crecen cañas. […] hay una barca en el río y el barquero con los remos. Polignoto, en mi opinión, siguió el poema de la *Miníada*, pues en ésta hay respecto a Teseo y Pirítoo lo siguiente: <Allí la barca, en la que montan los muertos, que el viejo barquero Caronte acostumbraba a conducir, no la encontraron dentro del embarcadero> (*Desc. de Grecia*, X 28 1-2).

---

[5] La traducción es de Pabón, J. M. (2006) *Odisea*, Madrid, Gredos.

El documento al que aludimos antes es la *Miníada*, poema épico hoy perdido, atribuido a Pródico de Focea, poeta del siglo VI a. C. Esto permite suponer que Caronte ingresó en Grecia por esa fecha. No es este el lugar para discutir las distintas interpretaciones en torno a la fecha ni al porqué de este ingreso, pues aquí sólo nos interesa destacar que la función del barquero en esta concepción de la muerte es la de depositar al difunto en su morada final, como muchos lécitos muestran.

De este modo, la imagen completa del camino hacia el más allá sería: Hýpnos y Thánatos transportan el cadáver bien hacia su tumba, bien hacia su tierra para que los familiares puedan cumplir con los ritos funerarios. Tras esto comienza el camino propiamente dicho, que consta de dos etapas: en la primera el alma va desde su tumba hasta la orilla del Aqueronte acompañada por Hermes; en la segunda es recibida por Caronte y, tras cruzar el río, depositada por él en la que será su morada definitiva.

Cabe destacar que también en otras concepciones griegas la muerte es presentada como el viaje del alma hacia el más allá, aunque a veces lo que este viaje implica es completamente diferente a lo que acabamos de exponer. Sólo por mencionar algunas diferencias, en la imaginería escatológica órfica las divinidades que intervienen no son las que hemos visto, sino otras; no hay un destino único común, sino dos, uno malo con castigos y otro bueno libre de ellos; aparece la idea de la transmigración del alma; y también está presente la idea de la posibilidad de alcanzar un destino privilegiado si se cuenta con una serie de indicaciones sobre cómo comportarse en el Allende.[6] Aun cuando sea muy probable que la escatología platónica esté más cerca de la concepción órfica que de la que hemos denominado "popular", hemos desarrollado con mayor detenimiento ésta para mostrar que la idea de la muerte como viaje o tránsito hunde sus raíces en Homero y, por lo tanto, en el suelo más profundo de la cultura griega.

II. Muerte como separación del alma respecto del cuerpo

Volvamos a *Fedón*. En 64a Sócrates dice que "quienes abrazan rectamente la filosofía no se ejercitan en otra cosa que en morir y estar muertos",[7] con lo cual reaparece la idea de la existencia de cierto vínculo entre filosofar y morir, esbozado ya en la exhortación a Eveno. Hacer manifiesto dicho vínculo es precisamente el objetivo de un bloque temático del diálogo que se extiende grosso modo desde 63e8 hasta 69e5.

---

[6] Cf. Bernabe, A. y Jiménez San Cristóbal, A., *Instructions for the Netherworld*, Brill, 2008.
[7] Misma idea en 67e.

Ahora bien, para esto la idea de la muerte como viaje resulta de poca ayuda, motivo por el cual se produce un cambio de concepción, algo que se hace evidente en 64c cuando Sócrates pregunta:

> ¿Y acaso es <la muerte> alguna otra cosa que la separación (ἀπαλλαγή) del alma respecto del cuerpo? ¿Y estar muerto no es esto: tras separarse del alma, el cuerpo resulta en sí y por sí mismo, mientras que el alma, tras separarse del cuerpo, es en sí y por sí misma? (64c4-8).

La muerte, entonces, ya no es aludida como viaje, sino como la separación del alma y el cuerpo. Luego el filósofo ateniense se concentra en el otro elemento de la relación: el filosofar. Lo primero que establece es que tal ocupación no gira en torno al cuerpo (esto es, a sus necesidades, apetitos, placeres, etc.), sino que el filósofo "cuanto sea posible se aleja de él y se vuelve hacia el alma" (64d). Esto se debe a que el cuerpo en la adquisición de sabiduría (κτῆσις φρονήσεως) se presenta como un obstáculo, como un impedimento (ἐμπόδιον) debido a los cuidados que demanda y a las distracciones que produce. Por otro lado, resulta imposible alcanzar algún conocimiento firme y seguro mediante las facultades sensibles, pues todas ellas, incluso la vista, se revelan falibles. De ahí que Sócrates pregunte: "¿Cuándo, entonces, el alma alcanza (ἅπτεται) la verdad? Pues toda vez que intenta examinar algo junto con el cuerpo (μετὰ σώματος) es engañada por éste" (65b). La respuesta que él mismo ofrece a su pregunta es que es al utilizar el λόγος (ἐν τῷ λογίζεσθαι)[8] que el alma "al despedir al cuerpo resulta en mayor medida en sí y por sí y, en la medida en que puede no estar en comunidad con él ni ceñida <por él>, apetece lo real" (65c). De este modo la filosofía se presenta como la separación del alma respecto del cuerpo. La relación entre filosofar y morir consiste, entonces, en que ambos son en esencia lo mismo. A partir de este cambio en el modo de concebir la muerte resulta posible para Sócrates establecer el buscado vínculo entre filosofía y muerte.

---

[8] Cf. Eggers Lan (2006), nota 43 de la página 157.

III. Muerte como purificación

Continuando con esta reflexión en torno al lugar del cuerpo en la adquisición de sabiduría, Sócrates expone cómo sería el razonamiento de los filósofos genuinos respecto a esto (66b-67b). El mismo parte de la conclusión a que el filósofo ateniense ha arribado: "Mientras tengamos cuerpo y nuestra alma se encuentre mezclada con semejante mal (συμπεφυρμένη μετὰ τοιούτου κακοῦ), no poseeremos suficientemente aquello que deseamos" (66b). El cuerpo ya no es sólo un impedimento, sino que ahora directamente es presentado como un mal que contamina al alma. Ahora bien, como lo que se pretende alcanzar es lo real, que es puro, sin mezcla y puesto que "para lo no puro no es lícito alcanzar lo puro" (67b), será necesario, entonces, purificar al alma de su relación con el cuerpo. En 67c-d Sócrates expresa que tal purificación consiste en

> separar lo más posible del cuerpo al alma y que ella por sí misma se acostumbre a reunirse y recogerse desde todas las partes del cuerpo y habite en la medida de lo posible, tanto ahora en el presente como luego en el porvenir, sola por sí misma, liberada del cuerpo como de ataduras.

Si ponemos en relación esta definición con lo dicho antes, no resulta difícil concluir que morir y filosofar coinciden también en ser ambos, además de separación del alma respecto del cuerpo, purificación de ese mal que impide la aprehensión de lo real. De este modo, a la vez que se refuerza el vínculo entre morir y filosofar, aparece una tercera forma de presentar la muerte: como purificación del alma.

En el mismo contexto en que aparece esta definición hay alusiones claras y directas a las iniciaciones mistéricas, en las que la purificación era un componente de gran importancia: la iniciación es entendida en el marco de los misterios como un cambio en la condición existencial del novicio, y de allí que con frecuencia se la presente como muerte y renacimiento: al ser iniciado muere el hombre que antes era y emerge uno nuevo.[9] A partir de esto Sócrates puede establecer una semejanza entre los iniciados y los verdaderos filósofos y afirmar lo siguiente:

> Y es muy probable que los que establecieron para nosotros las iniciaciones no sean unos necios, sino que, en realidad, desde antiguo dicen enigmáticamente que aquel que llegue (ἀφίκηται) a la morada de Hades profano y no iniciado, yacerá en el fango; en cambio, el que está purificado e iniciado, al llegar (ἀφικόμενος) allí habitará (οἰκήσει) junto a los dioses. Porque, en efecto, como dicen los que <saben>

---

[9] Cf. Eliade (2003: 10).

acerca de las iniciaciones, 'son muchos los portadores de tirso, pero realmente pocos los bacantes', y estos, según mi opinión, no son otros que los que han filosofado rectamente (69c3-d2).

Mucho más adelante, retomando esta semejanza, Sócrates pregunta:

¿Y no es cierto que si <el alma> parte (ἀπέρχεται) en tal estado hacia lo semejante a ella, lo invisible, lo divino, inmortal y puro, al llegar (ἀφικομένη) allí le toca ser feliz liberada de su extravío, insensatez, temores, deseos salvajes y de los demás males humanos y, al igual que se dice en relación a los iniciados, pasando realmente el tiempo restante junto a los dioses? (81a)

La importancia de estos dos últimos pasajes citados reside en que a partir de la comparación con los iniciados Sócrates vuelve a emplear verbos y expresiones que retoman la idea de la muerte como viaje. Pero a diferencia de lo que hemos visto en la primera sección, agrega ahora que, al igual que los iniciados, el que ha dedicado su vida a la filosofía y ha separado y purificado su alma de lo somático podrá acceder, tras la muerte, a un destino de privilegio donde le tocará ser feliz y será liberado definitivamente de ese mal que es el cuerpo. De este modo, la concepción de la muerte como tránsito hacia el allende reaparece pero engrosada, enriquecida por las otras dos concepciones. Esto lo encontramos expuesto detalladamente en el relato escatológico con que concluye la reflexión socrática en *Fedón*.

IV. El relato escatológico: la concepción enriquecida de la muerte como viaje

El relato viene a continuación del cuarto y último argumento con que Sócrates pretende mostrar a sus interlocutores la inmortalidad del alma, tema del que aquí no nos ocuparemos. Se extiende desde 107c hasta 115a y es introducido por el filósofo con las siguientes palabras:

si ciertamente el alma es inmortal, necesita de cuidado no sólo en provecho de este tiempo que llamamos vivir, sino en provecho de todo <el tiempo>, pues ahora realmente parece que el peligro sería terrible, si uno no cuidara de ella" (107c2-5).

Este peligro terrible se debe a que el alma, tras separarse del cuerpo, no emprende su viaje hacia el más allá desligada de todo, sino que lleva consigo su educación (παιδεία) y su crianza (τροφή) (107d). Puesto que éstas pueden ser buenas o malas, será necesario cuidarse de educarla y criarla bien para que después de la muerte no arrastre elementos que influyan de manera negativa en su destino en el más allá. Aparece con esto un primer elemento que no está presente en la concepción "popular" de la muerte como viaje, que es que el modo de vida que se ha practicado en el más acá influye directamente en la suerte del alma en el Allende. En efecto, según relata Sócrates, una vez allí las almas son juzgadas por la vida que han llevado y, de acuerdo al veredicto, obtienen un destino específico. Así, las almas de quienes han vivido como el promedio sólo tiene un paso purgatorio por el más allá; las de aquellos que han cometido faltas tan graves que se los juzga incurables son arrojadas al Tártaro, de donde no salen jamás; las de los que cometieron injusticias pero pasaron su vida con arrepentimiento también son arrojadas al Tártaro, aunque luego de un año pueden retornar. Por último, las almas de los que se han destacado por vivir piadosamente se dirigen a una morada pura (καθαρὰ οἴκησις). Sin embargo, dentro de este último grupo, dice Sócrates,

> los que se purificaron suficientemente por la filosofía, viven sin cuerpos todo el resto del tiempo y llegan a moradas todavía más bellas que aquéllas, que ni es fácil mostrar ni hay tiempo suficiente ahora (114c2-6).

En la cita, junto a la idea de la muerte como el camino o viaje hacia su morada en el más allá, la filosofía vuelve a ser presentada como purificación. Si antes, como vimos, esta idea le sirvió a Sócrates para mostrar que la aprehensión de lo real sólo resulta posible una vez que el alma se libera del cuerpo y deviene en sí y por sí gracias a la práctica de la filosofía, ahora le sirve para afirmar que el mejor destino en el más allá está reservado sólo para quienes han dedicado su vida a filosofar rectamente. De este modo, la filosofía se presenta como el mejor modo de vida posible por dos motivos: porque en el más acá es la única vida que hace posible la contemplación de lo real y porque en el más allá sólo ella permite acceder a un destino superior, privilegiado.

Conclusión: muerte física y muerte simbólica

Hemos intentado seguir, en la medida en que el marco del presente trabajo lo permitió, las etapas de la reflexión socrática en *Fedón* para mostrar cómo a lo largo de la misma la muerte va adquiriendo distintos significados. En realidad, podemos afirmar ahora que la concepción de la muerte en todo el diálogo es la misma: se la piensa como el tránsito del alma hacia el más allá. Sin embargo, gracias a las otras dos definiciones o concepciones de "muerte" que aparecen entre la exhortación a Eveno y el relato escatológico (*i.e.* como separación y como purificación) lo que esta idea, lo que este viaje implica se ve enriquecido. En este sentido, la muerte como separación le ha servido a Sócrates para mostrar en qué consiste la verdadera filosofía y por qué ella es un ejercicio o preparación para la muerte; la muerte como purificación le ha permitido establecer una semejanza entre los verdaderos filósofos y los iniciados en los misterios y manifestar que, así como éstos obtienen un mejor destino tras la muerte, lo mismo habrá de ocurrirles a aquéllos. A su vez, con ambas pudo expresarse sobre la relación entre cuerpo y alma que el verdadero filósofo debe lograr. En una palabra, gracias a este enriquecimiento semántico de la concepción de la muerte como viaje hacia el más allá, la muerte se ha convertido en símbolo del quehacer del verdadero filósofo o, si se prefiere, en símbolo de la concepción platónica de filosofía. No sabemos si Platón habría podido expresar las ideas que ofrece en *Fedón* sin recurrir al símbolo de la muerte, como tampoco sabemos si podría haber hablado de la ἰδέα del alma sin recurrir al lenguaje simbólico. Como dijimos en la introducción, nos inclinamos a creer que no podría haberlo hecho por exceder estos asuntos la capacidad del lenguaje directo. Pero más allá de esto, de lo que sí estamos seguros es de que sin el símbolo de la muerte-filosofía lo dicho en *Fedón* no habría tenido el impacto que tuvo, y *Fedón* no habría sido uno de los diálogos platónicos más estudiados, comentados, analizados e interpretados.

Referencias Bibliográficas

Burnet, J. (1900-1907), *Platonis Opera*, Oxford, Clarendon Press, 5 vols.

Diez de Velasco, F. (1995), *Los caminos de la muerte*, Madrid, Trotta.

Eggers Lan, C. (2006) Platón, *Fedón*, traducción, introducción y notas, Buenos Aires, EUDEBA.

Eliade, M. (2003), *Nacimiento y renacimiento*, Madrid, Editora nacional.

Otto, W. (1973), *Los dioses de Grecia*, Buenos Aires, EUDEBA.

Vigo, A. (2009) Platón, *Fedón*, traducción, introducción y notas, Buenos Aires, Colihue.

ACERCA DE LA *LÉXIS*, LA TONALIDAD AFECTIVA Y LA PERSUASIÓN EN ARISTÓTELES

Ariel Vecchio (UNSAM-UBA-LICH/CONICET)

En *DI* 17 a1 y ss. Aristóteles sostiene que todo *lógos* es sonido capaz de significar por convención. Esta definición de tipo genérica se divide luego, por un lado, en un tipo de *lógos* apofántico o uso constativo, en el cual se intentar dar con la verdad o falsedad, y, por otro, un uso no constatativo cuyo ejemplo allí es una plegaria. El primer tipo será objetivo de análisis en *DI*; en cambio, el estudio del tipo no constatativo, afirma Aristóteles, es propio de la *Retórica* y la *Poética*.

Como es muy sabido, la nota característica del ser humano como animal que vive en comunidad, según Aristóteles, es su capacidad de *lógos*. Esto se vincula a que la voz (*phoné*) de los seres vivos capaces de sensaciones de placer y de dolor es signo de ellos, entonces su capacidad comunicativa se limita a ese ámbito. En cambio, el *lógos* manifiesta lo conveniente y lo perjudicial, lo justo y lo injusto, cuyo revés es que lo propio (*ídion*) de los seres humanos es tener sensación (*aísthesin*) de lo bueno y malo, lo justo y lo injusto, etc. La puesta en común de dichas sensaciones, su comunidad (*koinonía*), produce la casa y la *pólis* (*Pol.* 1253a8-18). Sobre este punto Aubenque (2009:11) sostiene que el *lógos* es la capacidad no sólo para significar las afecciones inmediatas, común al género animal, sino pensamientos de utilidad y justicia,[10] razón por la cual "*l'homme n'est pas seulement un être de nature, mais de culture, un 'animal politique'*" (2009:12).[11]

El ser humano por naturaleza es un animal político porque, aunque no tenga obligación de ayuda recíproca, no cesa de apetecer (*orégontai*) el convivir (*suzên*) (1278b20-23). Sobre esta base primaria, la comunidad tiende hacia un fin (*télos*) común: el vivir bien (*zên kalôs*).[12] De manera que la comunidad no ha sido formada en vistas del mero hecho de vivir, sino que se orienta a un vivir cualificado adverbialmente (*eû*) (1280a31-32), incluso para una vida completa y autárquica (1280b35-ss.). En este sentido, la *koinonía* política no es reducible al

---

[10] Cf. Labarrière (2005:187-207). Brague (1980:306) en su trabajo sobre la *diáthesis* en Aristóteles, entendida como *Stimmung*, sostiene que la voz que afecta puede ser instrumentos musicales o la del orador. En la nota 4 afirma que la *Ret.* puede ser caracterizada como un tratado de la doble *diáthesis*: el *páthos* del alma y del discurso.

[11] Cassin (1997:30-33) afirma que, detrás de la distinción entre sonido y *lógos*, lo que subyace es que el primero remite a un objeto inmediato, en cambio el segundo a uno mediato, cuyas respuestas son simples y complejas, respectivamente.

[12] Para una puesta en claro de esta importante fórmula aristotélica, cf. Vigo (2019).

plano de lo inmediato, antes bien se funda en la finalidad de acciones ya calificadas (*kalôn*), no por el convivir simplemente[13].

Para Aristóteles, la cualidad política del ser humano se vincula con que el todo (*hólon*) –en este caso, la comunidad organizada orgánicamente (*pólis*)– es necesariamente anterior a las partes, las casas y el individuo (*Pol.* 1253a19-20, 25).[14] La *pólis*, en tanto fin, es entonces naturalmente anterior al individuo, o en otras palabras el individuo está ontológicamente orientado a vivir en comunidad. La tendencia natural a vivir en comunidad se entiende, en el caso del ser humano, como un convivir que significa formar comunidad (*koinoneîn*) de *lógos* y pensamiento, y no, como en el caso del ganado, alimentarse en el mismo sitio (*EN* IX 9 1070b11). Entonces, el orden de la palabra viva es condición *sine qua non* para la comunidad humana. Por ello el ciudadano en sentido general –aunque existan distintos tipos en cada régimen político, y que estén diversificados dentro cada uno– es definido con arreglo a cierto ejercicio del poder: participar en la función judicial o deliberativa (*Pol.* 1276a, 1275a22, 12758b18).[15]

La facultad deliberativa es aquella que trata lo útil y nocivo para la comunidad en pleno espacio público, por ende es política (Labarrière, 2005:118). Aubenque (2009:16) sostiene que la palabra deliberante no sólo caracteriza la especie humana, sino la condición humana: ni una bestia ni un dios, sino un *"animal parlant, animal délibérant ou animal politique"*. Por su parte Labarrière (2005:119) afirma que lo que distingue al ser humano no es la racionalidad en un sentido restrictivo, sino su peculiar modo de ser ético-retórico. Siguiendo explícitamente a Labarière, Cassin (1997:25-29) considera que la policiticidad y el *lógos* se vinculan en el ser humano solamente si el último es entendido no como razón, sino como discursividad: antes que en su aspecto lógico (o uso constativo), el *lógos* en sentido fundante ha de buscarse en lo poético y retórico (cf. *DI* 17a1 y ss.), y dentro del último más propiamente en el

---

[13] En *EE* VII 1242a23ss afirma que el ser humano, además de animal político, es capaz de constituir una casa, una familia. A diferencia de la procreación animal, el ser humano es un animal capaz de formar comunidad (*koinonikón*), incluso antes que exista la *pólis*.

[14] Aubenque (2011:131-145) pone ciertas reservas. Sostiene que en el libro I de *Pol.* se presenta una postura idealista con influencias platónica, en cambio, en los restantes libros se presenta una concepción de la política que la libera de toda confusión inmediata con la moral.

[15] Labarrière (1993:249) afirma que de los tres géneros son dos los que deben llamarnos la atención en este punto: 1) deliberativo, cuyo tema es lo útil y nocivo para la ciudad; y 2) judicial, que versa sobre lo justo e injusto. Para un desarrollo de esta idea en la tradición retórica, *Véase*, Hermógenes, *Les états de cause*, I, 1-3, donde, entre otras cosas, despega la búsqueda de la verdad de la técnica retórica, vinculándola con el orden del debate sobre útil y perjudicial para la ciudad.

género deliberativo, que es el orientado hacia lo común. Por ello, sostiene que el *lógos* político se confunde con aquello de la retórica y la poética bajo la tríada expresión-discursividad-racionalidad.

Por estas razones, entre otras, Cassin (1997:37,57) afirma que el sentido aristotélico de *lógos* es por su definición más político que el *lógos* de la sofística. En una palabra, la deliberación, en tanto *parole politique*, es lo propio de la especie humana: sólo el hombre delibera, esto es, politiza (Aubenque, 2009:17).

Como indicamos, lo propio del hombre como ser político es el *lógos* en tanto capacidad de manifestar la sensación de lo útil y lo perjudicial, lo justo y lo injusto. Estos asuntos nunca se establecen de una vez y para siempre, puesto que, según la premisa metodológica aristotélica, cada ámbito de conocimiento tiene su grado de exactitud conforme a su objeto (Wieland, 1999:107-8). Ahora bien, Labarrière (1993:248) sostiene que para que haya significación es necesaria otra capacidad humana: un tipo peculiar de *phantasía*, puesto que no hay sonido significante sin representación. En el caso de los animales la *phoné* es índice de una representación sensitiva; en cambio, en el animal político, la inmediatez está signada por la mediación del *lógos* que se inscribe en el ámbito de la *phantasía* deliberativa. De manera que el *lógos* es a la vez causa y signo de la distinción política del ser humano: las sensaciones del bien y del mal, devenidas representaciones, requieren ser deliberadas en común por medio de la palabra.[16] Además, Labarrière (2005:104-105) vincula el espacio intersubjetivo y dialogal de la opinión y de la deliberación, espacio humano, con la técnica retórica: *"le logos implique l'espace public et communautaire (*koinonía, ágora*), de la mise en jeu des opinions et 'phantasmes'"* propio del ámbito retórico (Labarrière, 1993:232). Es así que saber persuadir por medio del lógos en el ámbito intersubjetivo requiere conocer lo que es generalmente persuasivo.[17]

Incluso en las teorías actuales de la retórica se considera que un componente crucial en el proceso retórico es conocer los valores, experiencias, creencias, estatus social y aspiraciones de la audiencia, entre otras, y en este punto el autor encuentra una conexión con el énfasis de Aristóteles sobre los entimemas, que son argumentos construidos desde los valores, creencias, conocimientos que tienen en común el orador y su audiencia (cf. Herrick, 2016:9-10). En este marco, Herrick sostiene que la persuasión depende de *commonality between a rhetor and*

---

[16] Para el acceso práctico de la *Ret.* en relación a *EN*, cf. Fortenbaugh (2006).

[17] Herrick (2016:3-6) sostiene que los seres humanos son persuasores perpetuos. De hecho, considera difícil imaginar una relación humana en la cual no juegue un papel preponderante la persuasión, a tal punto que sostiene: *human beings are rhetorical beings.*

an audience. Ahora bien, el principio de identificación es lo que un rétor que se precie de tal tiene que considerar para que se dé la *audience adaptation*. *Mutatis mutandis*, como bien lo indica Aubenque (2011:67), en el *lógos* aristotélico se debe considerar no solamente el contenido, sino fundamentalmente su funcionamiento y modalidades de habla (*léxeis*); e incluso no sólo el mensaje, unidad formal-material, sino también el marco en el cual acontece, la modalidad de existencia del locutor y aquella del auditor (como antecedente, cf. *Fedro* 271a-272b).

Este breve recorrido sobre algunas notas de la polifacética concepción aristotélica de *lógos*, en tanto diferencia específica del ser humano, pone de relieve la dimensión compleja del modo de ser del ser humano y, sobre todo, al sentido originario de su carácter eminentemente político[18] con toda una gama de motivos allí implicados.[19] Es evidente que un análisis detallado rebasa los lindes de cualquier trabajo y, en especial, del presente. Por esta razón, puntualmente, retomando ciertos tópicos centrales y enmarcados en este enfoque hermenéutico, nos interesa indagar algunos puntos clave del tratamiento aristotélico de *léxis* tanto en *Poética* como en *Retórica* para dilucidar su papel y alcance en el juego de la persuasión, donde hay una íntima conexión entre la tonalidad afectiva, la representación y la acción humana. En el presente texto nos limitamos, entonces, a analizar la *Retórica* y algunos puntos de contacto con la *Poética*, con el propósito de reconstruir los rasgos característicos de la técnica productora de discursos, cuyo fin es provocar efectos de sentido performativos en el orden político y, por ende, en el marco la zona ontológica de lo que sucede la mayoría de las veces según las cosas que son posibles de otra manera.

Para tal fin comenzaremos con una breve caracterización de la técnica en sentido aristotélico (*EN* VI y *Met.*) y, en especial, de la técnica retórica (*Ret.*). A continuación, presentamos un panorama general de la antropología y de la psicología aristotélicas, con especial atención en los *páthe* y la *phantasía* (*De an.* y *MA*). A partir de este marco orientativo, nos adentrarnos en el análisis de la *léxis* en *Poética* y *Retórica*. El objetivo principal es, a partir del entrecruzamiento de pasajes clave de estas obras, poner de relieve el papel de la *léxis* en el marco de los mecanismos por los cuales un individuo, por medio de un efectivo discurso performativo,[20] puede ser afectado en su estado representacional

---

[18] Cf. Cassin (1993:367-398). cf. *EN* I, 2.

[19] Cf. Aubenque (1993:11-30). Para el problema de la significación, cf. Aubenque (1962:94-134) y Labarrière (2005:106-114).

[20] Seguimos a Aubenque (2011:67) en que la función del discurso retórico aristotélico consiste en producir efectos, no entregar un mensaje, razón por la cual en la actualidad se llamaría *performatif* o *illocutoire*.

y anímico y, tras una compleja respuesta con motivos emocionales-intelectuales, ser persuadido.

I. Técnica retórica: *léxis*, tonalidad afectiva y persuasión

Antes de ingresar al análisis aristotélico del *lógos* como capacidad propia del ser humano en conexión con la palabra retórica-deliberativa y la psicología aristotélica, es necesario presentar una premisa metodológica aristotélica a partir de la cual llevar a cabo una comprensión del fenómeno analizado orientada mínimamente por la antropología y la ontología aristotélicas.

Como es sabido, Aristóteles lleva a cabo una división fundamental de la *psykhé* en el comienzo de *EN* VI: por un lado, se encuentra lo *álogon*[21] y, por otro, lo *lógon ékhon* que es subdividido a su vez en *epistemonikón* y *logistikón*. Dentro de la parte racional del alma, la primera es aquella con la cual percibimos los entes que no pueden ser de otra manera, en cambio la segunda, los que pueden ser de otra manera. En síntesis, la diferenciación de zonas ontológicas, en este caso entre lo necesario y lo que puede ser de otra manera, es solidaria con la distinción intra-psíquica de la parte racional en (a) científica, vinculada a lo necesario, y (b) razonadora, vinculada a lo contingente, cada una de las cuales por naturaleza se corresponde a cada género de cosas en la medida en que por una semejanza determinada (*homoióteta tina*) y parentesco (*oikeióteta*) se establece el conocimiento (*EN* VI 1139a5-15, DI 16a5-10). Entonces, por un lado, (a) la parte científica tiene como modo de ser adquirido la ciencia, que es el modo de ser adquirido demostrativo (*héxis apodeiktiké*): si no se tiene ciencia por mero accidente, es necesario conocer los principios que rigen a las cosas (1139b20-30) (cf. *Met.* VI 1). En este sentido, lo científico es demostrable, puesto que es "captación" (*hypólepsis*) de lo universal y de las cosas que son por necesidad (1140b33-35).[22] En una palabra, la ciencia al tener vínculo con el dominio ontológico de lo necesario no delibera, sino que demuestra.

(b) La parte razonadora está asociada al deliberar, en la medida que el deliberar (*bouleúesthai*) y el razonar –o reflexionar– (*logízesthai*) son lo mismo (*tautón*). Lo peculiar del caso es que nadie delibera sobre lo que

---

[21] Para la parte irracional, cf. *EN* I, 13 1102a30ss., y para su distinción en *tò phytikón*, que no participa de lo racional, y en una segunda subdividida en *tò epithymetikón* y *tò orektikón*, que sí participan, cf. 1102b25-35.

[22] El Estagirita sostiene, por un lado, que no hay demostración de cosas cuyos principios pueden ser de otra manera, y, por otro, que no es posible deliberar sobre cosas necesarias (*EN* 1140a30-35): nadie elige o delibera sobre lo pasado, sino sobre lo futuro o posible, en la medida que lo pasado no puede no haber sucedido (*EN* 1139b5-10).

no puede ser de otra manera (1139a13-15). En 1140a1 y ss. Aristóteles relaciona el objeto de producción con el de acción en la medida que ambos pertenecen a lo que puede ser de otra manera. A continuación, análogamente a *Met.* 1025b25, tras distinguir la *poíesis* y la *prâxis*, establece sus respectivos modos de ser adquiridos: en el caso de la *tékhne* es necesidad que sea la *héxis* de la *poíesis*, y a la *prâxis* le corresponde la *phrónesis* (1139a16-17).[23] De ahí que existan dos medios fundamentales de acceso al ámbito de lo contingente, esto es, la *poíesis* y la *prâxis* (cf. Vigo, 2006:44).

Toda técnica es *héxis poietiké metá lógou alethoûs*, y no existe un modo de ser adquirido de tal índole que no sea *tékhne*, es decir, son coextensivas (1140a10). Precisamente por ello, la técnica está vinculada a la génesis, es decir, a la creación de entidades o eventos subsumidos en el género de cosas contingentes.[24] A tales fines, antes de poner en práctica una técnica, es menester teorizar acerca de cómo –mediante qué método– es posible traer a la actualización un ente que puede tanto ser como no ser (*kaì eînai kaì mè eînai*). Por ende, su principio (*arkhé*), tal como lo expone en *Met.*, está en quien produce (*en tôi poioûnti*) y no en lo producido (*mè en tôi poiouménoi*) (1140a11-14), pues "no existe técnica de las cosas que son o llegan a ser por necesidad, ni de aquellas por naturaleza: estas tienen su principio en ellas mismas" (1140a14-16).

Considerando la subjetividad del productor, la técnica constituye un tipo peculiar de conocimiento práctico-operativo, un tipo de *'know-how'*. Este saber cómo hacer-práctico reside en una armoniosa articulación entre el fin último de la actividad, el elemento a crear presupuesto, y los medios adecuados material y formalmente junto a su correcta aplicación para tal fin.[25] En el marco del principio teleológico de toda acción y producción (EN I, 1), Aristóteles distingue entre *enérgeia* y *érgon*, que, en tanto tales, ambos son fines, y afirma que en los casos en que el fin último sea un *érgon* (ámbito de la *poíesis*), éste es mejor que la actividad

---

[23] En el marco propuesto por Vigo (2016:35), *tékhne* y *phrónesis* son las virtudes dianoética del uso práctico del intelecto. Aunque sean irreductibles una a otra, enfatiza en el paralelismo estructural entre ambas (2016:23-62).

[24] Cf. Platón, *Banquete*, 205b-c. En *Seg. Ana.* (100a9ss.) Aristóteles afirma que la *arkhé* de la *tékhne* está conectada con la *génesis*, en cambio la de la *epistéme* con *tò ón*, razón por la cual esta última puede realizar juicios apodícticos.

[25] Cf. Vigo (2016:45-52). Las tres condiciones formales de la verdad práctica presentadas por Vigo (2016:2-5) son: i- la determinación racional (*lógos*) debe ser verdadera, ii- el deseo (*órexis*) debe ser correcto, y iii- debe existir cierta identidad (*tà autá*) entre lo que afirma el *lógos*, en tanto determinante de los medios adecuados, y lo que la *órexis* proyecta, esto es, el fin de la acción. Así el factor desiderativo corresponde a la premisa mayor ('premisa del bien'), el factor cognitivo a la premisa menor ('premisa de lo posible'), y la cierta identidad está dada por la intervención de un tipo de *proaíresis*.

que lo realiza, dado que la consecución es propia del fin que deviene a partir (*pará*) de la actividad y no de la actividad en sí misma. Además, pone de relieve que es más preferible el fin arquitectónico que lo subordinado a él, debido a que prefigura y determina ya de alguna manera los medios que han de ser adecuados para su adquisición.

En suma, la *tékhnē* en términos aristotélicos es un modo de ser adquirido productivo conforme a un *lógos alēthḗs*, que produce objetos ontológicamente contingentes, en cambio la ausencia de técnica (*atekhnía*) es un modo de ser adquirido productivo conforme a un *lógos pseudḗs*, pero ambas versan sobre lo que puede ser de otra manera (1140a21-23).

Es sabido que Aristóteles define la retórica como una técnica. Luego de definir y caracterizarla, en *Retórica* I 3 1358b1-20 Aristóteles tematiza sus géneros en base a un principio pragmático[26] y los divide en género deliberativo, judicial y demostrativo, conforme a la clase de enunciatario al cual se dirige cada uno de estos tres géneros. Esto se debe a que el fin propio de la retórica es el enunciatario, siguiendo el principio aristotélico según el cual toda actividad o ente se define por naturaleza por aquello para lo cual existe, esto es, su fin (*EN* III 7 1115b23, *Pol.* I 1253a1, etc.). A continuación distingue los tipos de público: 1. el espectador, y 2. alguien que tiene la tarea de juzgar, subdivido a su vez este último en 2.a. quien juzga cosas pasadas, el juez, y 2.b. asuntos futuros, el asambleísta. De manera que desde un punto de vista formal hay un relación inherente entre tipo de enunciatario y la temporalidad de aquello sobre lo cual trata el discurso. Esto traerá aparejado distintos modos de orientarse al tópico y al enunciatario. En otras palabras, el espectador atiende las capacidades, primariamente las presentes, dado que debe alabar o censurar lo que es el caso, aunque puede actualizarse el pasado por medio de la memoria o adelantarse el futuro mediante conjeturas. En cambio, el juez juzga sobre eventos pasados, puesto que debe aceptar o rechazar una acusación o defensa sobre hechos acaecidos, razón por la cual tendrá la tarea de reconstruir lo sucedido y sobre lo cual juzgar. Por su parte, el asambleísta analiza los tópicos sobre eventos futuros, debido a que aprueba o rechaza un consejo o una disuasión de asuntos privados o públicos. A partir de lo cual denomina al primero como género demostrativo orientado fundamentalmente hacia lo actual; al segundo como judicial, que versa sobre lo pasado, y por último, al tercero como deliberativo (*symbouleutikón*) que versa sobre lo futuro.

---

[26] Para un análisis de *Ret.*, cf. Bodeüs (2002:114-121). Para la distinción sobre la concepción de retórica en el texto perdido *Grilo* y en *Ret.*, y un análisis pormenorizado de esta última, cf. Vallejos Campos-Vigo (2017:558-568).

En cuanto al género que nos convoca, el deliberativo, Aristóteles dedica una extensión considerable a su objeto y límites, y temas (*Ret.* I 4-8). Unas líneas antes del desarrollo, que funcionan como antesala, por un lado, sostiene que quien delibera tiene por objeto lo conveniente y lo perjudicial, como el *lógos* político como vimos en la *Introducción*, pues recomienda lo que le parece mejor o disuade de un propósito que lo considera peor. Por otro, establece que es necesario que lo que se recomiende o disuade sea una acción del ámbito de lo posible, esto es, no lo imposible (1359a10-15).

Así pues Aristóteles limita el material sobre el cual se delibera: el género deliberativo no puede deliberar sobre absolutamente todas las cosas, por ello es necesario discriminar qué tipos de bienes o males han de quedar circunscriptos dentro de este género. En primer lugar, se debe distinguir entre lo posible y lo imposible, debido a que no se puede deliberar sobre asuntos que necesariamente son o serán. Ahora bien, en segundo lugar, se debe discriminar dentro del ámbito de lo posible aquellas cosas que sucederán por naturaleza y las que sucederán por azar, respecto de las cuales ningún provecho se puede obtener a partir de la deliberación (1359a30-35). De manera que Aristóteles afirma que resulta evidente que sólo se delibera sobre asuntos que estén relacionados propiamente con nosotros y cuyo principio de producción esté en nuestras manos. Por esta razón se especula con cierta reserva sobre los asuntos posibles ya discriminados hasta el momento en el cual se descubra si tales asuntos están o no en nuestro poder (1359b1-3).

Como quiera que fuere, distingue tres componentes del discurso retórico en general:[27]

> el discurso está formado por tres elementos: del que habla
> (*légontos*), sobre aquello que habla (*perì hoû*) y a quién
> (*pròs hón*) habla; y su fin se dirige hacia esto último, quiero
> decir el oyente (*Ret.* 1358a35-37).

El análisis de la situación retórica establece una tripartición de constituyentes: el orador, el auditor y el tema del discurso.[28] Ahora bien, estos elementos se articulan con un fin específico: orientar al auditorio a un determinado juicio (1377b20), razón por la cual, *"es necesidad no solo fijar la atención hacia el discurso, de modo que sea demostrativo y confiable, sino también cómo* (poión*) se dispone uno mismo y al juez"* –i.e. en un sentido amplio que incluye a un eventual auditorio presente– (1377b23-25). De manera que el enunciador que se posiciona desde la perspectiva retórica debe desarrollar una competencia lingüística que

---

[27] Para un desarrollo, cf. Vecchio (2016).
[28] Fortenbaugh (2006:282) y Wisse (1989:6).

gobierne tanto el contenido informativo, actualmente denominado lo intratextual, como la orientación disposicional (el aparato paraverbal y no verbal). En este sentido, la retórica aristotélica es una técnica cuyo dominio no versa exclusivamente sobre el contenido del discurso,[29] sino por el contrario sobre la armonización de la unidad formal-material del discurso y su contexto de experiencia que permitirá cumplir un fin específico: examinar y sostener el discurso en vistas de la persuasión en el dominio, primariamente, de asuntos contingentes.[30] Así, la retórica aristotélica intenta proveer un marco referencial y elementos específicos para desarrollar no un saber de contenido proposicional, sino un *know how* para identificar (*ideîn*) lo persuasivo (*tò pithanón*) y lo que parece persuasivo (*tò phainómenon pithanón*), acompañando, según su lectura, una inclinación del ser humano (cf. 1355a15-19). El objetivo, entonces, no es persuadir en sentido general, sino hacer accesible lo que puede ser persuasivo en vistas de cada ocasión persuasiva (1355b10ss.), por ello es necesario deliberar no sobre el fin del discurso, sino sobre los medios relativos al fin (1362a20), esto es, toda la gama de constituyentes de la acción persuasiva.

En ella, se diferencian dos tipos de pruebas por persuación: por un lado, las ajenas a la técnica retórica –*i.e.* en el orden judicial los testigos, las leyes, etc.– y, por otro, las técnicas, que, a diferencia del mero utilizar (*khrésasthai*) de las primeras, es necesario hallarlas (*heureîn*) a través de una investigación (1355b35-ss.). A su vez, las pruebas técnicas se dividen en tres, en concordancia con los elementos vistos, a saber: 1) el carácter del orador;[31] 2) la disposición del auditorio, y 3) el discurso mismo (1356a1-ss.).[32] Entre ellas, el carácter del orador es la más importante, puesto que el dominio de los estados anímicos del auditorio cae bajo la ejecución correcta del discurso persuasivo y, por ende, de quien lo realice seleccionando qué y cómo decirlo en base, como veremos, a un conjunto complejo de variables (cf. 1356a10 y ss.). Así pues, se persuade "a través de la disposición de los oyentes, toda vez que fueren inducidos por el discurso hacia un estado de ánimo (*eis páthos*)" (1356a14-15). Entonces, el orador conduce (*proágein*) con y por el *lógos*

---

[29] Cf. *Anal. Seg.* I 2, 71b10-12.

[30] La distinción de zonas ontológicas es el fundamento para la distinción intra-psíquica de la parte racional en científica (*epistemikón*), vinculada a lo que no puede ser de otra manera, y deliberativa-razonadora (*logistikón*), vinculada a lo contingente, cf. *EN* VI 1139a5ss. Para su relación con los *páthe*, cf. Fortenbaugh (2006:33-37).

[31] Sobre *éthos*, cf. Fortenbaug (2006:282ss.) y Wisse (1989).

[32] Aubenque (2011:66-67) las distingue en pruebas etológicas, patológicas y logológicas. Todas comparten la característica de ser lógicas, en el sentido de ser resultado del *lógos*. La diferencia radica en que las dos primeras son del orden del producir, mientras que la última apunta a demostrar.

la disposición del auditorio hacia un determinado *páthos*, lo que posibilita la determinación de sus juicios: "pues no enjuiciamos del mismo modo estando tristes o alegres, o amando u odiando" (1356a15-16).[33] Ahora bien, según Aristóteles, el placer y el dolor no destruyen cualquier juicio, pues no pueden modificar que los lados de un triángulo valgan dos rectos (juicios necesarios), sino solo los que se refieren al amplio ámbito contingente de la *prâxis* (cf. *EN* 1140b13-15).

Es comprensible, pues, que Aristóteles dedique una extensión considerable en el Libro II de la *Retórica* a la cuestión de los estados de ánimo,[34] aunque en el Libro I haya puesto cierta cautela sobre la recurrencia de su empleo (1354a25-26).[35] En el primer contexto, afirma que

> los estados de ánimo (*tà páthē*) son aquellas cosas mediante
> las cuales los hombres difieren, a causa de una
> transformación, en relación a sus juicios (*pròs tàs kríseis*), a
> las cuales acompaña dolor y placer. (1378a19-21)

La tonalidad afectiva es la disposición previa que determina la actividad de juzgar, es decir, pone a la capacidad judicativa del sujeto en cierta orientación determinando incluso cierto tipo de juicios en cuanto resultados de la capacidad intelectual. De manera que la coloración emocional tiene implicancias en el modo de comprender, fundamentalmente en lo contingente, por lo cual el orador que desarrolle este método tendrá que conocer lo referente a los *páthē*, de manera cardinal cómo acceder a ellos y suscitarlos para alcanzar su objetivo: el efecto de sentido performativo (1378a20-25).[36] Esto se debe a que en el dominio ontológico contingente, cuyo valor veritativo no corresponde al

---

[33] El orador debe conocer la psicología humana (cada *túpos*) a los fines de producir el efecto intencionado (cf. Aubenque, 2011:68). Dufour (1960:16) en el apartado *Influence de Platon* (Tomo II) afirma que el estudio aristotélico de las pasiones, las pruebas psicológicas, es el que más fielmente sigue las indicaciones dadas por Platón en el *Fedro* (271a-272b).

[34] El término *páthos* se construye sobre el grado cero del aoristo *patheîn* (de *páskhō*) y significa tanto "lo que le sucede a alguien o cosa", esto es, "una experiencia", como una "emoción del alma", cf. Chantraine (1968) *s.v.* Sobre la base de esto último, interpretamos el uso aristotélico como "estado de ánimo", en sentido genérico, que incluye disposiciones anímicas, tal como el propio Estagirita muchas veces emplea, cf. *De an* 403a16-19; 403b17-19. Para un estudio del término dentro de tal contexto, cf. Wisse (1989:67ss).

[35] A esta aparente contradicción Aubenque (2011:66) responde que para Aristóteles es necesario no reducir el *lógos* a un simple instrumento de estimulación de las pasiones: no quiere decir que no hay lugar para la prueba patológica, sino que no puede haber exclusividad de ella. En la nota 2 sostiene que esta es la crítica aristotélica a los tratadistas contemporáneos a él que sólo hacen uso de las pasiones, cf. *Ret.* 1356a16-17.

[36] Sobre la relación *páthē - kríseis*, cf. Boeri (2007: 253-282) y Trueba (2009). Para el carácter cognitivo de los *páthē*, cf. Fortenbaugh (1975), Nussbaum (1978) y Pasquale (2015). cf. *Top.* 127b30-32; *Ret.* 1378a30 y 1385b13-19.

de las verdaderas teoréticas,[37] cobra suma importancia para persuadir el conocimiento del funcionamiento del psiquismo humano, particularmente lo referente a la parte que le corresponde deliberar/reflexionar, pues será su destinatario. Puesto que "lo persuasivo es persuasivo para alguien (*tiní*)"[38] y dado que la retórica tiene por objeto formar un tipo de juicios (1377b20), Aristóteles se cuida de no diseminar su tratamiento en la cantidad ilimitada de cada ocasión de discurso, sino que, podemos decir, apoya su análisis en cierta homogeneidad de la psicología humana. En ella el primer elemento es la sensación (*aísthesis*):

> pues parece que todos los estados anímicos (*páthe*) del alma (el ímpetu, la calma, el miedo, la compasión, la confianza, y, además, el goce, el amar y odiar) se dan con el cuerpo (*metà sómatos*): con estos, pues, el cuerpo experimenta (*páskhei*) algo (*De an.* 403a16-19)[39].

La capacidad sensitiva es el punto de referencia desde el cual se producen la *phantasía*,[40] los estados anímicos y, por ende, el deseo: "si tiene sensación, también tiene representación y deseo, puesto que si hay sensación, también hay tanto dolor como placer" (413b22-23).[41] Existe

---

[37] En esta línea, afirma que es casi igual admitir que un matemático haga uso de discursos persuasivos como demandarle demostraciones a un retórico (*Ret.* 1094b21-27). Además, cf. *DI* 16b25-17a10.

[38] En *De an* 431b10 lleva cabo una analogía entre el intelecto en sede teorética y en sede práctica, y afirma que lo que no involucra acción alguna es lo verdadero y lo falso, categorías que son en sentido absoluto (*haplôs*), en cambio lo bueno y lo malo, analogía práctica de aquellos, se involucran en la acción y son siempre en relación a alguien (*tiní*). cf. *De Motu Animalium* 700b25ss.

[39] Sobre los términos griegos *páthe - páskhei* remitimos a la nota 34.

[40] En Bailly (2000) *s.v.* encontramos, entre otras acepciones del verbo *phantázo*: "hacer ver en apariencias, dar la ilusión de". En las acepciones del sustantivo *phantasía* se oscila entra la facultad de producir una representación o ilusión imaginada y la imagen inconsistente en cuanto resultado del proceso. Mismo sentido se encuentra en *phántasma*. En Chantraine (1968) *s.v.* el término figura bajo el verbo *phaíno*, cuya raíz indoeuropea es **bh(e)ə²*: 1)"iluminar", "brillar" y 2) "explicar", "hablar" (en griego *phemí*). Las formas con el radical *phant-*, posteriores en relación a aquellas con *pha-*, están todas vinculadas con el verbo *phantázomai*, "devenir visible, aparecer", de donde *phántasma*, "aparición, imagen, fantasma, imagen mental", y *phantasía*, "apariencia, imagen (a menudo distinguida de *aísthesis* –como en el caso del Estagirita-), imaginación". En términos del propio Estagirita, dar cuenta del fenómeno mentado por el término es un asunto "oscuro" (*ádelon*) (*De an* 414b15; cf. 432b1ss.). Lucas (1968:258) afirma que, aunque haya tenido muchos significados, en el período clásico tenía doble significado: la imagen mental y la capacidad para crearla. Para el papel de la *phantasía* en la noética aristotélica, cf. *De an* 432a6-14, 431a16-1 y 431b2.

[41] El placer y el dolor, vinculados con el ámbito ético, pueden oscurecer el razonamiento, excepto el demostrativo, cf. *Ret.* 1354b3-11. Los estados anímicos pueden ser cultivados, cf. *EN* 1179b24-31. Sobre el papel del dolor y placer en contexto ético, cf. Bieda (2008).

pues una conexión entre las capacidades sensitiva, la phantasía y la capacidad desiderativa (414b1-5).

El segundo elemento fundamental es la *phantasía*: surge por acción de las sensaciones que están en acto (429a1-2). Además, la *phantasía* es aquello en virtud de lo cual se produce en nosotros cierta imagen inconsistente o apariencia (*phántasmá ti*) (428a2). Aristóteles sostiene que las representaciones, en línea platónica, llegan a ser en la mayoría falsas (*pleíous pseudeîs*), en contraste con las sensaciones que son siempre verdaderas (*aletheîs aeí*)[42] (428a11-12). Frente a esta distinción, afirma que cuando un objeto se nos aparece (*phaínetai*), en tanto apariencia, no es precisamente el momento en el cual se esté ejercitando con precisión (*akribôs*) la percepción sobre el sensible en acto, sino que –podemos decir– esta "aparición" se manifiesta de manera inconsistente (428a12-20). Además, cuando percibimos netamente no decimos que el objeto percibido "nos parece X". Esta operación es propia de la *phantasía* entendida como una facultad crítica en función de la cual algo sentido nos "parece X" (cf. Labarrière, 1993:234). Entonces, ésta no solo se vincula con el plano sensitivo, sino también con el intelectivo, razón por la cual Aristóteles distingue dos tipos de *phantasía*: [a] la sensitiva (*aisthetiké*), que es dominio de todos los animales, y [b] la racional (*logistiké*) (433b29) o deliberativa (*bouleutiké*) (434a7), que es exclusiva de los humanos (434a5-7).[43]

Lo importante aquí es que las representaciones no solo tienen lugar en el ámbito sensitivo, sino también con la razón, la teórica y la práctica. En este sentido, incluso podríamos aventurarnos a decir que la *phantasía* no es coextensiva a percibir un objeto en sentido estricto, sino que da cuenta de un percibir bajo determinada modalidad: es lo que aparece en una operación de transformación propia de la actividad interpretativa antes que una simple facultad representativa lineal (Labarrière, 2005:92). De este modo, la deliberativa se vincula con la razón práctica al dotar al intelecto de los elementos necesarios para deliberar en vistas de una determinada acción (413a-19 y 431b1-12). Entonces, la imagen mental, aunque obtenida desde la sensación, está ya interpretada, y es el elemento con el cual el alma pone en actividad su capacidad razonadora-deliberativa. Hay que mencionar que el alma lleva a cabo una

---

[42] La percepción del remo quebrado bajo el agua es verdadera, en cambio no así el juicio de que el leño esté efectivamente quebrado.

[43] Labarrière (2005:86) afirma que la tradición ha tomado a *lógos* por razón y ha relegado la *phantasía* a una mera imaginación como su contracara negativa. Su hipótesis es que *phantasía* se vincula con la racionalidad práctica, y ésto puede ser el punto que distinga entre animal y ser humano. Ella rinde cuentas de la diferencia esencial entre *phoné* y *lógos*, entonces puede ayudar a comprender lo que Aristóteles llama "animal político".

acción racional por causa de alguna elección deliberada e intelección (406b25) después de la proyección de un deseo suscitado por aquella representación. Dicho de otro modo, toda acción es teleológica (432b16-20), y en el orden de la razón práctica "está acompañada de una representación (*metà phantasías*) y un deseo (*oréxeos*): nadie que no desee o evite algo se mueve, a no ser por la fuerza (*bíai*)" (432b17-18).[44] Entonces, sin deseo el intelecto no mueve nada (432a24), y a su vez la capacidad de desear no se da sin representación (433b27-32). Asimismo, toda vez que la representación moviere, no lo hace sin deseo (432a20-21). Podemos decir que el deseo siempre se basa en una captación valorativa del objeto –que, por ende, es deseado[45]–, entonces la función de la *phantasía* es aquí fundamental: presenta lo deseable (Labarrière, 2005:99).

En el contexto más amplio *De motu Animalium*, sostiene que lo que produce alteraciones son la *phantasía*, las sensaciones y las intuiciones.[46] A su vez, afirma que las sensaciones se presentan directamente (*euthýs*), mientras que la *phantasía* y la *noésis* tienen la potencia de las cosas, es decir, hay una mediación en relación al suceso. Ahora bien esta distancia, si se quiere, con lo factual no es signo de no compromiso emocional con lo dado en la psiquis, puesto que la idea concebida del calor, del frío, etc. es en cierto sentido semejante precisamente a cada uno de los asuntos que la producen, por eso con sólo pensar en ellas podemos estremecernos o sentir miedo. Concluye que todos los estados anímicos son también alteraciones (701b20ss).

En esta dirección, la representación que funda al deseo puede coincidir con el bien o mantenerse en el ámbito del bien aparente (cf. MA 701a5ss):[47]

> por esto siempre lo deseable (*tò orektón*) mueve, sin embargo esto es lo bueno (*tò agathón*) o lo bueno aparente (*tò phainómenon agathón*), aunque no todo, sino lo bueno practicable (*tò praktòn agathón*). Lo bueno practicable es lo que puede ser también de otra manera. (*De an.* 433a27-30)

---

[44] En *MA* 8 701b33-35 Aristóteles sostiene que el principio del movimiento es lo evitable o lo perseguible en el marco de las acciones posibles. En esta línea, afirma que lo doloroso es evitado, en cambio lo placentero es perseguido, lo cual se vincula con el pensamiento y la imaginación/representación.

[45] Cf. Pasquale (2015:10). En *MA* 701a35, se afirma que los animales se mueven por el deseo (*órexis*) en sentido genérico, y este se produce por la sensación, la *phantasía* o el *noûs*. Para el papel crucial de la *phantasía* en los aspectos motivacionales de la acción, cf. Moss (2012:48-66), Lorenz (2006) y Pasquale (2015). Contra esta lectura, cf. Corcilius-Gregoric (2013).

[46] Sobre la relación entre estos términos, cf. *EN* 1179b15 y *Metafísica* 1073b12.

[47] Para un trabajo actualizado, cf. el Cap. IV de Moss (2012).

El bien de la vida humana, real o aparente, se encuentra en conexión con las motivaciones humanas e, incluso, con la concepción de virtud. Los estados anímicos juegan un papel central, pero estos a su vez están basados en una *phantasía* evaluativa, razón por la cual ésta tiene un papel crucial en la motivación humana (Moss, 2012:69-ss.).

Dicho en términos aristotélicos, "en efecto, todo *noûs* es correcto (*orthós*), en cambio el deseo y la representación pueden ser tanto correctos (*orthḕ*) como incorrectos (*ouk orthḗ*)" (433a26-27). Un ejemplo esclarecedor es que "muchos siguen sus representaciones contra su conocimiento (*parà tḕn epistḗmēn*)" (433a10-11), incluso, "el deseo también mueve contra el razonamiento (*parà tòn logismón*)" (433a25).

Lo central de lo esbozado aquí sobre el concepto de *phantasía* es que es el modo bajo el cual aparecen los eventos y la capacidad mediante la cual se producen alteraciones en el estado anímico-cognitivo (como veremos, un ejemplo clave es el miedo). Tiene un lugar preponderante en los planos perceptivo y judicativo, esto es, en el modo de interpretar y, por ende, actuar el mundo.[48]

Con todo, en una línea platónica,[49] el orador munido con el conocimiento del funcionamiento psíquico debe distinguir tres planos: 1) cómo se encuentran aquellos proclives a determinado estado de ánimo; 2) con quiénes acostumbran experimentarlo, y 3) sobre cuáles asuntos. Estos elementos fundamentales deben tenerse en cuenta conjuntamente, "pues si de ellos tenemos uno o dos, pero no absolutamente todos, sería imposible infundir (*empoieîn*)[50] la ira. Del mismo modo también ocurre sobre los otros estados de ánimo" (*Ret.* 1378a24-26). Es necesario tener presente absolutamente todos los elementos que conforman la instancia mediante la cual se suscita un determinado estado anímico para, justamente, una vez, por así decirlo, introducidos (*em-*) en la psiquis del enunciatario lograr que sea posible producir (*-poieîn*) la activación de determinada *phantasía* y su consecuente estado de ánimo.[51]

Lo importante a nuestro fin puntual es que las técnicas del uso del lenguaje en sede no apodíctica, sino performativa, dentro del ámbito ontológico de lo no necesario, ponen el foco en los efectos sobre el estado disposicional-representacional del receptor, razón por la cual es menester indagar el tramado de elementos utilizados para tal fin. El

---

[48] Para el caso puntual de la *phantasía* en el ámbito retórico, cf. Labarriére (2005:102-3).

[49] Cf. *Fedro* 271a-272b.

[50] En el contexto de su crítica a la *mímēsis* poética, Platón afirma que ella infunde (*empoieîn*) un régimen perverso en el alma, complaciendo a su parte no intelectiva (*Rep.* X 605b-c).

[51] Fortenbaugh (2006:17) afirma: "*For Aristotle a correct understanding of emotion was an essential part of the art of rhetoric*".

punto clave, como veremos, es el modo de ejecutar el *lógos*, esto es, la *léxis*. Por ello, Aristóteles dedica un análisis minucioso de la misma tanto en la *Poética* como en la *Retórica*.[52]

Antes de introducirnos en el estudio de la *léxis* en el marco de la *Poética*, es conveniente para nuestro tratamiento presentar sucintamente la escueta, pero fundamental, caracterización de la *diánoia* en este marco y su papel dentro de las producciones discursivas retórica y poética. El Estagirita afirma que todo aquello vinculado al ámbito del pensamiento discursivo (*diánoian*) se debe hallar en los libros sobre la retórica (*en toîs perì rhetorikês*), puesto que es propio (*ídion*) en grado máximo de aquel método (*ekeínes tês methódou*) de composición discursiva (1455a34-36; cf. *Ret.* 1391b6 y ss.). Ahora bien, ¿cuáles son las cosas conforme al pensamiento discursivo? La respuesta de Aristóteles es la siguiente:

> las que deben ser producidas por el lenguaje (*hypò toû lógou*). Sus partes son la demostración (*apodeiknýnai*), la refutación (*lýein*) y el suscitar estados de ánimo (*páthe*) (tales como la compasión, el miedo, la ira y cuantas de tales clases) (1456a36 –1456b1).

Al tiempo que vincula la poética y la retórica, las distingue según el empleo argumentativo –o no– del lenguaje, pues en la poética los efectos deben aparecer (*deî phaínesthai*) sin explicación (*áneu didaskalías*), diríamos, externa a su trama, en cambio en la retórica deben ser producidos por el orador (*hypò toû légontos*) en el discurso (*en tôi lógoi*), es decir, que lleguen a ser conforme al discurso argumentativo (*parà tòn lógon gígnesthai*) (1456b4-8). Caso contrario, "¿cuál sería la función del orador, si se hiciera manifiesto <el pensamiento> por lo necesario y no por medio del lógos?" (1456b7-8).

En cuanto a la *léxis*, Aristóteles desliza una primera caracterización en el final del cap. XIX, como antesala al desarrollo de los capítulos posteriores. Sostiene que un modo de estudio son las figuras de la elocución (*tà skhémata tês léxeos*), frente a lo cual afirma que su conocimiento es propio del actor (*tês hypokritikês*) y de quien tenga tal clase de actividad especial, como por ejemplo qué es –en vistas de cómo expresar– una orden, un ruego, una narración, una amenaza, una pregunta, una respuesta y otros ítems de tal clase. Por estas razones, según el Estagirita, nadie puede reportarle a la poética una censura sobre el conocimiento (*gnôsin*) o el desconocimiento (*ágnoian*) de estos asuntos, que sea cosa digna de importancia (*áxion spoudês*) (1456b7-15): "por esta razón apartemos <este modo de análisis>, puesto que son

---

[52] Para un tratamiento más detallado, cf. Vecchio (2016).

estudios de otra <técnica> y no de la poética" (1456b18-19). De esta manera los modos de enunciación, esto es, la *léxis* como expresión fonética, entendida como la impostación de la voz, es el dominio del actor y no del poeta, quien tiene para sí el dominio exclusivo de la composición de la trama, el *mûthos*, y sus componentes pertinentes. Dentro de esto último, un elemento constitutivo es la elocución, en el sentido que detallaremos a continuación, razón por la cual le dedica también una extensión considerable en comparación con las restantes partes de la creación poética.

El tratamiento específico de la *léxis* se extiende desde el cap. XX al XXII. De una manera general podemos decir que mientras que en el primero Aristóteles se dedica a analizar la dimensión general de la estructura de la elocución, sus componentes y sus niveles de integración, en los restantes, en primer lugar, describe algunos rasgos estilísticos y, luego, prescribe ciertos criterios para la elección en su confección.

Con respecto a la dimensión general de la estructura de la elocución, no solo poética, sino de todas las existentes, Aristóteles estipula ocho partes (1456b 20-21):

1- el elemento (*stoikheîon*), definido como un sonido vocal indivisible (*phonḗ adiaíretos*), lo cual es delimitado aún más por el Estagirita al afirmar que no todo sonido puede ser considerado tal, sino solamente aquel a partir del cual se forma un sonido compuesto (*synthetḗ*), esto es, articulado (1456b22-23).

2- la sílaba (*syllabḗ*), que es "el sonido vocal no significante (*phonḗ ásēmos*) compuesto por <un elemento> mudo y <otro> que tiene sonido" (1456b35-36).

3- la conjunción (*sýndesmos*) es considerada *phonḗ ásēmos* y dividida en dos tipos: por un lado, está la conjunción que "ni impide ni produce una única voz significante (*sēmantikḗn*) a partir de muchas voces" (1457a1-2), pero tiene que combinarse (*syntíthesthai*) con otros elementos; por otro, está aquella que "por naturaleza produce una única voz significante a partir de muchas voces, de unas significantes" (1457a4-6). En una palabra, las primeras serían aquellos elementos extra oracionales, las llamadas "partículas", destinados a cumplir la función de enlaces meramente ilativos o producir algún valor enfático, en cambio las segundas cumplen el papel de formar, producto de su función combinatoria, unidades significativas más amplias, esto es, unidades discursivas.

4- el artículo (*árthon*) (cf. 1457a6-10) es también una *phonḗ ásēmos*. A diferencia de las restantes, es o bien el componente de la frase que manifiesta (*dēloî*) el inicio (*arkhḗn*), la conclusión (*télos*) o división (*diorismón*) del discurso; o bien aquello que "ni impide ni produce una única voz significante (*semantikén*) a partir de muchas voces" (1457a8-9), pero que debe colocarse (*títhesthai*) tanto sobre los extremos (*epì tôn ákron*) como sobre el medio (*epì toû mésou*).

5- el nombre (*ónoma*) (cf. 1457a10-14 y *DI* 16a20-16b5) por su parte es definido como un sonido vocal compuesto significante (*phonè synthetè semantiké*) sin tiempo (*áneu khrónou*), pero que ninguna de sus partes separadamente es significante por sí misma (*kath' hautò semantikón*), de donde el ejemplo aristotélico según el cual "en Theodoros 'doros' no significa <nada> (*ou semaínei*)" (1457a13-14).

6- el verbo (*rhêma*) (cf. 1457a14-18 y *DI* 16b5-25) es, como el nombre, una *phonè synthetè semantiké*, pero se diferencia de aquel en que posee tiempo (*metà khrónou*): "'hombre' o 'blanco' no significan 'cuándo', en cambio 'camina' o 'ha caminado', el uno significa el presente, el otro el pasado" (1457a16-18). Siguiendo la comparación aristotélica, al igual que el nombre tampoco ninguna de sus partes separadamente es significante por sí misma (*kath' hautó*).

7- la flexión –o el caso– (*ptôsis*) (cf. 1457a18-23) corresponde al nombre (*onómatos*) o al verbo (*rhêmatos*), pues la variación desinencial, 'de esto o para esto' (*toútou è toútoi*), 'hombres u hombre' (*ánthropoi è ánthropos*), es propia del nombre y produce un cambio en la significación. Lo mismo en el caso del verbo, pues la variación en el modo de la expresión, como la pregunta o la orden, traerá aparejado un cambio de sentido. Al punto que pronunciar '¿caminó?' (*ebádisen;*) o '¡camina tú!' (*bádize*) produce un cambio de sentido, y esta modificación en la estructura morfológica de la palabra, que acarrea un cambio de sentido en la enunciación, es una flexión propia del verbo (*ptôsis rhêmatos*).

8- por último, el enunciado (*lógos*) (cf. 1457a23-28 y *DI* 16b25-17a8) es "un sonido vocal significante (*semantikè*) compuesto (*synthetè*), del cual algunas partes significan por sí mismas (*kath' hautà*) algo" (1457a23-24). A continuación afirma Aristóteles que no todo lógos está compuesto de verbos y nombres, remitiendo, sin citar, a la definición de hombre donde hay verbo elidido, a saber: animal terrestre bípedo racional. Para finalizar esta caracterización, el Estagirita distingue dos tipos de enunciados:

> o bien el que significa una sola cosa, o bien el que significa <algo> a partir de muchas cosas por medio de la unión, como por ejemplo la *Ilíada* <es> una por la unión, en cambio el <enunciado> del hombre <es uno> por significar una cosa. (1457a28-30)

De la clasificación de estos ocho elementos se desprenden distintos niveles de integración, al menos cuatro, a saber: los elementos primarios o básicos, indivisibles, se aglutinan para formar sílabas, estas para formar palabras (nombres y verbos), a partir de lo cual, tras ser unidos por medio de los conectores, se constituyen unidades sintácticas. Por último, se produce la unidad discursiva, esto es, el *lógos*, en tanto integración global y final. Además, podemos decir que una vez analizado y comprendido este repertorio de elementos y sus diversos pero solidarios niveles de integración, con todo ello es necesario lograr una articulación tal cuyo resultado tenga como virtud principal la claridad, en detrimento de la elaboración de una elocución abstrusa para la comprensión del auditorio. Esto es evidente si recordamos que el fin de quien planifica, confecciona y ejecuta un discurso, y lo veremos con mayor rigor en lo que sigue, es lograr mediante este acceder al auditorio para modificar su estado anímico-proposicional, para lo cual si el discurso, realidad autónoma, no conlleva en sí mismo una aglutinación armoniosa de elementos, incluidos los sintácticos, en vistas de la producción de determinado efecto de sentido, portará en sí mismo su propia inutilidad, saboteando el logro de su télos.

Retomando el texto aristotélico, el cap. XXII de la *Poética* es el límite de la exposición del análisis de la *léxis* y el lugar en el cual se presentan ciertas reflexiones sobre la composición poética, imprescindibles para la comprensión de la actividad mimética discursiva a la manera aristotélica. En su comienzo se dice que la virtud o excelencia de la elocución es que sea clara (*saph*$\hat{e}$), pero no baja, poco elevada (*mè tapeinḗn*). A continuación se explica, por un lado, que clarísima (*saphestátē*) es la elocución que resulta de la combinación de nombres preponderantes, corrientes (*ek tôn kyríōn anomátōn*), pero su contraparte es que es poco elevada (*tapeinḗ*). Por otro, se dice que solemne (*semnḗ*), esto es, que se aparta del orden privado, cotidiano (*tò idiōtikón*), es la expresión que emplea los nombres "extraños", inhabituales (*toîs xenikoîs*). ¿Qué se entiende en este contexto por inhabitual o extraño? Pues bien, al uso dialectal del lenguaje (*glôttan*), la metáfora (*metaphorán*), el alargamiento (*epéktasin*) y todo lo contrario al uso corriente (*pân tò parà tò kýrion*). En contraste con esto, afirma que si alguien creare un discurso según el modo inhabitual exclusivamente, habrá, pues, o un enigma o un barbarismo: el primero si es compuesto solamente a partir de metáforas (*ek metaphorôn*), el segundo de usos dialectales de la lengua (*ek glōttôn*) (cf. 1458a18-26). Este tipo de discursos incomprensibles para el común del auditorio entra en conflicto con la función de la *léxis*: dotar de fuerza persuasiva por medio de su claridad al qué del discurso. Como lo hemos visto, la *léxis* es considerada por Aristóteles como la puesta de relieve del sentido por medio de la apelación (cf. 1450b13 y ss.), esto es, la combinación de nombres. Conforme a su *érgon*, alcanzar la combinación precisa, el medio armonioso, el equilibrio exacto entre el uso de términos corrientes e inhabituales, es lograr la excelencia de la elocución. En otras palabras, la elección y puesta en combinación de los términos realizadas por el compositor del relato tienen que lograr una expresión clara y respetable para que su discurso poético logre la excelencia. En términos de Aristóteles,

1- en efecto, es menester realizar una mezcla (*kekrâsthai*) con estos de cierto modo: el uno -como por ejemplo el <uso> dialectal, la metáfora, el ornamento y las otras especies ya mencionadas- no producirá ni el <uso> cotidiano, ni el poco elevado, en cambio el corriente, <producirá> claridad. (1458a32-35)

2- en sentido inverso, la elocución demasiado brillante (*lían lamprà*) oculta (*apokrýptei*), pues, los caracteres y los pensamientos. (1460b4-5)

Esta prescripción a la mesura (cf. *Ret.* 1414a26-28), la medida (*tò métron*), es el punto común (*koinón*) y abarca a absolutamente todas las partes (*hapánton tôn merôn*) y, por ende, niveles de integración de la elocución.

En el libro III de la *Retórica* se desarrolla un estudio específico sobre la elocución (*léxis*) afín a la *Poética*. Retomando lo tematizado en los libros anteriores, como es habitual en el proceder reflexivo de Aristóteles, desde el comienzo (1403b) se dice que tres son los puntos que deben tenerse en cuenta en relación con los discursos performativos, a saber: 1) a partir de qué cosas (*ek tínon*) son extraídas las pruebas, 2) acerca de la elocución (*perì tèn léxin*), y 3) cómo es necesario ordenar (*táxai*) las partes del discurso. El punto 1) ha sido trabajado en el transcurso de ambos libros restantes, por lo cual el Libro III está orientado a la *léxis* y a las partes del discurso. Sensible, pues, a la importancia tanto del contenido y su articulación, como de la modalidad de presentarlo, afirma que "no es suficiente (*apókhre*) el tener las cosas que es menester decir (*deî légein*), sino que es necesidad (*anágke*) también cómo es menester hablar (*deî eipeîn*)" (1403b15-16). Así pues, para la composición discursiva retórica se debe tener en cuenta (a) tanto la naturaleza del contenido del discurso, como la distribución del mismo; (b) la modalidad de la elocución mediante la cual se dispone al auditorio (*têi léxei diathésthai*) y (c) las cosas vinculadas con la actuación (*hypókrisin*) del orador, considerada como portadora de un gran poder o capacidad (*dýnamin megísten*) en vistas de provocar determinada representación en el auditorio. En suma, armonizar el *légein* y el *eipeîn* es no solo pertinente, sino necesario a los fines de suscitar el estado de ánimo buscado por el orador (cf. 1403b18-21).

Ahora bien, lo fundamental a nuestros fines es analizar en qué consiste esta representación discursiva-actoral. Podemos decir que la representación discursiva es un hecho consustancial al quehacer discursivo, pues unifica a quien habla, lo dicho y el hacia quién, corporizado en el acto de palabra o, en términos aristotélicos, en la voz (*en têi phonêi*). En sentido estricto, la representación discursiva depende de cómo se debe utilizar la voz para (representar y, por ende, despertar) cada *páthos*, esto es, en las entonaciones (*toîs tónois*) y ritmos (*rhythmoîs*) de la cadencia para cada caso particular de discurso. Esto es evidente, ciertamente, en cuanto a la poética y, por ende, la mímesis aristotélica, pero, ¿por qué también se analiza en el ámbito de la retórica, si el propio Aristóteles ha dicho, en clave platónica, que solo lo justo, los hechos mismos, ha de buscarse en el discurso (cf. 1404a3-6)? La respuesta nos la ofrece el propio Aristóteles:

> puesto que los asuntos, los que respectan a la retórica (*rhetorikén*), están todos <dirigidos> hacia la opinión (*pròs dóxan*), se debe tener solicitud (*epiméleian*) <en ello> no por ser correcto (*orthôs*), sino necesario (*anagkaíou*). (1404a2-3)

Es decir, si bien es menester poner como horizonte del discurso solamente lo justo, no hay que descuidar que la retórica en sentido aristotélico se desenvuelve en el ámbito de las representaciones, los estados anímicos y la opinión común. A partir de lo cual, para poder captar adeptos no basta con lo correcto, esto es, el contenido, sino con los medios necesarios para tales fines. En vistas entonces ya no a lo que se considere como justo, sino hacia la opinión común (*dóxa*), afirma que lo que concierne a la elocución (*léxis*), como deslizamos en la página anterior, tiene un gran poder a causa de la mala calidad del auditorio (1404a7-8). En cambio, en el ámbito de la enseñanza especializada no ocurre lo mismo, "puesto que nadie enseña a hacer geometría de este modo (*hoúto*)" (1404a12).

Enmarcados en el campo de la retórica afectiva, podemos decir que no se suscribe a la verdad en su registro lógico-constatativo, sino a la penetración en el amplio espectro de las representaciones del auditorio, ampliándose el abanico de posibilidades y, por ende, de los recursos discursivos (cf. *DI* 17a1 y ss., remitimos a la *Introducción*). En términos aristotélicos, "absolutamente todo esto es representación (*phantasía*), y <está dirigido> hacia el oyente (*pròs tòn akroatén*)" (1404a11). En este punto una vez más Aristóteles vincula el ámbito de la retórica al de la poética, al considerar que la primera producirá lo mismo (*tautò poiḗsei*) sobre el auditorio que la segunda por medio de la actuación (*tȇi hypokritikȇi*) (1404a12-13). A su vez, considera que lo concerniente a la actuación se da por naturaleza (*phýseōs*) y, en consecuencia, no es susceptible de técnica (*atekhnóteron*), en cambio lo concerniente a la elocución es propio de la técnica (*éntekhnon*), es decir, del dominio preciso y metódico de sus elementos. Por esta razón, los discursos escritos son más fuertes a causa de la elocución (*dià tḕn léxin*) que por su sentido (*dià tḕn diánoian*) (1404a18-19).

Del mismo modo que hemos visto en la *Poética*, la excelencia de la elocución es que sea clara (*saphȇ*), puesto que "si no revelare, no producirá su función (*érgon*)" (1404b3). Además, el empleo de los recursos –por así decirlo– estilísticos debe ser adecuado a cada discurso: la diferencia entre los recursos de la retórica y los de la poesía radica en la adecuación de los ornamentos discursivos por medio de los nombres y verbos. Esta adecuación no significa mantenerse dentro de los usos lingüísticos cotidianos, antes bien la adecuación está puesta en función del acto performativo y, por ende, orientada hacia la producción de placer, de manera que será necesario en función del tipo discursivo llevar a cabo un uso correcto, con medida, de los giros lingüísticos con miras a despertar los mecanismos psíquicos que produzcan el placer en el auditorio. En esta dirección, Aristóteles afirma que "es menester (*deî*) volver extraño al modo de hablar: <cuando la *léxis* y el dialecto se encuentran> entre las cosas lejanas son asombrosas, y lo asombroso (*tò thaumastòn*) es placentero (*hēdý*)" (1404b10-12; cf. *Poé.* 1460a17). El hecho de disfrazar al lenguaje cotidiano presenta al discurso como más respetable (*semnotéran*), dado que irrumpe en un uso no habitual. Sobre este punto, la técnica poética posee una abundancia de recursos para colocarse por fuera de lo cotidiano, es decir, puede desarrollar una amplia combinación de recursos, debido a que "se mantiene más apartada de las cosas y de las personas sobre las que el discurso <versa>" (1404b13-14). En la prosa (*en toîs psiloîs lógois*), en cambio, es conveniente ocultarlos (*lanthánein*), presentado sus enunciados no artificialmente (*mḕ peplasménōs*), sino con naturalidad (*pephykótōs*) (1404b18-19). En el ámbito de la producción de tragedias toma a Eurípides una vez más como un paradigma, y afirma que es el primero en llevar a cabo una composición haciendo uso de giros coloquiales para escamotear bien (*kléptetai eû*) (1404b20-27).

Las remisiones entre poética y retórica no se agotan en lo visto, también se conectan en los antecedentes históricos de la elocución. En este sentido, Aristóteles despliega una doble conexión: por un lado, la poesía es el antecedente primario de la elocución retórica, pero, por otro, en el estado contemporáneo a Aristóteles, se distancian en cuanto al modo de ejecutarla:

> en efecto, primeramente, como es natural, los poetas comenzaron a poner mano en <esto>. Los nombres son *mimémata*, y nosotros tenemos la voz como la más mimética de todas <nuestras> partes constitutivas. A causa de lo cual las técnicas se compusieron, <a saber:> la que es rapsodia (*rhapsodía*) y la actuación (*hypokritiké*) y ciertamente las otras. Puesto que los poetas, diciendo cosas vanas (*euéthe*), parece que se procuraban fama por su elocución (*léxis*), por esto la primera elocución fue poética, por ejemplo la de Gorgias, y todavía ahora la mayoría de los ineducados cree que los <hombres> de tal clase tratan sobre cosas bellísimas (*kállista*). Pero esto no es así, sino que la elocución de la poesía (*poiéseos*) y del discurso <argumentativo> (*lógou*) son cosas distintas (*hétera*). (1404a20-25)

Para extraer el sentido diacrónico de este pasaje sintético, y así lograr poner a la luz la cercanía y la distancia entre ambas producciones discursivas, conviene poner en claro que la poesía arcaica en contexto oral ha sido el primer género discursivo que le asignó un lugar preponderante a la elocución, por la propia naturaleza del contexto de experiencia de una improvisación sustentada en el reservorio memorístico del poeta, esto es, su performance. Tan importante es el efecto producido por la elocución sobre los espectadores que, según Aristóteles, incluso oradores como Gorgias, ya en otro contexto cultural, han incorporado a sus discursos elementos que en principio pertenecían a la poética. A partir de este punto se comprende que la diferencia radica en que ni siquiera los productores de tragedias, esto es, los poetas "actuales" (sociedad post-alfabetizada), hacen uso de la misma *léxis* primera: han abandonado el tetrámetro por el yambo, por ser más semejante a la prosa (cf. *Poé.* 1449a28 y ss.), y las palabras que están fuera del lenguaje corriente de aquel entonces. De manera que Aristóteles afirma que "es ridículo (*geloîon*) hacer mímesis (*mimeîsthai*) de estos que ya no se sirven de aquel modo de expresarse" (1404a35-36).

Sin embargo, en 1413b y ss. Aristóteles diferencia la elocución que pertenece a cada género discursivo, al afirmar que "es menester (*deî*) no olvidar que una elocución distinta se ajusta a cada género (*hekástoi génei*)" (1413b3-4). Lo dicho no se orienta al asunto que tematiza cada género (el deliberativo, el judicial, el político, etc.), sino a la modalidad en la cual oportunamente debe desenvolverse el discurso. Una vez más en el ámbito ontológico de los discursos performativos, esto es, lo no necesario, la articulación del contenido con el modo de expresión cobra suma importancia. De manera que cada género discursivo tendrá un modo de expresión particular, aunque no excluyente, por ejemplo si se cotejan la prosa escrita y la exposición oral improvisada es evidente que cada una tendrá que armonizar con la dinámica propia de cada género y su contexto de experiencia (cf. 1413b14-16):

> la más exacta (*akribestáte*) es la elocución escrita (*graphiké*), en cambio la más teatralizada (*hypokritikotáte*) es la <elocución> agonística (*agonistiké*) (de estas hay dos especies: la una ética, la otra afectiva). (1413b8-10)

De ello se sigue que, por un lado, la exactitud o corrección (*akríbeia*) en cuanto a la concatenación del contenido y su modo de expresión es propia de la escritura, debido a la no urgencia de su ejecución y su fijación. En cambio, la oralidad primaria, al no estar sujeta a la rigidez de la escritura, sino por el contrario a la tensión de la instantaneidad del *kairós*, posee una mayor libertad o necesidad, según fuera el caso, en cuanto a los modos de expresión, por lo cual quien debate puede (y debe) hacer uso de la modalidad propia de la teatralización mediante lo cual seduzca al auditorio. Por otro, Aristóteles pone en relación directa al género agonístico con el teatro. En esta línea, afirma:

> en el debate se ajustan las <expresiones> teatralizadas (*tà hypokritiká*), por lo cual si la representación teatral es suprimida, no produciendo su función (*érgon*) propia, <el discurso> parecerá cosa vana (*euéthe*). (1413b17-19)

Con respecto a los géneros oratorios afirma que la *léxis* perteneciente a la elocución popular (*he demegoriké léxis*) es totalmente parecida (*pantelôs éoiken*), como se suele traducir, "a la pintura en perspectiva" (*têi skiagraphíai*), cuyo término griego contiene una clara alusión a la representación de puras sombras (compuesto por *skiá*, "sombra", "silueta", "fantasma", y *graphía*, "marca", "dibujo", "pintura").[53] En este punto, como hemos afirmado, es necesario recordar que para el Filósofo la elocución tiene una gran capacidad o poder (*méga dýnatai*) a causa de la mala calidad del auditorio (1404a 7-8), y por lo cual se orienta a la opinión común, no a la verdad de sus enunciados, y a los estados anímicos del espectador a los fines de persuadirlo. Aristóteles refuerza el valor de poca precisión de la composición discursiva política al afirmar

---

[53] La *skiagraphía* es una técnica que produce una impresión de relieve, esto es, mediante el juego de colores y sombras desde un determinado punto de distancia genera una ilusión en la vista del espectador. Sekimura (2009) dedica un capítulo especial al estudio de las artes de la representación en el mundo griego, entre las cuales se encuentra la *skiagraphía*.

que frente a la muchedumbre las exactitudes son superfluas (*tà akribê périerga*) (cf. 1414a7-11). Lo esencial a nuestros fines es la orientación aristotélica, con resonancias platónicas, según la cual "donde mayor (*málista*) es la representación teatral (*hypókrisis*), allí mismo la exactitud (*akríbeia*) <es> mínima (*hḗkista*)" (1414a15-16). Reconfigurando lo dicho, la representación teatral y la elocución correspondiente cobran un papel fundamental en el marco de la retórica aristotélica, debido al ámbito propio de sus enunciados y que se orienta a la disposición anímica del auditorio presente, unidad funcional cuyo fin es la persuasión y no la demostración científica.

A su vez, Aristóteles privilegia la metáfora entre los recursos discursivos con los cuales devienen elegantes (*asteîa*) las expresiones, poniendo como prioridad la forma antes que el contenido, tal como lo hemos corroborado en la Poética. Pues, la metáfora aporta a la técnica persuasiva tres elementos clave en vistas del auditorio: lo claro (*saphés*), lo placentero (*hēdú*) y lo extraño (*xenikón*) (1405a8-9). De manera que para el Estagirita cobra suma importancia llevar a cabo un tratamiento específico de la metáfora,[54] tanto en vistas del discurso retórico, como a la poética. De tal modo, en el ámbito poético, pero aún en mayor medida en el de la retórica, puesto que sus recursos auxiliares (*boēthḗmata*) son más escasos, es esencial el dominio preciso de la metáfora, lo que se logra a partir de la analogía (*ek toû análogon*) (1405a4-11), "si <así> no <fuere>, [sc. el discurso] aparecerá no conveniente (*aprepés*)" (1405a11-12). De lo dicho, entre otras cuestiones, es nuestro interés resaltar que "el discurso está compuesto (*syntíthetai*) a partir de estas cosas, pero el hablar a la manera helénica es principio de la elocución (*léxeōs*)" (1407a19-20), esto es, componer y proferir, tanto material, como formalmente, el discurso con corrección (cf. 1407a19-1407b25).

Ahora bien, frente al interrogante de cómo se alcanza la corrección discursiva, el Filósofo afirma que "la elocución contendrá lo conveniente (*tò prépon*), si es afectiva (*pathētikḗ*) y además característica (*ēthikḗ*), y cosa análoga (*análogon*) a los hechos subsistentes" (1408a10-11). Esto alude a que en principio la elocución y, por ende, la composición discursiva, en este caso, retórica será apropiada si: 1) refleja y produce en su carácter propositivo los estados anímicos (*páthē*), 2) se ajusta al carácter (*ēthos*), esto es, a cada género (*hekástōi génei*), como la edad y otros tales, y al modo de ser adquirido (*héxei*); y 3) mantiene una cierta semejanza o guarda relación el modo de la tematización con el tenor de los hechos, esto es, si se lleva cabo con solemnidad los asuntos solemnes, o con gravedad a los asuntos de tal clase, etc. (cf. 1408a10-35). Aquí se

---

[54] Sobre la metáfora y las imágenes discursivas, cf. 1406b23-1413a1.

emplea el término *análogon*, que en este contexto no quiere decir adequatio ad rem, lo cual podría hacer pensar en un uso constatativo propio del *lógos* apofántico, sino, muy por el contrario, el sentido se dirige no al contenido, sino, justamente, al cómo de la exposición. Pues, "'análogo' es si no se habla groseramente sobre asuntos dignos, ni sobre asuntos sencillos suntuosamente (...): si no, aparece la comedia, como hace Cleofonte" (1408a12-15). Aristóteles afirma que la elocución apropiada es aquello por lo cual el asunto (*tò prâgma*) podría volverse persuasivo.[55]

La cualidad de apropiada, entonces, estará establecida, por un lado, por la conjunción y ejecución correctas del tenor del asunto y su análogo en el modo de tematizarlo discursivamente, y, por otro, el modo de acceder a los estados anímicos del auditorio. En otros términos, la ejecución correcta de la *lexis* permitiría que la *psykhé* del eventual auditorio se engañe con un falso razonamiento (*paralogízetai*), creyendo que el orador habla con la verdad (*alethôs*) (1408a18-20), esto es, que juzgue verdadero lo que parece verdad. A continuación, Aristóteles describe el modo en el cual el ser humano se abre a tales experiencias de sentido:

> porque sobre estos asuntos son así (sc. los oyentes), de suerte que creen que los asuntos son de tal manera, incluso si el que habla no está del mismo modo como habla, es decir, el oyente siempre (*aeì*) comparte un estado anímico semejante (*synomopatheî*) al que habla anímicamente (*pathetikôs*), aunque nada diga. Por esto muchos impresionan a los oyentes embarullándolos con golpes bajos (1408a21-25).[56]

La tematización de lo que convierte en persuasivo un discurso se inscribe en el modo perculiar de apertura del auditorio frente a un orador que ejecuta una combinación precisa de dispositivos discursivos del orden emocional, de la imagen o representación, que neutralizan, por así decirlo, la capacidad reflexiva del auditorio, trasladándolo hacia un

---

[55] McCall (1969:8) afirma que Aristóteles innova en relación a la tradición en dedicarle un libro explícitamente a la *léxis*. Para los testimonios pre-aristotélicos remitimos a su Cap. I. En otro contexto afirma, por un lado, en 1417a15 que es menester que la narración (*diégesin*) retórica sea ética, en el sentido de característica (*ethikén*), y, por otro, en 1417a35 y ss. que es necesario hablar de tal modo que la expresión sea a partir de los estados anímicos (*ek tôn pathetikôn*), lo cual se corresponde con lo visto sobre la elocución conveniente.

[56] Mantenemos la literalidad del verbo *katapléttousi* compuesto por la preposición *katá*, "hacia abajo" y el verbo *plésso* "golpear". Literalmente se dice "muchos dan golpes bajos...".

estado anímico propiciado por –y conveniente para– el fin proyectado por el orador. En este marco el verbo *synomopathéǫ*, uso escasamente documentado según los diccionarios especializados, y raramente mencionado por los especialistas,[57] refleja de manera notable el evento que el Filósofo concibe entre un rétor y su auditorio. Desde un acercamiento morfológico, está compuesto por dos prefijos: por un lado, *syn-* "juntamente", "de acuerdo con", y, por otro, *-omo-* que remite al término *hómoios-homoîos*, "semejante, igual, mismo", más la raíz verbal √*path-* que denota el amplio ámbito de la experimentación de un ser viviente o cosa[58]. De manera que el oyente siempre se ve inclinado a simpatizar –compartir el *páthos*– con la disposición anímica que el orador finge y deja traslucir, entre otros elementos, por la *léxis*, al ejecutar un *lógos pathẹtikós*. Entre otras cosas, esto da cuenta de, por un lado, que se relega a un segundo plano el contenido proposicional del discurso y de que se erige como criterio perfomativo la modalidad que envuelve a la compleja escena discursiva retórica, y, por otro, de que el orador dispone, por medio de artilugios, del estado anímico del auditorio, que, según documentamos, determina al juicio del oyente.

Con todo, en el tratamiento aristotélico de una retórica técnica, según su método, el modo oportuno (*eukaírǫs*) de emplear (*khrệsthai*) los dispositivos discursivos cobra gran importancia, y es considerado común a absolutamente todas las especies de estos discursos (1408b1-2). En otras palabras, las condiciones de expresión en el registro retórico devienen consustanciales al contenido del discurso, esto es, no son un mero agregado sobre el contenido, a la manera de una mera ornamentación estilística.[59] En esta línea, por ejemplo, sí es correcto que quien ya ha captado a los oyentes (*toùs akroatás*) y los ha entusiasmado (*enthousiásai*) haga uso de los recursos de corte poético, puesto que es preciso que

> tales cosas sean pronunciadas estando entusiasmados (*enthousiázontes*), puesto que también se aceptan

---

[57] Sobre el pasaje Wisse (1989:72) sostiene que el *páthos* del orador está motivado a los efectos de producir un cambio sobre el auditorio. Además, afirma que poner de relieve esta peculiar relación no es innovación de Aristóteles. Si bien es cierto, sólo cita el pasaje, pero no pone especial atención sobre el término, ni siquiera indica que es una invención aristotélica.

[58] cf. Bailly (2000), Chantraine (1968) y LSJ (1940), *s.v.*

[59] La tradición retórica y poética inmediata a Aristóteles ha visto la importancia del dispositivo patético, quizá relegado en buena parte de la historia retórica posterior, pero actualmente retomado -incluso con impulso filosófico renovado desde la filosofía fundamental-. Remitimos a las ediciones del *Corpus Rhetoricorum* realizada por Patillon, M. (Belles Lettres, 2001-2014), puntualmente a los diversos tratamientos de la etopeya, sea del orador, sea de un personaje, y su vínculo íntimo con los *páthẹ* del auditorio.

evidentemente estando del mismo modo (*homoíōs*). Por esto también se adaptan a la poesía (1408b17-19).

Continuando con su indagación formal y material de la retórica, cuyo fin es acceder de manera oblicua al oyente, esto es, persuadirlo desarrollando artilugios sin que sean tematizados por el auditorio, Aristóteles analiza el modo tanto de convertir en refinadas –en cuanto estilo– e ingeniosas –en cuanto al modo de desarrollar el tema– las expresiones, ambas esferas condensadas en el término griego *asteîa*, como también el convertirlas en complacientes o estimadas de buen grado (*eudokimoûnta*) –esto es, mejor aceptadas. Además, el Estagirita sostiene que esta actividad es propia o de quien está dispuesto por naturaleza para ello (*toû euphyoûs*) o de quien está ejercitado (*toû gegymnasménou*) en tales menesteres. Ahora bien, no se reduce a estas dos posibilidades, sino que se abre una tercer vía: también es posible lograrlo por medio de este método (*tês methódou taútēs*) que el Filósofo desarrolla. Para dar cuenta del modo en que debe ser comprendido el término *asteîa*, el propio Estagirita recurre una vez más a las nociones de metáfora, analogía y el "poner ante la vista" (1411b22-23).

Aristóteles pone el énfasis en la potencia performativa de los discursos así dotados. Por ello, en primer lugar, en este contexto reitera que "trasladar" (*metaphérein*, i.e. hacer metáforas, cf. *Poé.* 1459a7-9) debe obtenerse a partir de las cosas apropiadas (*oikeíōn*) y no de las cosas manifiestas (*mè phanerôn*), estableciendo un punto de contacto entre la producción de imágenes, que pone en relación entidades que distan en cuanto a la semejanza, y la filosofía (cf. 1412a10-11).

En segundo, incorpora en el análisis de las expresiones elegantes un elemento que si bien se deducía de lo dicho, no estaba tematizado abiertamente: aunque aquellas se obtengan, como se afirmó anteriormente, por la metáfora (*dià metaphorâs*), son aún más elegantes a causa de producir, concordando con nuestra interpretación hasta aquí desplegada, un engaño o truco (*ek toû prosexapantân*) (1412a19-21). De manera que los recursos que constituyen a las expresiones no se limitan a ser ornamentos estilísticos, sino que se instalan en la esfera pragmática del discurso, y esto se debe no por azar sino a que quien compone el discurso se orienta a ella. Quien aprende algo, sea esto un conocimiento real o meramente aparente, lo realiza en mayor medida, según el Estagirita, encontrándose en un estado contrario (*parà tò enantíos éxein*) del que devino a partir del acto revelador –u ocultador– del discurso. Entonces, en la instancia persuasiva "parece que el alma dice: 'cuán verdadero, sin embargo yo estaba en el error'" (*hós alēthôs, egò dè hēmarton*) (1412a19-22). El efecto de sentido tiene la capacidad de llevar a cabo una modificación tanto en el estado anímico, como en el orden representacional-proposicional del auditorio, proyectándose a instancias de la praxis misma. A tal punto que, más allá de lo que realmente sea en el orden factual, el oyente puede, en primer lugar, como producto de los efectos discursivos no necesariamente apodícticos, creer estar en el error (*hamartía*), y, en segundo, cambiar su disposición en cuanto al asunto en cuestión: "(sc. el asunto) no <era>, pues, tal como suponía (*hypélaben*) el oyente (*ho akoúon*)" (1412a30-31).

Para finalizar nuestro análisis de la holística concepción aristotélica sobre la técnica retórica y puntualmente el papel de la léxis en el marco persuasivo, seleccionamos un pasaje, donde se afirma que, en relación a la léxis, para toda producción discursiva performativa:

> … es evidente que conviene el medio (tò méson). Lo dicho producirá lo placentero (tò hedeîan), si se combinan bien lo habitual y lo extraño, el ritmo, y lo persuasivo a partir de lo conveniente (toû prépontos). (1414a26-28)

Según nuestra interpretación, entonces, este pasaje sintético condensa la multidimensional concepción aristotélica que prescribe, tras un análisis de la tipología de los páthe, determinados puntos necesarios para componer correctamente un lógos performativo y de tal modo alcanzar el efecto de sentido con implicancias pragmáticas: se presenta la unidad indisoluble, combinada armónicamente, de la forma y el contenido de todo discurso persuasivo, como un ser viviente único-entero (hósper zôion hèn hólon, Poé. 1459a20-21).[60]

Recapitulando lo dicho, nada puede estar supeditado al azar, antes bien se debe confeccionar la exposición haciendo uso tanto de la materia sobre la cual este versará, el contenido informativo, como del plexo referencial (lo paraverbal) a partir del cual producir una phantasía y que ésta posibilite que advenga un determinado páthos, punto fundamental para aproximarse a la finalidad performativa.

Conclusión

El *lógos* entendido a la manera aristotélica es en sentido amplio "*la condition de possibilité de l'expérience*", es decir, constituye el horizonte inmediato de nuestra experiencia plenamente humana de mundo (Aubenque, 2009:17-18). Razón por la cual su sentido primario cubre un ámbito proteico y pluridimensional.

---

[60] Para el tratamiento del miedo y la compasión, donde la *phantasía* cumple una función preponderante, y se da cuenta de la necesidad de armonizar el *modus* y el *dictum*, cf. *Ret.* 1382a22-1386a35.

Ahora bien, desde un acceso externo, podemos decir que el análisis aristotélico de sus diversas actualizaciones responde, de manera manifiesta o no, a un tipo de función específica que se establece en relación a un determinado campo de aplicación –incluso, ontológica. Dentro de una gama amplia de posibilidades, en el análisis específico de la producción discursiva performativa permanece un sustrato del *lógos* entendido como experiencia de mundo: toma en cuenta, pues, al ser humano total. Esto se debe a que al no pretender el tipo y grado de *akríbeia* de la función lógica-constatativa (*DI* 17a1 y ss.), retoma y pondera todos los elementos del contexto de experiencia de la instancia de enunciación y, por ende, la *léxis* en calidad de constituyentes necesarios de la unidad discursiva: lo sustancial, en este caso, es el efectivo efecto pragmático del lenguaje.[61]

De las múltiples e importantes consecuencias que podríamos extraer, nos interesa focalizar en la complejidad y vigencia del análisis aristotélico de la retórica, puesto que está compuesto de diversos elementos intra y paratextuales, que da cuenta de la supervivencia estructural de su análisis del discurso retórico, rebasando el límite impuesto por lo coyuntural.[62] Podemos decir, entonces, que es un tipo de saber de corte hilemórfico: la competencia lingüística estratégica, que es un peculiar *know how*, versa sobre la correcta articulación entre el contenido proposicional y la capacidad productiva-realizativa del discurso con la cual se pueda administrar, en sentido amplio, los mecanismos psicológicos y las notas culturales del auditorio, puesto que lo preponderante no es la demostración científica, sino acceder al estado anímico-representacional del auditorio para provocar a través de un uso competente de la *léxis* un intencionado efecto de sentido performativo.

Es necesario poner de relieve que, como todo obrar, la *performance* del orador, aunque delimitada a un espacio público con ciertos parámetros socio-culturales, está implicada necesariamente con características estructurales referidas a la situación concreta que se está llevando a cabo. Razón por la cual se debe desarrollar estrategias que permitan que la *dýnamis* del orador llegue a ser un *know how* con el que pueda comerciar con las siempre nuevas circunstancias, incluso ajenas a su persona y dominio: deberá saber tratar con la contingencia no sólo del contenido discursivo de este ámbito, sino fundamentalmente del aspecto situacional de su actividad. El repertorio técnico de la retórica aristotélica

---

[61] Aubenque (2011:72) afirma que la *akríbeia* es una exigencia dentro del cuadro platónico, en cambio para Aristóteles sería un obstáculo para la persuasión.

[62] Para una caracterización actual, cf. Herrick (2016:8).

tendrá el objetivo de brindar una base orientativa, y en esta dirección proveerá de ciertos esquemas racionalmente fundados para bajo tales circunstancias apremiantes ser capaz de crear el contexto pertinente que permita dar con el *kairós* performativo. Es cierto que se podría objetar que, siguiendo al Estagirita, el principio de la producción retórica, en tanto *tékhnē*, está en quien la produce (*EN* 1140a11-14; *Met.* 1025b25), sin embargo el orador se encuentra dentro de un entramado de coordenadas que no están solamente sujetas a él, a diferencia, en mayor medida, del caso de un artesano que se encuentra, por así decirlo, en el contexto neutralizado de su taller y se las ve con el objeto a moldear. Por esta razón, los esquemas de acción son orientativos y siempre sujetos a las condiciones de la circunstancia concreta: son esquemas siempre ambivalentes por encontrarse en tensión entre su pretendida universalidad y la multiplicidad de las condiciones concretas de la *performance*.

En suma, el saber retórico, más vinculado a un acceso virtuoso a la *prâxis* que a un tipo de saber proposicional restrictivo, es un saber de tipo disposicional que no queda posicionado en la sede de la contemplación, sino que permite entrar en juego tras un proceso de habituación con cierta orientación con las circunstancias dadas móviles y la posibilidad de moldearlas en vistas de un determinado fin prefijado, pero también situacional.[63]

A partir de lo expuesto de *Retórica*, *Motu Animalium* y *De anima*, intentamos poner de relieve que Aristóteles para afrontar la compleja situación práctica propia de la escena retórico-política ofrece un análisis que pondera un fuerte vínculo entre la producción discursiva performativa, su consecuente desenvolvimiento discursivo, las psicodinámicas del auditorio eventual y las circunstancias socio-culturales marco. Con estos elementos, el retórico, como el médico, sabrá ante quién, en qué momento, de qué modo y para qué conjugarlos. Al respecto entonces Aristóteles señala la necesidad de mediante el *lógos*, puntualmente la *léxis*, crear una *phantasía* y suscitar determinado estado de ánimo, dependiendo de la etología y la psicología de las emociones del auditorio siempre diverso, para lograr dominar la escena en vistas de la persuasión. En este circuito de habla estratégico, cobran suma importancia:

i) su zona ontológica, esto es, el ámbito de los *dynatá*, los *éndoxa*, lo *eikós*, lo *hōs epì tò polý* y los *endekhómena állos ékhein*. En este sentido, privilegia la *léxis*, producto de la técnica, y la *hypókrisis*, entendida como

---

[63] Para un estudio sobre el acceso al mundo de la *prâxis* no restrictiva, cf. Wieland (1996; 1999). Para un tratamiento de la *tékhnē* en esta línea, cf. Vigo (2016:44-58).

lo referente a la gestualidad, la vocalización en función del contenido discursivo, que corresponde a dotes naturales, antes que una *akríbeia* referencial en sentido lógico-constatativo, cuyo ámbito es la *anánke̲*.

ii) la etología y psicología del enunciatario, debido a que por medio de un *lógos pathe̲tikós* induce una determinada phantasía y cierto *páthos*, con su consecuente posibilidad de modificar el juicio del auditorio en el campo de asuntos contingentes.

A condición de gobernar virtuosamente este conjunto categorialmente diverso puede darse la peculiar relación "*sinomopatética*" entre un orador eficaz y su auditorio. Es necesario remarcar una vez más que la motivación emocional no está desarticulada del componente cognitivo, por el contrario está basada en una evaluación (Wisse, 1989: 73): el tratamiento aristotélico de la práctica retórica comprende al ser humano como un todo orgánico, cuyos constituyentes se implican unos con otros y, a su vez, están sujetos a determinaciones contextuales –sean políticas, culturales, etológicas, etc.–, es decir, no sólo no está disociada la cognición del estado de ánimo, sino que se implican. Incluso la respuesta emocional no es un reflejo automático, antes bien está en concordancia con un juicio motivado por ella y el contexto: no es una fuerza irracional (Fortenbaugh, 2006:29-30). En esta línea, es importante recordar que incluso en el marco de la filosofía fundamental, Heidegger, al momento de tematizar la disposición afectiva del *Da-sein*, afirma que, contra el concepto tradicional de retórica como una especie de "disciplina",

> la *Retórica* de Aristóteles debe ser concebida como una primera hermenéutica sistemática de la cotidianidad del convivir [...] Apelando a ellos <los *páthe̲*> y desde ellos es como el orador habla. El orador necesita comprender las posibilidades del estado de ánimo para suscitarlo y dirigirlo en forma adecuada. (1997: 163, SuZ: 138-9)

En suma, podemos decir que, por un lado, en el ámbito de la producción discursiva performativa es preciso no sólo dominar los tipos de argumentos (inducción, silogismos, etc.) y, evidentemente, poseer cierto dominio del contenido discursivo, sino fundamentalmente tener una comprensión del modo de ser del ser humano, donde las costumbres, los hábitos y el funcionamiento del psiquismo humano cobran suma importancia: son la efectiva fuente del tipo de argumentación a utilizar en relación al contenido discursivo, su *léxis* correspondiente, el contexto de su enunciación y el tipo de auditorio. La producción de imágenes representacionales, propias de la comprensión profunda de la psicología aristotélica, está en la base de la *Retórica*: de qué depende y de qué modo un ser humano es capaz de procesar los fenómenos senso-representativos a través de un tipo de función estratégica del lenguaje. Por otro, esta interpretación en conjunto del pensamiento aristotélico pone de relieve que el modo de comprender a lógos en sentido originario, como modo propio del ser humano, está más próximo al uso deliberativo-retórico que al lógico-constativo, en la medida en que pone de relieve al ser humano en su modo de ser político, su relación con el ámbito contingente, netamente humano, y el fenómeno, por medio de la *phantasía* deliberativa (Labarrière, 2005), de la racionalidad práctica en el marco de las acciones posibles.

Referencias Bibliográficas

Fuente

Aristote. *De l'âme*. Texte établi par A. Jannone ; traduction et notes de Barbotin, E. Paris, Belles Lettres, 1966.

Aristote. *De l'âme*. Traduction et notes de Tricot, J. Librairie Philosophique J. Vrin, Paris, 1965.

Aristote. *Oevres: Éthiques, Politique, Rhétorique, Poétique, Métaphysique*. Editión publiée sous la direction de Bodéüs.Gallimard, Paris, 2014.

Aristote. *Rhétorique*. Traduction et notes de Dufour. Paris, Belles Lettres, 1960

Aristóteles. *Acerca del Alma*. Introducción, notas y traducción Boeri, M. Colihue, Bs.As., 2010.

Aristóteles. *Tratados de Lógica (Organon) II*. Introducción, notas y traducción Sanmartín, M. C. Gredos, Madrid, 1988.

Aristotelis. *Ars Rhetorica*. Recognovit brevique adnotatione critica instruxit W. D. Ross. Oxford/New York, E Typographeo Clarendoniano, 1957.

Aristotelis. *Ethica Nicomachea*. Recognovit brevique adnotatione critica instruxit I. Bywater. Oxford/New York, E Typographeo Clarendoniano, 1988.

Aristotelis. *Politica*. Recognovit brevique adnotatione critica instruxit W. D. Ross. Oxford/New York, E Typographeo Clarendoniano, 1963.

Aristotle. *De Anima*. Translated with an Introduction and Commentary by Shields C. Clarendon Press, Oxford, 2016.

Aristotle. *De Motu Animalium*. With an English translation by Nussbaum, M. Princeton University Press, Princeton, 1978.

Aristotle. *Rhetoric*. Edited by Cope and Sandys. V. 1-3. Cambridge, Library Collection Classics, 2009.

Secundaria

Aubenque, P. (2011), *Problèmes aristotéliciens: philosophie pratique*, Vrin, Paris.

------------------ (2009), Aristote et le langage. En Aubenque, P. *Problèmes aristotéliciens: philosophie théorique*. Vrin, Paris: 11-30.

----------------- (ed.) (1993), *Aristote politique*, Études sur la Politique d'Aristote, PUF, Paris.

----------------- (1962), La signification. En Aubenque, *Le Problème de l'être chez Aristote*, Presses Universitaires de France, Paris: 94-134.

Bieda, E. (2008), *Aristóteles y la tragedia: una concepción trágica de la felicidad*, Altamira, Buenos Aires.

Belfiore, E. (1985), "Pleasure, Tragedy and Aristotelian Psychology". The Classical Quarterly, 35, n° 2:349-361.

Bodeüs, R. (2002), *Aristote: Une philosophie en quête de savor*, Vrin, Paris.

Boeri, M. (2007), *Apariencia y realidad en el pensamiento griego: investigaciones sobre aspectos epistemológicos, éticos y de teoría de la acción en algunas teorías de la antigüedad*, Colihue, Bs.As.

Brague, R. (1980), De la Disposition: a propos de DIATHESIS chez Aristote, En Aubenque (ed.) (1980), *Concepts et catégories dans la pensée antique*, Vrin, Paris:285-307.

Cassin, B. (1997), *Aristote et le logos. Contes de la phénoménologie ordinaire*, Presses Universitaires de France, Paris.

------------- (1993), *Lógos et Politique: politique, rhétorique et sophistique chez Aristote*. En Aubenque, (1993), op cit.: 367-398.

Corcilius, K. - Gregoric, P. (2013), "Aristotle's Model of Animal Motion". Phronesis, 58: 52-97.

Fortenbaugh W. W. (2006), *Aristotle's Practical Side On His Psychology, Ethics, Politics And Rhetoric*, Brill, Boston-Leiden.

------------------------- (1975), *Aristotle On Emotion*, Duckworth, London.

Heidegger, M. (1997), *Ser y Tiempo*. Traducción Rivera, J. E. Editorial Universitaria, Santiago de Chile.

Herrick, J.A. (2016), *The History and Theory of Rhetoric An Introduction*, Routledge, New York.

Labarrière J. L. (2005), Chapitre IV: Imagination animale et imagination humaine chez Aristote y Chapitre VIII, Le caractère musical de la voix chez Aristote: apotasis, melos, dialektos. En Labarrière, *La condition animale. Études sur Aristote et les Stoïciens*. Peters, Leuven: 85-120 y 187-207.

-------------------- (1993), Le rôle de la phantasía dans la recherche du bien pratique. En Aubenque (1993), *op. cit.*: 231-252.

Lorenz, H. (2006), *The Brute Within. Appetitive Desire in Plato and Aristotle*, Clarendon Press, Oxford.

Lucas, D. W. (1968), Appendix II. Pity, Fear, and Katharsis. En *Aristotle. Poetics*, Clarendon Press, Oxford:273-290.

McCall, M. H. (1969), *Ancient Rhetorical Theories of Simile and Comparison*, Harvard University, Cambridge.

Moss J. (2002), *Aristotle on the Apparent Good: Perception, Phantasia, Thought, and Desire*, Oxford University Press, Oxford.

Pasquale, Á. A. (2015), "El rol de las emociones según el De Motu Animalium", X Jornadas de Investigación en Filosofía, 2015, Argentina. Disponible en:
http://www.memoria.fahce.unlp.edu.ar/trab_eventos/ev.7630/ev.7630.pdf.

Sekimura, M. (2009), *Platon et la question des images*, Bruxelles: Éditions OUSIA.

Trueba Atienza, C. (2009), "La teoría aristotélica de las emociones". Signos Filosóficos, XI, 22: 147-170.

Vallejos Campos, Á - Vigo, A. (2017), *Filósofos griegos: de los sofistas a Aristóteles*, EUNSA, Pamplona.

Vecchio, A. (2019), "Apuntes sobre el horizonte temporal de la prãxis aristotélica: el fenómeno de la akrasía". Texto inédito.

---------------- (2016), *El efecto mimético en Poética: ¿reproducción o creación?* Universidad Nacional de San Martín, Escuela de Humanidades, Argentina. Disponible en el Repositorio Institucional: http://ri.unsam.edu.ar // http://bit.ly/2eThaky

Vigo, A. (2019), Eû zên kaì eû práttein: sobre una fórmula característica de la ética aristotélica. En Bieda, E. - Mársico, C. -eds.- (2019), *Ética, política y estética en la Grecia clásica. Ensayos en homenaje a Victoria E. Juliá*, Biblos, Buenos Aires. ISBN 978-987-691-685-1.

----------- (2016), *Action, Reason and Truth. Studies in Aristotle's Conception of Practical Rationality*, Peeters, Leuven.

Wieland W. (1999), "Norma y situación en la ética aristotélica" (trad. A. Vigo). Anuario Filosófico, 32:107-127.

---------- (1996), *La razón y su praxis*. Cuatro ensayos filosóficos (trad. e intro. A. Vigo), Ed. Biblos. Bs. As.

Wisse J. (1989), *Ethos and Pathos from Aristotle to Cicero*, Adolf M. Hakkert publisher, Amsterdam.

Recursos Instrumentales

Bailly, A. (2000), *Dictionnaire Grec-Français*, Hachette, Paris.

Chantraine, P. (1968), *Dictionnaire étymologique de la langue grecque. Histoire des mots*, Les Editions Klincksieck, Paris.

Liddell, H.G. - Scott, R. - Jones, H.s. (1940), *A Greek-English Lexicon* (11a ed.), Clarendon Press, Oxford.

EL TRATAMIENTO DE LA ANÁFORA EN APOLONIO DÍSCOLO Y EL FENÓMENO SINTÁCTICO DEL PRONOMBRE RELATIVO

L. Ángel Castello (UBA-UNSAM)

I.

Tanto las letras como la filosofía occidentales comienzan con la literalización de la antigua Grecia. Con las epopeyas homéricas, que constituyen los últimos testimonios de lo que hasta entonces había sido una cultura exclusivamente oral, se inicia la transición lenta pero irreversible hacia una cultura escrita. La prosa literaria recogió lo que la tradición de las epopeyas orales había transmitido narrativamente en verso, y por medio de la forma escrita se produjo un cambio lingüístico que afectó profundamente las estructuras sintácticas y semánticas, de resultas de lo cual se asistió al tránsito de un orden paratáctico hacia una sintaxis regida de más en más por la hipotaxis, y a la recategorización del campo conceptual del hablante, que habría de dejar huellas indelebles en su cosmovisión.

De la primera de estas evoluciones se ocupa este trabajo, es decir, de la focalización del fenómeno del relativo como el artífice en indoeuropeo de la aglutinación de las cláusulas, que se integrarán definitivamente con posterioridad en la sintaxis evolucionada de la subordinación. Nuestro enfoque estará centrado en el tratamiento que el gramático alejandrino Apolonio Díscolo hace del fenómeno en su *Sintaxis*, y que constituye el primer testimonio que conservamos sobre la génesis del "artículo pospositivo" (*hypotaktikòn árthron*), desde su original empleo anafórico hasta sus usos claramente subordinantes.[64]

II.

El tratamiento del mecanismo anafórico de la lengua será fundamental para la comprensión de la perspectiva de Apolonio, dado

---

[64] Este trabajo recapitula y sintetiza los resultados del primer capítulo de la Tesis de Doctorado del suscripto, "Habla y parataxis: la estructura lingüística" (2010): allí se estudia también el primer momento de la cosmovisión del hombre griego, cuando la parataxis constituía el hecho mental que nos permite interpretar el estilo homérico como la manifestación lingüística de una representación fragmentaria, tanto del mundo como del propio cuerpo de los personajes –una suma de partes no integradas-, presentación que alcanza a la interioridad psíquica de los héroes mismos, donde las tensiones anímicas que los atraviesan difícilmente pueden ser reconducidas a la centralidad de un yo (Capítulo II: "La parataxis como estructura de pensamiento: los poemas homéricos").

que es a partir de la reflexión sobre este fenómeno que se le abre al autor la perspectiva de usos claramente subordinantes, cuyo punto de arranque está constituido por clases de palabras con valor independiente en su origen. En consecuencia, en un primer punto se tratará la presentación de la anáfora en la lingüística moderna, sea según la teoría de los dos campos que le debemos a Bühler –que reconoce explícitamente la deuda con Apolonio– (II.1), sea en una perspectiva generalizadora (II.2), finalmente, instalados en la lengua griega, presentaremos sucintamente los usos anafóricos en el contexto homérico (II.3), y, por último, en la *Sintaxis* de Apolonio Díscolo (II.4).

II.1

La definición primaria del lenguaje es la de un sistema de signos que los miembros de una comunidad intercambian entre sí en vista de un entendimiento mutuo, de manera que el hecho comunicativo no puede ser desligado de la realidad externa en la que acontece y a la cual hace referencia. Ahora bien, para designar la función que relaciona los mensajes emitidos con las coordenadas pragmáticas en las que éstos se producen es usual utilizar el término griego "deixis" (transcripción de δεῖξις, deverbativo de δείκνυμι 'mostrar') 'mostración', ámbito en el cual, por decirlo así, lenguaje y realidad confluyen.[65] La importancia de los signos deícticos radica en su rol de orientadores del discurso en cada una de las situaciones comunicativas posibles, dado que son elementos que coordinan tanto a las personas que intervienen en el circuito de habla codificando el mensaje, como a las referencias espacio-temporales en que el encuentro acontece. En suma, el emisor (o hablante) y el receptor (u oyente) por un lado, el lugar y el momento del acto de comunicación por otro.

Ahora bien, esta idea de que existen ciertos signos lingüísticos que aportan información contextual procedente de los tres planos mencionados debe su desarrollo sistemático a Karl Bühler, quien en su obra *Teoría del lenguaje* elaboró una noción de la deixis –que reconoce haber tomado de los antiguos gramáticos griegos– que en lo esencial continúa vigente en la actualidad. Es decir que si la tradición griega había ya distinguido entre palabras de significación conceptual directa o nombres, y palabras destinadas a funcionar solo como recursos mostrativos (deícticos), Bühler retomará la clasificación y las caracterizará respectivamente como *Nennwörter* y *Zeigwörter*, que

---

[65] Entre la serie de artículos de *Problemas* de Benveniste –obra de gran influencia en estudios posteriores- es probable que "El lenguaje y la experiencia humana" (1999 II: 70-81) sea el que con mayor énfasis desarrolla esta idea.

habrán de agruparse respectivamente en el campo "simbólico" y el campo "mostrativo" del lenguaje.[66] El primero será el dominio de las palabras de referencia constante, del puro nombrar, significantes cuyos significados tienen un estatuto establecido en la lengua, y que no están sujetos a la contingencia de un acto de habla particular; las palabras del campo mostrativo, en cambio, poseen referencia variable y su centro es relativo a cada hablante, de manera que el enfoque se va desplazando alternativamente según la apropiación que del lenguaje hace cada uno de los participantes del acto de habla. Se trata, en suma, de dos tipos de signos: 'árbol', por ejemplo, es un concepto cuya extensión comprende a todos los individuos "árbol", y en cuya intensión no cuentan como rasgos definitorios las circunstancias pragmáticas de la enunciación, dado que su realidad es "de lengua", es decir previa al usuario y a las concomitantes coordenadas situacionales; 'yo', en cambio, existe en tanto y en cuanto un individuo diga, precisamente "yo" –de lo contrario es sólo una forma vacía de un paradigma gramatical– y que, por ello mismo, escapa al estatuto de los signos conceptuales del lenguaje a la manera de 'árbol'.[67]

Es importante detenerse en la génesis de esta teoría de los campos en Bühler, dada la importancia que ha tenido posteriormente en el desarrollo de la lingüística. En realidad es una necesaria consecuencia del modelo del "órganon" del lenguaje –en su primera y segunda versiones– postulado como momento original del acto enunciativo, y que, ampliado por Jakobson, será la base de su conocido "circuito de la comunicación".[68]

A partir de una observación del *Crátilo* de Platón en la cual se asienta que la comunicación consiste en el hecho de 'decir algo a alguien',[69] Bühler reflexiona sobre ese 'algo' para pensarlo como el objeto

---

[66] La *Sprachtheorie*, es de 1934, y la primera edición de la traducción castellana –que seguimos– es de 1950. El campo mostrativo se estudia extensamente en el capítulo II (94-170) de esa obra, y el campo simbólico en el capítulo III (171-289).

[67] Es decir, no hay algo así como una serie de individuos "yo" englobados por 'yo'. Es el enfoque que encontramos en Benveniste, "De la subjetividad en el lenguaje" (1999 I: 179-187) y que también supone Lyons en el capítulo dedicado a "Deixis, espacio y tiempo" (1980:573-657), lo cual demuestra la vigencia de la presente clasificación. De hecho su influencia se ha extendido a todas las ramas de la lingüística y, por ejemplo, Coseriu (1991a:34-35) en el ámbito de la semántica estructural ha hecho en base a la noción de deixis un interesante cotejo de la oposición léxica que existe en castellano entre los verbos 'ir'-'venir' y 'llevar'-'traer', cuyos espacios deícticos son considerados desde el punto de vista de la primera persona frente a la segunda y tercera. Esta oposición no coincide con la que se da, por ejemplo, en francés entre 'aller'-'venir' y 'porter' 'apporter' (aquí son las primera y segunda personas las que se enfrentan con la tercera).

[68] Jakobson (1985).

[69] "El lenguaje es un *organum* para comunicar uno a otro algo sobre las cosas" (1950:36).

extralingüístico hacia el cual se refiere la lengua, y que puede funcionar como la fuente de estímulos que impresiona de alguna manera al hablante, quien por medio de un mensaje comunica esta impresión al oyente, cuya respuesta puede dirigirse también hacia el objeto no lingüístico en cuestión que le ha sido enunciado,

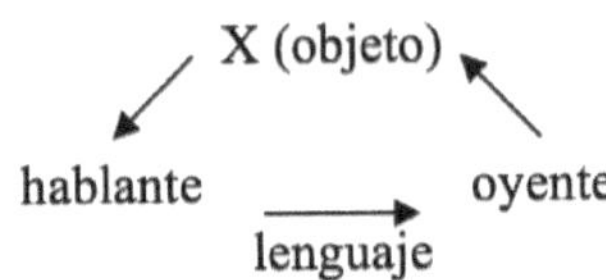

o bien responder por medio del lenguaje, invirtiendo así el recorrido del circuito. De manera que el modelo de la comunicación se dinamiza, y no se trata ya de una relación abstracta entre lenguaje y objeto representado, sino que los actores del acto comunicativo son relevados como elementos fundamentales, según se desprende claramente de las propias palabras del autor:

> *No* es verdad que todo aquello *para lo cual* el fonema es un fenómeno medio, un mediador entre el hablante y el oyente, quede comprendido en el concepto 'las cosas' o en la pareja de conceptos, más adecuada, 'objetos y relaciones'. Sino que es verdad esto otro: que en la estructura de la situación verbal, tanto el emisor como autor del hecho de hablar, el emisor como *sujeto* de la acción verbal, como el receptor en cuanto interpelado, el receptor en cuanto *dirección* de la acción verbal, ocupan posiciones propias. No son simplemente una parte de aquello *acerca de lo cual* se produce la comunicación, sino que son las partes de ese intercambio, y por eso es posible en último término que el producto intermedio del fonema descubra una peculiar relación de signo respecto a uno y otro[70].

Queda así constituido un esquema tripartito que dará cuenta de la triple funcionalidad del lenguaje, según prime la relación con el hablante, o con el oyente, o con los objetos, es decir las respectivas funciones que Bühler caracterizará como "expresiva", "apelativa" y "representativa". Y con esto nos encontramos en el ámbito mismo de la *teoría de los campos*, dado que las funciones expresiva y apelativa, con su carácter de síntoma de subjetividad y de señal respectivamente, no pueden desarrollarse sino a condición de que el emisor y receptor se localicen mutuamente en el espacio; mientras que para la función representativa

---

[70] Bühler (*Ib.*:43).

solo el aspecto conceptual del objeto interesa. Queda así establecido para las funciones asociadas al hablante y al oyente el uso de signos deícticos propios del campo *mostrativo* del lenguaje, mientras que el campo *simbólico* de la lengua será propio de la referencia conceptual que corresponde a la función representativa.

Así como el modelo del "órganon" llevó a las funciones del lenguaje, y de éstas a la teoría de los campos, será necesario ahora concentrar la atención en una de estas divisiones, la del campo mostrativo, dado que es el lugar natural de la deixis, tipo de señalización que está en la base de la posterior derivación anafórica, a cuyo cargo correrá la articulación de la lengua desde la parataxis hasta la hipotaxis. Si continuamos con Bühler, podemos afirmar que el espacio deíctico se compone de términos que pueden señalar su objeto por medio de tres formas distintas, por *demonstratio ad oculos et ad aures*, por *deixis am Phantasma* y por mostración sintáctica o anáfora.

La primera deixis, generalmente abreviada en la formulación *demonstratio ad oculos*, es la señalización propia de la situación del enunciado, es decir, dentro del campo perceptivo del hablante y del oyente. Los pronombres personales son los signos de la apropiación de los roles pertinentes: el del emisor se manifiesta con el uso de la primera persona ("yo"), el del receptor con la segunda ("tú"). Con otros pronombres y adverbios se efectúan señalamientos al contexto espacio-temporal creado por la situación de habla y la participación de su emisor: "éste", "aquí", "ahora", "mío / tuyo", etc. El sistema personal se completa con la remisión a situaciones objetivas que quedan fuera del campo de las personas de diálogo: es el dominio de la tercera persona, la que no es ni el emisor ni el receptor ('él').[71]

La deixis en la fantasía (*deixis am Phantasma*) es la expresión que usa Bühler ("*curieux mélange de termes empruntés au latin, au grec et à l'allemand*")[72] para el señalamiento a objetos no presentes en la situación

---

[71] El estatus problemático de la tercera persona fue entrevisto ya en los orígenes de la reflexión gramatical. Leemos así en Apolonio Díscolo "el nominativo-sujeto está implícito en los propios verbos, de una manera definida en la primera y segunda personas, e indefinida en la tercera por ser ésta infinita en sus referencias" (*Sintaxis* I.17), y más adelante "[los pronombres de tercera persona] se realizan como anafóricos según que las personas sean conocidas de antemano, y como deícticos si la persona está a la vista" (II.16). En la actualidad el artículo de Benveniste "Estructura de las relaciones de persona en el verbo" (1999 I: 161-171) reconoce que el sistema del pronombre personal incluye sólo a la primera y segunda personas, excluyendo a la tercera como "no-persona". Véase también Castello (2005). No debe olvidarse, por otra parte, que la tercera persona es la forma verbal de la enunciación histórica, aquella en que los acontecimientos parecen relatarse a sí mismos, con exclusión de cualquier forma lingüística autobiográfica.

[72] O' Kelly (2001).

del discurso, es un ·tipo de mostración que apunta a entidades pertenecientes a un espacio abstracto imaginativo, cuyos puntos de referencia son establecidos arbitrariamente por el emisor, independientes de la situación comunicativa real: "*después* de X gobernó Y, y *antes* lo había hecho Z".[73] Pero de todas formas, desde el punto de vista lógico, participa junto con la *deixis ad oculos* de un mismo tipo de mostración objetiva –en un contexto real o imaginario–, modelado sobre la base de aquélla. Y esto aparece con claridad cuando ambas formas de mostración son opuestas al tercer modo de indicación o anáfora, hito fundamental para el recorrido de este trabajo.

II.2

La sintaxis contemporánea ha dedicado especial atención al ámbito de la anáfora, lo cual hace decir a B. Fox:

> The 1980's saw an explosion of research on the topic of anaphora, and studies of anaphora have since become important to our understanding of certain kind of cognitive process, to our understanding of the relationships between social interaction and grammar, and to our understanding of directionality in diachronic change.[74]

Su relevancia está reafirmada por el hecho de que afecta una amplia gama de fenómenos, como se desprende del muestreo de algunos usos anafóricos:[75]

1. Juan dijo que él estaba cansado.
2. Juan murmuró para sí.
3. Juan tiene problemas y se busca otros.
4. Si Juan se burla, voy a golpear a ese tonto.
5. Juan dice que hay una playa tranquila, pero no sé si existe tal cosa.
6. Juan prometió venir mañana, pero no sé si lo hará.
7. Juan tiene un auto chico y María uno grande.
8. A Juan le gusta la pizza, pero a María no.
9. Juan es mayor que Pedro y María es menor

---

[73] Martín López (1994:13), Kovacci (1992 II:173-175) –esta última autora opta por la traducción 'deixis *de* la fantasía' para la señalización *am Phantasma*, privilegiando de esta forma una relación nominal (genitivo objetivo) antes que una locativa ('en la fantasía').
[74] Fox (1996:viii).
[75] Esta lista, a todas luces incompleta, toma algunos ejemplos adaptados a partir de la propuesta de J. McCawley (1988:335).

10. El auto de Juan es más grande que el de María.

En esta lista, que podría ampliarse considerablemente, se verifica la amplia gama de formas y sintagmas afectados por el funcionamiento anafórico (pronombres –personal, en 1, reflexivo en 2, y cuantificador indefinido en 3–; sintagma nominal en 4; correlativo en 5; otro pronombre con referencia a una cláusula en 6; y finalmente uno con valor pronominal en 7). Merece especial atención el hecho de que la anáfora esté presente en casos de elipsis como los de 8 a 10, de manera que la elipsis pueda definirse como una anáfora sin contenido fonético. Así, en 8 la elipsis de polaridad negativa supone la elisión de un sintagma nominal; en 9 la elipsis en comparación entraña el borrado del segundo término de la comparación mencionado en la primera cláusula, y en 10 asistimos a una nueva elipsis de un sintagma nominal. Este último tipo de casos es el más estudiado en los últimos años por sus implicancias en los intentos de formalizar el lenguaje natural.[76] Por otra parte, la solidaridad entre anáfora y elipsis hará que ambas emerjan naturalmente juntas en la explicación de estos fenómenos, como se verá en los tratamientos que siguen.

De manera que podemos caracterizar básicamente la anáfora como el funcionamiento de ciertas formas morfo-sintácticas disponibles para los hablantes a los efectos de formular una referencia intralingüística. Ya Bühler trataba de esta manera el fenómeno:

> Considerado psicológicamente, todo uso anafórico [...] presupone una cosa, que emisor y receptor *tienen presente la fluencia del discurso como un todo*, cuyas partes se pueden retener y anticipar. Emisor y receptor tienen, pues, que tener presente ese todo, de suerte que sea posible un recorrido, comparable al recorrido de la mirada por un objeto presente ópticamente".[77]

La mostración sintáctica o anáfora entonces, a diferencia de la señalización deíctica que tiene lugar en forma directa y suele ser acompañada de marcas suprasegmentales, está regulada por criterios estrictamente lingüísticos: apunta a un segmento del texto, del cual el pronombre en cuestión es correferente, es decir que tiene el mismo referente que aquél.

Esta capacidad de las formas anafóricas de retomar antecedentes o proyectar zonas de indefinición está en la base de la construcción del tejido lingüístico cuya complejidad crece proporcionalmente al

---

[76] Así, por ejemplo, Manuel Leonetti, en el marco de la *Gramática descriptiva de la lengua española* (2000: I 787 ss).
[77] Bühler *(Ib.:* 141).

desarrollo de estos elementos anafóricos. Al rastreo de esta complejidad nos dedicaremos en los puntos que siguen, partiendo de los rasgos del estadio homérico, para proyectar a partir de allí las explicaciones que la *Sintaxis* de Apolonio da al fenómeno de la anáfora, y más especialmente *al pronombre relativo*, como prototipo de las formas anafóricas.

II.3

Para ir adentrándonos en la ejemplificación del fenómeno en griego, y en especial en los testimonios homéricos -que conservan en sus fórmulas más antiguas elementos arcaicos de un estadio de lengua primitivo-, reparemos en *Il.* 1, 29, donde tenemos

τὴν δ' ἐγὼ οὐ λύσω.

'y a ella yo no la liberaré'.

que ofrece en su brevedad algunos interesantes indicios de los hechos de lengua que nos ocupan.

En primer lugar, hay un pronombre demostrativo anafórico (τήν) que se opone al deíctico de primera persona (ἐγώ), de claro sentido enfático aquí, dado que es una necesidad psicológica antes bien que sintáctica su presencia, desde el momento en que se encuentra marcada claramente por la desinencia personal del verbo (λύσω). De manera que para realzar fehacientemente la oposición entre este femenino singular –antropológico– y el respectivo –masculino– del hablante hemos duplicado en la traducción el anafórico en cuestión, de acuerdo con la modalidad de nuestra lengua ('*a ella ... la*'). Se trata, como se sabe, de las palabras de Agamenón ante el anciano Crises que viene a reclamar la liberación de su hija: la deixis del hablante, sea en la forma desinencial del verbo o bien en el signo pronominal, muestra la "imposibilidad de no ser deíctico, de no 'estar en' el contexto del propio discurso".[78] Precisamente esa presencia es la que hiperbólicamente se quiere afianzar por medio del *egó*, hipercaracterizando de esta forma al portador del discurso en su doble papel de jefe del ejército y ostentador de una voluntad inflexible. En cambio, por medio de la anáfora *tén* es la presencia objetiva, la posibilidad misma de señalamiento la que es negada: la muchacha no es en este momento una realidad perceptual compartida por el caudillo y el anciano, no le está permitido tener otro estatus que el lingüístico, es decir, apuntar al segmento de texto antes aludido por las palabras de Crises, cuando éste rogaba (v.20), "más

---

[78] Bakker (1999:1): "When speaking, it is impossible not to be deictic, not to 'be in' the context of one's discourse".

liberadme *a mi querida hija*" (*paîda phílēn*), introduciendo de esta forma la entidad en el texto.

Pero hay un segundo dato de suma importancia que esta oración del comienzo de la Ilíada puede aportarnos en nuestro estudio del fenómeno anafórico como paso previo de la subordinación en indoeuropeo: se trata, precisamente, de la función anafórica en este estadio homérico de τήν (en cuyo paradigma ό es el masculino), que en griego clásico veremos ya recategorizado como "artículo" y cuya carga señalativa, por ende, ha quedado reducida en alto grado. Es cierto, por otro lado, que también el uso de ό acompañando al sustantivo es muy frecuente también en las epopeyas homéricas, pero es innegable que la carga demostrativa está ostensiblemente presente, y es a veces posible llegar a traducirlo por un adjetivo demostrativo en nuestra lengua, como, por ejemplo, y para continuar con una instancia próxima a la citada más arriba, en el caso de τὸν Χρύσην (en el verso οὕνεκα τὸν Χρύσην ἠτίμασεν ἀρητῆρα de *Il.* 1,11) se puede conjeturar con toda certeza que la fuente de enunciación, "Homero", se dirige a un auditorio para el cual el anciano sacerdote es ya conocido.[79] Esta carga anafórica fue la que motivó la asociación de anáfora y artículo en el tratamiento de la naciente disciplina gramatical griega, como tendremos oportunidad de estudiar en el testimonio de Apolonio Díscolo.

En tercer lugar, si en la línea del ό anafórico abierta por la ocurrencia de *Il.* 1,29 damos un paso más, podemos traer a cuento otro pasaje del mismo contexto (*Il.* 1,8-10)

> Τίς τάρ σφωε θεῶν ἔριδι ξυνέηκε μάχεσθαι;
>
> Λητοῦς καὶ Διὸς υἱός· ὅ γὰρ βασιλῆϊ χολωθεὶς
>
> νοῦσον ἀνὰ στρατὸν ὄρσε κακήν, ὀλέκοντο δὲ λαοί ...

En la traducción de Crespo Güemes (1991) este pasaje se vierte del siguiente modo

> ¿Quién de los dioses lanzó a ambos a entablar disputa? / El hijo de Leto y de Zeus. Pues irritado contra el rey, / una maligna peste suscitó en el ejército, y perecían las huestes'
> (...).

La dificultad, al parecer, de la traducción de ό en esta ocurrencia ha desalentado al traductor quien, al no transcribirlo y colocar en su lugar una puntuación fuerte después de 'Zeus', dejó sin sanción gramatical la relación del participio ('irritado') con su referente en la oración anterior.

---

[79] Al respecto en la traducción de López Eire (1995) leemos en nota a este verso: "Tal como aparece esta expresión en el original, hay que entender que los oyentes conocen suficientemente 'al Crises, sacerdote', del que anteriormente habían oído hablar".

En el otro extremo, López Eire (1995, *ad loc.*) procede a aglutinar las cláusulas al punto de prescindir de la puntuación del editor, y traducir 'El hijo fue de Zeus y Leto / *que* con el rey habiéndose irritado', con lo que estamos, como se ve, en la sintaxis del pronombre relativo, es decir, en el propio nivel de la subordinación. En este momento de nuestro recorrido no podemos extraer todas las consecuencias que esta última interpretación podría brindarnos: quede como primera aproximación al proceso que habrá de articular la remisión anafórica con la subordinación con relativo –aunque no será el anafórico ὅ el que se impondrá definitivamente como relativo en griego, sino que la elección recaerá en ὅς, un indefinido anafórico.[80]

Será importante, por último, concluir esta aproximación empírica a los usos del "artículo" griego con las reflexiones a las que dió origen el fenómeno general de anáfora y deixis en la naciente disciplina gramatical, es decir, en la obra de Apolonio Díscolo.

II. 4

Más allá de la deuda que Bühler mantiene con los comparatistas del finales del siglo XIX –especialmente con Brugmann–, que llevaron a cabo el redescubrimiento de los gramáticos griegos, el reconocimiento directo a Apolonio está claramente expresado,

> Pues se puede probar documentalmente que los geniales primeros gramáticos griegos tuvieron una visión insuperablemente clara de la distinción *sematológica* entre mostrar y nombrar. Los estoicos y Apolonio Díscolo, según el testimonio de Steinthal, realizaron certeramente la distinción entre nombres demostrativos [...] [81]

y viene a continuación una cita de Apolonio, que Bühler extrae de la fuente mencionada,

> Su esencia es [...] indicación hacia objetos presentes, o ἀναφορά referencia a lo ausente, pero ya conocido. Mediante la δεῖξις hacia τὰ ὑπὸ ὄψιν ὄντα se origina una πρώτη γνῶσις, mediante la ἀναφορά una δευτέρα γνῶσις". Y los pronombres personales son equiparados allí completamente a los demás. "Los pronombres de primera y segunda persona son δεικτικαί; los de tercera persona, en

---

[80] Tras un primer momento en que la lengua ensayó también otros temas anafóricos para abocar a la función "relativa" –entre los que se encontraba, precisamente, el del posterior "artículo" ático. Este aspecto se desarrolla en la Tesis mencionada en nota 64.
[81] Bühler (*Ib.*:138).

parte deícticos y anafóricos a la vez, en parte anafóricos sólo".[82]

Veamos entonces un poco más en detalle la reflexión de Apolonio, como prolegómeno para el análisis del parágrafo 32 del libro II de su *Sintaxis*, que trataremos al final.[83] Se seguirá el siguiente tratamiento: a continuación (a) se presenta el panorama del mecanismo anafórico en que se basa la interrelación del sistema de las partes de la oración en Apolonio; luego (b) se abordará el estudio de la anáfora no ya a nivel general del sistema sino como rasgo específico de una de las partes de la oración, el artículo; por último (c) se desarrollará las dos clases de artículo que postula Apolonio: el protáctico (que corresponde a la misma clase de palabra en la tradición gramatical) y el hipotáctico, el conocido pronombre relativo posterior, en cuyo relevamiento reside el interés de nuestro enfoque.

(a) Comencemos estableciendo que, entre los mecanismos de la lengua que el gramático alejandrino caracteriza, la anáfora ocupa un lugar fundamental, dado que se entronca con el funcionamiento mismo de las partes de la oración o *mérę toû lógou*, que la tradición gramatical había sancionado hacía tiempo, y que siguen hasta la actualidad estructurando las gramáticas de las lenguas modernas.[84] La lista que adopta coincide con la que se reconocía ya en la filología de época aristarquiana, y se muestra igualmente tradicional con respecto a la adopción del criterio jerárquico que predomina dentro de clasificación, criterio que hace explícito y se esfuerza en fundamentar.

---

[82] Bühler (*Ib*: 316). Esta cita, que puede cotejarse ahora en la moderna reedición de Steinthal (2001), agrupa en realidad pasajes diferentes de la obra apoloniana: para la primera parte de la cita debemos remitirnos a la página 313 de Steinthal, "Ihr Wesen ist [antwortet hierauf Apollonios, δεῖξις] Hinweisung auf gegenwärtige Gegenstände, oder ἀναφορά, Rückbeziegung auf Abwesendes, aber schon Bekanntes. Durch die δεῖξις auf τὰ ὑπὸ ὄψιν ὄντα entsteht eine πρώτη γνῶσις (de pron. 77b), durch ἀναφορά eine δευτέρα γνῶσις (de synt. 98, 26)"; la última parte del testimonio de Bühler corresponde en cambio a la página 316 de Steinthal —líneas en las cuales Bühler optó por no reproducir los ejemplos de los pronombres griegos-, "Die Pronomina der ersten und zweiten Person sind δεικτικαί von denen der dritten ist ἵ, οὗ, οἷ, ἕ ἀναφορική, ἐκεῖνος, ὅδε, οὗτος sind sowol δεικτικαί als auch ἀναφορικαί" (de pron. p. 10).

[83] Apolonio intuirá el valor indefinido del anafórico *yo/e*, que representa para el griego lo que el tema *$k^w o/e$, *$k^w i$ para el grupo anatolio, es decir, el punto de arranque de la génesis del pronombre relativo (cf. latín *quis*, indefinido, frente a *qui*, relativo). El desarrollo pleno del fenómeno rebasaría los límites de este trabajo: véase la Tesis mencionada en nota 64.

[84] Véase al respecto Coseriu (1962), Bosque (1990) y Carnie (2001). En todo esto seguimos a una obra fundamental en nuestra lengua aparecida en la década pasada: nos referimos a Mársico (2007) en donde puede recabarse una amplísima información sobre el nacimiento de la gramática en Occidente. Como adelantamos, nos hemos limitado aquí a resignificar el tratamiento apoloniano del pronombre relativo.

Desde la tradición gramatical que arranca con el *Crátilo* de Platón, y más especialmente con el *Sofista*, las dos partes básicas de un enunciado eran nombre, *ónoma*, y predicado, *rhêma*, término este último que más tarde se redefinirá lingüísticamente como "verbo".[85] En efecto, Aristóteles mantiene la posición central de estas nociones, tal como se desprende del tratamiento de *De Interpretatione* 1-4, y se completa en el enfoque en *Poética* 20, en oportunidad del planteamiento de las partes de la expresión (*mérę tês léxeǫs*), que incluyen tanto elementos infraléxicos constituidos por letras y sílabas, como elementos supraléxicos, es decir, el plano discursivo, *lógos*. En cuanto a las categorías léxicas, *ónoma* y *rhêma*, son caracterizadas como partes significativas, a las que se agregan dos partes no significativas, *árthron* y *sýndesmos*, entendidas respectivamente como preposición y partícula, cuyos rasgos consisten en acompañar a las partes primarias sin poseer un correlato real, tal como el que se atribuye a nombres y predicados.[86]

El mismo compromiso ontológico guía el enfoque estoico, donde las cuatro partes del legado aristotélico se redefinen y aumentan su número, de modo que *árthron* se convierte en 'artículo', y *sýndesmos* en 'conjunción', ambos con un sentido cercano al que hoy utilizamos, a la vez que *rhêma* adopta el significado de 'verbo', ya que la noción de 'predicado' pasa a asociarse con el término *katęgóręma*. Por otra parte, agreguemos en esta sintética visión de la impronta estoica sobre las "partes de la oración" que la categoría de *ónoma* se especializa en la mención de los nombres propios, y se crea la nomenclatura de *prosegoría* para los nombres comunes, que incluye a los adjetivos.[87] Como se ve, hay una homologación entre categorías léxicas y categorías como modos de nombrar lo real, de suerte que se asegura que el lenguaje esté en condiciones de expresar lo efectivamente existente.

Los alejandrinos, guiados por sus preocupaciones ligadas con la ecdótica y el comentario de obras clásicas, avanzaron en la ampliación de la lista que se estabilizó en las siguientes partes: nombre, verbo, artículo, pronombre, participio, adverbio, preposición y conjunción. Entre ellas, la atención prestada a las dos primeras es sensiblemente mayor que al resto,

---

[85] En *Crátilo* 431b se opone ὄνομα a ῥῆμα de un modo que preanuncia el tratamiento de *Sofista* 261d ss., donde, a partir de la afirmación "lo pronunciado no muestra ni acción ni inacción, ni la realidad de lo que es ni de lo que no es hasta que alguien haya mezclado los predicados (ῥήματα) con los nombres (ὀνόματα). Entonces se produce el ajuste y la primera combinación produce también el discurso (λόγος)", se funda la tradición de identificación de las partes del enunciado, que recibió la denominación de μερισμός.

[86] Sobre la noción de ῥῆμα como predicado en Aristóteles, véase Bieda (2005).

[87] Diógenes Laercio, VII, 57-58.

como se desprende de los testimonios conservados.[88] Apolonio, como habíamos adelantado al comienzo, abreva en esa tradición y adopta la lista de ocho partes del enunciado, junto con la diferenciación jerárquica entre nombre y verbo y el resto de las categorías.

Para fundamentar este punto, Apolonio desarrolla la noción de una estructura lógica de la lengua, cuyos enunciados concretos no son otra cosa que instanciaciones de la misma, lo que ha hecho pensar en un antecedente de la noción de "estructura profunda" esbozada por la moderna gramática generativa.[89] Para ello redefinió la categoría estoica de *lektón*, 'enunciable', que consistía en un contenido noético expresable lingüísticamente, en términos de *nogtón*. A este contenido noético le atribuye un rasgo positivo: su *autotéleia*, 'completitud', 'perfección', término tomado igualmente de la tradición estoica, que aquí se universaliza para mentar el plano que oficia de parámetro de gramaticalidad, en tanto constituye una 'oración genérica', o una "metafrase de máxima densidad semántica".[90]Así afirma en *Sintaxis* I. 14:

> El orden de las partes de la oración es una imitación de la oración perfecta, que muy justamente coloca en primer lugar el nombre, después el verbo, puesto que sin ellos ninguna oración queda cerrada. Esto se puede probar con una frase que contenga todas las partes de la oración, y si se le quita el nombre o el verbo la oración no estará completa, pero si se le suprimen todas las demás de ningún modo queda defectuosa: 'el mismo hombre resbalando hoy cayó'.[91]

> Ἔστιν οὖν ἡ τάξις μίμημα τοῦ αὐτοτελοῦς λόγου, πάνυ ἀκριβῶς πρῶτον τὸ ὄνομα θεματίσασα, μεθ' ὃ τὸ ῥῆμα, εἴγε πᾶς λόγος ἄνευ τούτων οὐ συγκλείεται. παρὸν γοῦν πιστώσασθαι ἐκ συντάξεως περιεχούσης τὰ μέρη τοῦ λόγου, ἐξ ἧς εἴπερ ὑποσταλήσεται ὄνομα ἢ ῥῆμα, τὰ τοῦ λόγου οὐ συγκλείεται, εἰ μέντοι πάντα τὰ ὑπόλοιπα, οὐ

---

[88] El trabajo de Matthaios (1999) sobre la utilización de las categorías léxicas en Aristarco echa luz sobre los alcances de las partes identificadas en este estadio y confirma que la lista canónica de ocho partes ya era conocida y utilizada por los filólogos.

[89] Por ejemplo en Householder (1981), que cifra su introducción a la traducción inglesa de la *Sintaxis* precisamente en este supuesto.

[90] Según la caracterización de Lallot (1986:421ss.). Véase en especial "El 'Principio de Lógica Subyacente' y la oración perfecta", en Mársico (2007:198-205).

[91] La base de nuestra versión es la traducción de Bécares Botas (1987). De aquí en más debe sobreentenderse que la numeración de la obra de Apolonio corresponde a la *Sintaxis*.

πάντως ἐλλείπει ὁ λόγος. ὁ αὐτὸς ἄνθρωπος ὀλισθήσας σήμερον κατέπεσεν.

A partir de aquí se colige que las categorías léxicas, lejos de constituir una serie isonómica, responden a una lógica jerárquica dictada por la oración perfecta, el *lógos autotelés*, que manifiesta la preponderancia de nombre y verbo mediante una prueba simple: dado un enunciado que contenga todas las partes del discurso,[92] la inteligibilidad no sufre mella si se retiran las partes no imprescindibles, mientras que deja de ser comprensible si se quitan nombre o verbo –en el ejemplo consignado, *ánthrōpos* y *épesen*.

La pregunta que se impone es la de la relación entre estas partes básicas y las restantes, y es en esa articulación precisamente que va a jugar un rol preponderante el fenómeno de la *anáfora*, mecanismo sintáctico que tendrá una dimensión mucho más extendida en Apolonio que en la teoría gramatical moderna, dado que bajo sus dos modalidades de funcionamiento, acompañamiento y sustitución, dará cuenta de la posibilidad de articulación de las restantes partes de la oración con sus elemento nucleares, nombre y verbo.[93]

Por otro lado, el hecho mismo del léxico usado en I.36 viene a garantizar la licitud de nuestra aproximación, dado que las funciones de acompañamiento y sustitución son mentadas con un término habitual del campo semántico para designar anáfora, *anágetai prós* –sinónimo de *anaphérein*, que se generalizará a la postre.

> Pues bien, dado que el resto de las partes de la oración
> refieren (*anágetai prós*) ya sea al verbo, ya sea al nombre,
> de lo que recibieron su significado propio, es preciso
> considerar en cada una de ellas la que acompaña y la que
> se usa en reemplazo de aquéllos o bien ambas cosas (…).

Y así los parágrafos de la *Sintaxis* I.16-28 darán cuenta del modo en que cada uno de estos dos mecanismos se plasma para articular las partes derivadas de la oración. Así, tras el participio, que reúne los rasgos de las dos categorías básicas –en tanto que tiene su origen "en la transformación del verbo en formas flexivas" (I.21)–, viene el artículo, cuyo orden guarda relación con el hecho de que puede constituirse con las tres formas previas, y encarna así un claro caso de acompañamiento (I.23), entendido como el mecanismo sintáctico fundamental, incluso de

---

[92] La conjunción no se incluye porque eso habilitaría el nivel supraoracional o discursivo. Véase *infra*.

[93] Mársico (2002) utilizó esta línea de análisis para dar cuenta del programa total de la *Sintaxis* apoloniana.

mayor relevancia que el de sustitución, que se plasma en la parte siguiente: el pronombre. Esta quinta parte, perteneciente al ámbito nominal, se liga desde su misma nomenclatura a la sustitución (I.24). Pero será el artículo, según veremos a partir del punto siguiente –y venimos adelantando a lo largo del trabajo–, en su variante de "artículo hipotáctico", el que nos abrirá el camino para el estudio de la génesis del "pronombre relativo" a partir de un estadio no subordinante, solidario con el estadio paratáctico de la lengua.

En el ámbito verbal se hallan otras dos partes marcadas por la dinámica sintáctica del acompañamiento: la preposición, que puede acompañar a cualquiera de las dos partes hegemónicas de la oración –ya sea en composición, formando una unidad, como en el caso de *kat(a)épesen* de I.14, o en aposición, formando un sintagma preposicional (I.26)–, y el adverbio, que restringe su poder de acompañamiento al verbo y por eso queda relegado al séptimo lugar. El último nivel constituye la apertura a un ámbito que sobrepasa los límites de la oración, ya que la conjunción opera no sólo sobre las categorías previamente mencionadas, sino también sobre enunciados, de modo que instaura el ámbito de lo discursivo (I.28).

El *sistema entero* está apoyado, entonces, en un *funcionamiento anafórico* que arbitra las relaciones entre las categorías léxicas, elementos que están en la base de la construcción de enunciados de acuerdo con las reglas impuestas por la lógica del *lógos autotelḗs*, y que reposa, precisamente, en esta estructura anafórica de las partes derivadas respecto de las primarias, nombre y verbo.

(b) Ahora bien, lo importante para nuestros fines es que la anáfora no opera sólo a nivel general en el sistema, sino que es el rasgo específico de una de las partes de la oración: el artículo, asociado estrechamente con el pronombre, dado que éste encarna su contrapartida, es decir, la deixis –oposición que, como vimos, será el legado fundamental de Apolonio que recogerá Bühler. De todas formas el panorama no es simple en la exposición apoloniana. Se sostiene la función deíctica como rasgo definitorio del pronombre, y se asocia el artículo básicamente con la anáfora, según, por ejemplo, leemos en I.96,

> Estas palabras [los pronombres personales de primera y
> segunda personas] sirven para discernir personas todavía no
> definidas, con lo cual las personas por ellos significadas se
> hacen definidas. Es claro que su deixis son las primeras
> vías de entrada de las personas que les subyacen, y por ello
> no precisan de la compañía del artículo, ya que no puede
> haber anáfora de personas que se muestran a la vista. De

donde se deduce necesariamente el rechazo del artículo
cuya función es la anáfora (...).[94]

Pero es claro que junto a las formas deícticas el pronombre presenta formas anafóricas, con lo cual pareciera neutralizarse la oposición que sirve para caracterizar, precisamente, a cada una de las dos categorías de palabras. Como es de imaginar, el problema se presentará al ingresar al ámbito referencial de la tercera persona, dado que, según se ha dicho, la implicancia de emisor y receptor en el acto comunicativo garantiza la función deíctica de "yo" y "tú", pero "él", en cambio, adecuará su remisión según los casos a una u otra modalidad. Por ejemplo, leemos en II.16,

> Por tanto, pronombre es la parte de la oración que hace las
> veces del nombre en forma deíctica o anafórica, y que no se
> acompaña del artículo. Y téngase en cuenta que la
> definición de pronombre abarca hasta la tercera persona,
> pues también se realizan como anafóricos según que las
> personas sean conocidas de antemano, y como deícticos si
> la persona está a la vista.[95]

El hecho es que Apolonio, en su esfuerzo por mantener la ecuación entre artículo-anáfora y pronombre-deixis, apunta a minimizar los casos plenamente anafóricos, que prácticamente se limitan al caso de *autós*, y habilitar para el resto la categoría de *deîxis toû noû* (II.12), es decir, una deixis intelectual, que no refiere a objetos a la vista, sino a elementos del imaginario noético compartido por los hablantes.[96] Lo que se niega con

---

[94] Mársico (2002:85) comenta así el presente parágrafo: "la utilización de las formas pronominales de primera y segunda persona, en efecto, implica la necesaria referencia a una persona presente en un diálogo, ya sea como emisor (yo, nosotros) o como receptor (tú, vosotros). El artículo, básicamente anafórico, vuelca esta función sobre el término que acompaña, por lo cual es incompatible con un tipo de palabras por definición deícticas, como es el caso de las formas pronominales de primera y segunda persona".

[95] Martín López, en su intento de desentrañar el exacto sentido de las modalidades del campo mostrativo en Apolonio, comenta así este parágrafo (1994:14): "Así, pues, la distinción apoloniana parece vincular la deixis a los objetos reales del mundo externo, presentes durante el acto de habla, y la anáfora a elementos ausentes de la situación real, pero conocidos a través de la mención previa en el discurso lingüístico. Dada la frecuente asociación, por un lado, entre deixis y ausencia de conocimiento previo del referente y, por otro, entre anáfora y sustitución de referentes ya identificados, es fácil entender por qué algunos autores han querido equiparar la distinción entre deixis y anáfora con la dicotomía nuevo/dado, lo que nos lleva a reservar la noción de deixis para la presentación de objetos desconocidos en el plano lingüístico o en el extralingüístico, y a adscribir, en cambio, valor anafórico a aquellos casos en que se alude a entidades conocidas, tanto a partir del entorno lingüístico, como a partir de la realidad circundante externa". Como se ve, estos son los pasajes apolonianos que guardan entera actualidad.

[96] Recordar la *deixis am Phantasma* de Bühler.

esta categoría es que se trate de una referencia a una mención previa en la cadena hablada y la razón aducida es el parámetro sintactista asumido por Apolonio para la indicación de anáfora: la no admisión del artículo para las formas *hoûtos* y *ekeînos*, que son las formas pronominales de tercera persona con que se ejemplifica. Vale la pena transcribir el parágrafo,

Ahora bien, cuando ἐκεῖνος ('aquél') y οὗτος ('éste') no señalan algo a la vista, sino que son anafóricos, hay que pensar que su deixis se refiere a algo mental (δεῖξις ἐπὶ τὸν νοῦν φέρεται), de suerte que unas deixis son de lo que está a la vista y otras de lo que está en la mente (τοῦ νοῦ); según esto, al ser ambos deícticos por naturaleza, no pueden construirse con un artículo que les resultaría antitético (II.12)

Sintetizando: las formas de primera y segunda personas son necesariamente deícticas sin más (1), mientras que las de tercera pueden ser deícticas (1) –cuando señalan objetos a la vista–, anafóricas (2) –cuando van acompañadas de artículo y por lo tanto remiten a algo previamente mencionado–, o deícticas *more* intelectual (3) –cuando no admiten artículo y remiten a un contenido recuperable contextualmente. En un esquema tendríamos:

Pronombres personales	deícticos		anafóricos
	(1)	**(2)**	**(3)**
1ª. y 2ª. personas	x		
3ª. persona	x	x	x

Más allá, entonces, del criterio en que se basa Apolonio para esta clasificación, hay un dato incontestable y de fundamental importancia para la génesis del fenómeno de la subordinación en griego: el valor de *remisión*, deíctica o anafórica, de las formas *ekeînos* y *hoûtos*, vacías por ende de contenido semántico.[97]

Pero la ecuación mencionada demanda más de una torsión teórica para sostenerse: hay claros usos pronominales del artículo, como se afirma en I.25, que no condicen con su función anafórica. Apolonio cita el siguiente pasaje homérico, que está dentro de la lógica consignada anteriormente en este trabajo en oportunidad del análisis de *Il.* 1,29,

---

[97] De manera que incluso en un estadio de lengua evolucionado –con plena vigencia de la subordinación-, como el representado por el *Ion* de Platón, en una oración del tipo, Ὅστις ἄρα ἀγαθὸς ῥαψῳδός ἐστιν, οὗτος καὶ ἀγαθὸς στρατηγὸς τυγχάνει ὤν; (541a 3-4) 'por lo tanto ¿quién es un buen rapsoda, ése también es precisamente un buen estratega?, no es correcto afirmar que οὗτος sea el "antecedente" de la cláusula con relativo encabezada por Ὅστις: se trata antes bien de una ocurrencia en la cual sobrevive el estado de cosas que fue el punto de arranque del fenómeno de la subordinación. Véase lo que sigue.

ὁ γὰρ ἦλθε θοὰς ἐπὶ νῆας Ἀχαιῶν

'pues *él* se presentó ante las rápidas naves de los aqueos'.
(*Il.* 1,12)

donde ὁ, que se refiere en la narración al sacerdote Crises, se usa como pronombre, ya que funcionalmente se construye con el verbo y, por lo tanto, se encuentra sustituyendo al nombre, como claramente se explicita en II.31. Precisamente en este lugar de su obra es donde Apolonio, lejos de habilitar algún uso del artículo que implique un sentido deíctico –que haría honor a la evidencia, pero que contradiría el supuesto teórico de la ecuación con la que organiza su plan sintáctico–, pone en juego un interesante haz de transformaciones que implican una serie de operaciones sucesivas que dan por resultado la ocurrencia empírica aportada por el uso de la lengua. Así se conjetura un enunciado básico

Χρύσης γὰρ ἦλθε θοὰς ἐπὶ νῆας Ἀχαιῶν

Pues *Crises* se presentó ante las rápidas naves de los aqueos.

en el cual el verbo *êlthe* se construye con el nombre *Khrýses*, de modo que encarna el caso básico. A continuación, se supone el agregado del artículo, a los efectos de indicar que el sacerdote en cuestión ya ha sido mencionado antes en la cadena hablada.[98] Tenemos entonces,

ὁ γὰρ Χρύσης ἦλθε θοὰς ἐπὶ νῆας Ἀχαιῶν

Pues *el tal* Crises se presentó ante las rápidas naves de los aqueos.

sin que haya alteración de la construcción básica, que es el ensamble entre nombre y verbo. A esta conformación sintáctica, sin embargo, puede sobrevenir la elipsis, precisamente porque, dado que Crises ha sido mencionado, es esperable que ocurra lo que en la moderna teoría gramatical denominaríamos un borrado por identidad de la forma superflua. Así, la forma *Khrýses* puede elidirse, dando como resultado la forma original de la cual se partió:

ὁ γὰρ ἦλθε θοὰς ἐπὶ νῆας Ἀχαιῶν

pues *él* se presentó ante las rápidas naves de los aqueos

De manera que, si por un lado en este enunciado está operando la funcionalidad sustitutiva pronominal (*ho* se construye con el verbo ocupando el lugar del nombre), hay ausencia, sin embargo, de señalización deíctica, dado que la entidad con la cual es correferencial el

---

[98] O sea un caso típico de acompañamiento, función propia del artículo, según Apolonio. De hecho, fue la explicación dada en nota **79** para τὴν Χρύσην, siempre dentro de los primeros versos de la *Ilíada*.

nombre mentado por ὁ (es decir, "Khrýs__es__") ha aparecido previamente en el contexto, y su remisión por tanto es de índole anafórica. Como se ve, apelando a una serie de transformaciones que dan cuenta de la ocurrencia puntual, Apolonio sostiene la remisión anafórica como la función propia de la categoría léxica "artículo".

Del tratamiento general del artículo surgió el mecanismo de la *elipsis*, que de alguna manera el gramático viene a recomponer apelando al *lógos autotel__és__*, dado que es en la oración perfecta donde vuelven a brillar en su esencia las categorías léxicas que las transformaciones diacrónicas suelen empañar frecuentemente.

c) El recorrido por la *Sintaxis* toca a su término con la presentación del "pronombre" relativo. Como es lógico suponer, el criterio de la gramática moderna será otro que el de Apolonio: para éste, el innegable uso anafórico de esta nueva forma es un obstáculo para ser enrolado dentro de la clase de los pronombres –básicamente deícticos en su interpretación, como hemos visto. No es ésta la perspectiva de la tradición terminológica que se impondrá definitivamente, dado que en la misma formación latina del término –por donde llega a nuestra lengua–, el explícito reconocimiento de su estatus de anáfora (*re-lativus* viene del paradigma de *fero*, equivalente del griego *phér__o__*, cuyo tema está en la base de *ana-phorikós*) no es óbice para clasificar a esta forma como pronombre.

El "pronombre relativo" será el híbrido "artículo relativo" en la categorización apoloniana o, en sus propios términos, las formas ὅς, ἥ, ὅ corresponderán al paradigma del "artículo hipotáctico o pospositivo" (*hypotaktikòn árthron*), que habrá de oponerse al "artículo protáctico o prepositivo" (*protaktikòn árthron*), el conocido artículo ὁ, ἡ, τό de la tradición gramatical.

De la exposición de Apolonio sobre el artículo hipotáctico y su oposición con el protáctico (I.142-157), nos interesará detenernos en aquellos casos límites de la interpretación del fenómeno, dado que la estrategia argumentativa del autor podrá aportarnos datos útiles para nuestro propia interpretación de la hipotaxis, en la cual, según venimos adelantando, sostenemos la hipótesis de la doble importancia de la subordinación con relativo en griego –e indoeuropeo–: en primer lugar como fenómeno derivado a partir de una correlación de cláusulas originariamente conectadas *anafóricamente*; y, en segundo término, porque al recaer la elección sobre el tema *yo/e-*, éste acabará por constituirse en el paradigma de la formación de todas los elementos subordinantes en griego (pronombres, conjunciones y adverbios).

Pero antes del tratamiento de aquellos casos que obligarán a la consideración del "artículo hipotáctico" como verdadero pronombre *indefinido* –y marcarán así el camino de la subordinación al aglutinarse con otra cláusula aclaratoria de esa primitiva indefinición–, es oportuno detenerse, entre los variados ejemplos que expone Apolonio, en aquellas ocurrencias en que la polarización entre ambas clases de artículo se destaca vivamente, aunque por otra parte deja en claro el fondo común del que parten, de donde resulta una especie de sobredeterminación del mecanismo de la anáfora.

Tenemos así en I 144,

παρεγένετο <u>ὁ</u> γραμματικὸς <u>ὅς</u> διελέξετο.

'vino *el* gramático *que* habló'

Y a continuación se establece la equivalencia entre esta ocurrencia y,

παρεγένετο <u>ὁ</u> γραμματικὸς <u>καὶ</u> διελέξετο.

vino *el* gramático *y* habló

en donde, más allá de la explícita finalidad de mostrar la afinidad del relativo con la conjunción coordinante en el sentido de requerir la presencia de un verbo, podemos suponer que el valor que le asigna al artículo prepositivo en esta segunda fórmula es el *mismo* que en la primera, de manera que en la instancia inicial podríamos suponer que entre la dinámica del artículo prepositivo con el artículo pospositivo estaríamos enfrentados a dos *anáforas encadenadas*.[99]

Si pasamos ahora a los casos que particularmente interesan a nuestra exposición, es decir, a aquellos que comprometen la caracterización como anáfora de ambos artículos, nos encontramos que en II.32 Apolonio se ve precisado a dar cuenta de ocurrencias en que ambas clases de artículo no presentan un antecedente que justifique el uso anafórico habitual de estas formas, que es el caso, para el artículo de,

<u>ὁ περιπατῶν</u> κινεῖται

el paseante se mueve

y, para el relativo, de

<u>ὅς</u> ἂν παραγένηται ἀναγνωσκέτω.

'*el que* llegare,[100] que lea'

---

[99] Lallot (1997:II 74).
[100] Rescatamos esta forma verbal del subjuntivo castellano para la traducción del eventual griego.

frente a los habituales casos de acompañamiento del artículo protáctico y de antecedente explícito del artículo hipotáctico.[101]

Ahora bien, la explicación de Apolonio para estos casos es la siguiente: se trata de variantes en las que ambos artículos coinciden en una referencia por anticipación (*en prolépsei*), es decir que tanto el artículo protáctico como el paratáctico señalan a una persona futura, y esto es posible porque,

> pudiendo ir el artículo con cualquier nombre, podrá referirse a todo lo contenido en el nombre, que es lo propio de la indefinición (*hóper ídion toû aorístou*).[102]

Y procede a continuación a parafrasear los ejemplos originarios del fenómeno, con la introducción de un *pronombre indefinido*, de manera que,

> εἴ <u>τις</u> περιπατεῖ κινεῖται
>
> si *alguien* pasea, se mueve

sería el equivalente de la primera ocurrencia, y para la segunda tendríamos,

> εἴ <u>τις</u> ἂν ἔλθῃ [ἀναγνωσκέτω]
>
> si *alguno* viniere [que lea]

La conclusión a la que arriba es que con el agregado de un nombre cualquiera, dado el horizonte de expectativa abierto por el pronombre indefinido, se pueden reestablecer la anáfora, función esencial que Apolonio atribuye a ambas clases de artículo: tendríamos así, respectivamente,

> ὁ <u>Διονύσιος</u> περιπατῶν κινεῖται
>
> '*el tal Dionisio* al pasear se mueve'

para el artículo prepositivo, y

> <u>Τρύφων</u> κοιμᾶται, <u>ὅς</u> μενεῖ με διαναστάς
>
> '*Trifón* duerme, *el cual* [*quien*] me esperará una vez levantado'

---

[101] O bien de elipsis, que crea la ilusión de sustitución -propia del pronombre-, según se desprendía del estudio del verso de *Il.* 1,12 (véase nota **98**).

[102] Seguimos, como adelantamos, la traducción de Bécares Botas (1987). Hay un problema textual que no compromete el sentido, para nosotros fundamental, de la atribución del rasgo de indefinición al pronombre relativo. Por ello mismo puede ser ilustrativa la versión de Lallot (1997:I *ad loc.*), con un destacado nuestro, "pouvant s'associer à n'importe quel nom [l'article], malgré son unicité, renverra à n'importe quel nom, *ce que est le prope de l'indéfini*"; y también la de Householder (1981 *ad loc.*), en donde también resaltamos el rasgo en cuestión, "For the article can combine with any noun and refer to any noun at all, though it is a *single thing, and that si the mark of an indefinite*".

para el pospositivo, en donde el antecedente expreso del pronombre relativo asegura su rasgo connatural anafórico, que habilita, como sabemos, su inclusión en la clase del artículo.[103]

Ahora bien, si la anáfora es indicación de algo ya conocido y afín, por ende, a la esfera del pasado, el hecho de una anáfora por anticipación (*prólepsis*) tiene, evidentemente, algo de paradojal. De manera que para ambas instancias propondremos otro tipo de explicación que la del gramático alejandrino, y que consistirá en la comprensión del fenómeno bajo el marco de la *parataxis* primitiva de la lengua, cuya dinámica subyace en estos ejemplos –fundamentalmente en el del "relativo-indefinido". De todas formas, la base de la conexión entre las cláusulas propia de ese estadio reside en la remisión anafórica, y según estamos viendo, la rica reflexión de Apolonio sobre la anáfora siempre ameritará el estudio de su labor pionera.

Comencemos por el artículo prepositivo –como sabemos, el simple "artículo" de la posterior tradición gramatical–: se trata *también* de un pronombre demostrativo, cuya carga deíctica se ha debilitado, y que por eso mismo "acompaña" al nombre con una frecuencia mayor que los restantes –que conservan por lo general su carga ostensiva, de ahí el mecanismo de "sustitución"– (recuérdese que hay lenguas, por ejemplo el latín, que nunca llegaron a desarrollar el artículo y, de hecho, nuestro español "el" –artículo y pronombre– proceden del demostrativo *ille*). El estudio lingüístico que se podría iniciar a partir de aquí (de hecho, en la Tesis mencionada en la nota 64 se lleva efectivamente a cabo) daría cuenta del tema común en indoeuropeo del cual derivan buena parte de estas formas: para el caso puntual del artículo, el tema *so-, *sa-, *to-, que es compartido, tanto por ὁ como por οὗτος. Si bien es el paradigmático caso del relativo el que articulará la lengua del paso paratáctico al hipotáctico, cerremos con algunas observaciones el caso del artículo en anáfora "por anticipación", según nos lo presenta Apolonio. En realidad, la regla que subyace a la ocurrencia ὁ περιπατῶν κινεῖται que nos ocupa ahora, es *la misma* que tuvimos oportunidad de ver en ὁ γὰρ ἦλθε θοὰς ἐπὶ νῆας Ἀχαιῶν (*Il.* 1,12), y que Apolonio resolvía por un complicado juego de transformaciones, cuyo resultado era la presente elipsis, con la cual daba cuenta de la ausencia de la función originaria que adjudicaba al artículo, que era, precisamente, la de "acompañamiento" del nombre. Se trata, simplemente, de usos propios de auténticos *pronombres demostrativos de tercera persona*, solidarios

---

[103] En I.146-150 se reconoce la profunda relación entre las formas relativas y los pronombres anafóricos demostrativos, caso en el cual el relativo vendría a colocarse entre los pronombres anafóricos. Sin embargo la independencia sintáctica del pronombre frente a la dependencia del relativo hacen que los fenómenos no sean parangonables.

con el dato lingüístico de su origen indoeuropeo –que es el caso también de *houtos* o *ekeînos*, y que en su momento hemos vistos enrolados en la *deîxis toû noû* por el autor–. De hecho, esta fue la perspectiva con la que abordamos el estudio de la anáfora en Homero. La rica reflexión de Apolonio, sin embargo, sufre la coerción de su propio sistema, el de la ecuación funcional que hemos visto anteriormente.

Otro tanto podemos decir del *hypotaktikòn árthron* o artículo relativo, pero aquí contamos con la aguda intuición de Apolonio, que al someter la ocurrencia del relativo –con la anáfora en prolepsis– a una transformación por un indefinido (de donde ὅς ἂν παραγένηται resultaba equivalente a εἴ τις ἂν ἔλθῃ), estaba dando con la deixis originaria de este tipo de signo, según venimos adelantando: una síntesis de este tema en Apolonio puede estar dada por la interesante ocurrencia de I.44, en donde se registra la típica concurrencia del relativo (ὅς) con el correlativo (κεῖνος), auténtico punto de arranque del fenómeno de la subordinación –y cuyo punto de transición lo demuestra el hecho de que el pronombre demostrativo antecede al originario pronombre indefinido, el cual es lógicamente previo, dado su carácter de expectación–:

κεῖνος δ' αὖ περὶ κῆρι μακάρτατος ἔξοχον ἄλλων,

ὅς κέ σ' ἐέδνοισι βρίσας οἶκόνδ' ἀγάγηται.

pues *ése* será dichosísimo en su corazón, por encima de todos los demás, *el que* superándolos con regalos te llevare a su casa (= '*si alguien* superare...*ése* será...) (*Od.* 6, 158-159).

Precisamente es esta acabada fusión entre las cláusulas –que habilita la subversión del orden paratáctico originario– la que plantea un problema teórico para Apolonio, pero esta vez concentrado en el pronombre κεῖνος: es a éste al que le atribuye el carácter de indefinición (*aoristôdes phaíneta*), cuya referencia por anticipación sería la entidad mentada por la cláusula con relativo.

Con este ejemplo con que cerramos el trabajo, y que dejamos como punto de arranque de futuros desarrollos, hemos tratado de argumentar a favor de una interpretación inversa de la relación entre ambas cláusulas, pero asentada en la labor pionera llevada a cabo por el gramático alejandrino.

Catálogo de fuentes[104]

Apolonio Díscolo

Fred W. Householder (1981), *The Syntax of Apollonyus Discolus*, transl., and with comm. by F.W.H., Amsterdam: Benjamins (Studies in the History of Linguistics 23).

Vicente Bécares Botas (1987), *Apolonio Díscolo, Sintaxis*, introducción, traducción y notas por V. B. B., Madrid, Gredos.

Jean Lallot (1997), *Apollonius Dyscole. De la construction (syntaxe)*, introduction, texte et traduction par J. L., Paris, J. Vrin.

Aristóteles

E. M. Cope (1877), *The Rhetoric of Aristotle*, with a Commentary, ed. E. M. C. (ed. and rev. J. E. Sandys), 3 v., Cambridge (repr. Dubuque, Iowa 1966).

R. A. Gauthier - J.Y. Jolif (1970), *Aristote. L'Éthique à Nicomaque*, introduction, traduction et commentaire, Publications Universitaires Louvain - Paris (tomes I-IV).

W. D. Ross (1957), *Aristotelis Ars Rhetorica*, ed. W. D. R., Oxford.

Quintín Racionero Carmona (2000), *Aristóteles. Retórica*, introducción, traducción y notas de Q. R. C., Madrid, Gredos.

Eduardo Sinnot (2004), *Aristóteles, Poética*. Traducción, notas e introducción: E. S., Bs. As., Colihue.

Homero

Monro, D.B. y Allen, Th. W. (1966-1988), *Homeri Opera*, Oxford, Clarendon Press (*Iliadis* I-XII, 1966; *Iliadis* XIII-XXIV, 1988; *Odyssea* I-XII, 1988; *Odyssea* XIII-XXIV, 1974).

Emilio Crespo Güemes (1991), *Homero. Ilíada*, traducción y notas E .C. G., Madrid, Gredos (también en Planeta DeAgostini, Barcelona 1995).

Antonio López Eire (1995), *Homero. Ilíada*, edición y traducción de A.L.E, Madrid, Cátedra.

José M. Pabón (1993), *Homero. Odisea*, traducción de J. M. P., Madrid, Gredos (también en Planeta-De Agostini, Barcelona 1997).

José Luis Calvo (^{2} 1983), *Homero. Odisea*, traducción y edición de J. L. C., Madrid, Editora Nacional (también en Cátedra 1993 y Altaya 1994).

---

[104] Se consignan las fuentes más relevantes para el estudio. Las que no constan específicamente corresponden a las ediciones utilizadas por el *TLG^5 Canon* o *OLD*.

Platón

J. Burnet (1900-19007), *Platonis Opera.* Recognovit Brevique Adnotatione Critica Instruxit I. B. Oxford: <u>Oxford Classical Texts</u>, 5 vol. (hay numerosas reimpresiones).

E. Lledó Iñigo (1981) "Ion", en *Platón. Diálogos* (vol. I), Madrid, Gredos.

Carlos García Gual (1981), "Protágoras", en *Platón. Diálogos* (vol. I), Madrid, Gredos.

E. Lledó Iñigo (1986), "Fedro", en *Platón. Diálogos* (vol. III), Madrid, Gredos.

Referencias bibliográficas

Bakker, E. J. ed. (1999), "Homeric ΟΥΤΟΣ and the poetics of deixis", *Classical Philology* 94:1-19.

Benveniste, E. (1999), *Problemas de lingüística general*, Buenos Aires, Siglo XXI Editores, Volúmenes I y II (*Problèmes de linguistique générale*, París, Gallimard: I, 1966; II, 1974).

Bieda, E. (2005), "Una aproximación a la noción de *rhêma* en Aristóteles", en Castello-Mársico (eds.), *El lenguaje como problema entre los griegos*, op. cit., pp. 211-222.

Bosque, Ignacio (1990), *Las categorías gramaticales*, Madrid, Síntesis.

Bühler, K. (1950), *Teoría del lenguaje*, traducción de Julián Marías, Madrid, Revista de Occidente.

Carnie, R. (2001), *Syntax: a generative introduction*, London.

Castello, L.Á. (2005), "Síntesis de nociones sintácticas básicas en perspectiva semántica", Introducción a los estudios universitarios (Enrique Corti, compilador), C.P.U., UNSAM – Baudino Ediciones, pp. 69-78.

Castello, L.Á. (2010), *La tensión entre oralidad y escritura en Grecia y el testimonio de Alcidamante de Elea*, edición (formato digital) de la Editorial de la Facultad de Filosofía y Letras – Universidad de Buenos Aires (UBA BICENTENARIO 1810-2010), ISBN 978-987-1450-90-9). [nueva edición 2012]

Coseriu, Eugenio (1962), "Logicismo y antilogicismo en gramática", *Teoría del lenguaje y lingüística general*, Madrid, Gredos.

Coseriu, Eugenio (1991a), *Principios de semántica estructural*, Madrid, Gredos.

Fox, B. (1996), *Studies in Anaphora*, Amsterdam/Philadelphia, J. Benjamins.

Jakobson, Roman (1985), *Lingüística y poética*, Madrid, Cátedra.

Kovacci, Ofelia (1992), *El comentario gramatical. Teoría y práctica*, Madrid, Arco, 2 Volúmenes.

Leonetti, Manuel (2000), "El artículo", *Gramática descriptiva de la lengua española*, Madrid, Espasa, pp. 787-890.

Lyons, John (1980), *Semántica*, Barcelona, Teide.

Mársico, Claudia (2002), "Las estrategias de delimitación de artículo y pronombre en la Sintaxis de Apolonio Díscolo", Quaderni Urbinati di Cultura Classica, Urbino, pp. 53ss.

Mársico, Claudia (2007), *Polémicas y paradigmas en la invención de la gramática*, Córdoba, Ordia Prima Studia 3.

Martín López, Ma. Isabel (1994), "Deixis frente a anáfora en griego antiguo", *Minerva*, número 8.

Matthaios, s. (1999), *Untersuchungen zur Grammatik Aristarchs*, Göttingen.

McCawley, James (1988), *The syntactic phenomena of English*, Chicago: U. Chicago Press.

O' Kelly, Dairinie (2001), «Le problème de l' « anaphore sans antécédent »», *Cycnos*, 8.2

Steinthal, H. (2001). *Geschichte der Sprachwissenschaft bei den Griechen und Römern*, Hildesheim (edición original, Berlín 1891).

ANALOGÍA, ANOMALÍA Y GÉNERO DE VOCES LATINAS EN AULO GELIO

Jorge Mainero (UBA)

Relativamente poco se conoce acerca del autor de las *Noctes Atticae*, habida cuenta de que nuestra principal fuente de información surge de su propia obra; aprendió gramática y retórica en Roma, antes de partir con rumbo a Atenas hacia el 143 d.C., en viaje de estudios. Su miscelánea en veinte libros constituye una interesante colección de notas sobre gramática, religión, historia, filosofía, antigüedades griegas y romanas, legislación antigua, crítica textual y literaria, como así también sobre muchos otros campos del conocimiento. Aulo Gelio estuvo activo en un tiempo en que la reacción de la Edad de Plata, suerte de barroquismo argénteo del latín, ya había concluido, de modo que aparecieron en su lugar tendencias arcaizantes. Cita con frecuencia a Cicerón y a Virgilio, pero sus autoridades en el uso de la lengua proceden de una época anterior a la augustal. Dentro de la sociedad romana de mediados del siglo segundo, bajo Adriano o Marco Aurelio, en la que Gelio escribía, se delimita un mundo representado en que la mayor parte de los personajes permanece innominada. En veinte libros y cerca de cuatrocientos capítulos se mencionan solamente dieciocho contactos personales. Los más frecuentes son sus maestros: Favorino (33 referencias), L. Calveno Tauro (15), Sulpicio Apolinar (12); con menor frecuencia, Antonio Juliano (7) y T. Castricio (4). Con todos ellos Gelio se muestra como *familiaris*; hay menciones de los dos oradores más famosos de su tiempo, Herodes Ático (4 referencias) y Frontón (5), pero no intiman con el autor.[105] En cuanto a la representación del espacio, si bien un puñado de historias retorna a los tempranos días de estudio en Atenas, la ubicación parece estar en Roma en la mayoría de los casos.

El objeto de este trabajo consiste en estudiar dos pasajes distantes en su texto, pero que forman secuencia entre sí: II.25, "A qué llaman los griegos analogía, a qué, en cambio, anomalía", y XV.9, "El hecho de que el poeta Cecilio empleó *frons* en género masculino, no por licencia poética, sino con argumentos y por analogía". Aquí se aplica el tema grecovarroniano de la analogía también a los términos *mons, pons* y *fons*. Se intentará exponer, a partir del análisis pormenorizado de ambos capítulos, cómo funcionaba la comprensión gramatical del autor, por un lado, para acceder luego, por otro, a algunas consideraciones de índole

---

[105] Cf. Johnson (2010: 101-136).

general sobre la categoría gramatical de género, desde sus orígenes indoeuropeos hasta la lengua latina clásica y su transformación posterior.

I. La tradición filosófico-gramatical griega y los *Grammatici Latini*

Los primeros estudios gramaticales entre los griegos dan cuenta de una situación bifronte: surge una dicotomía entre los intereses del quehacer filosófico propiamente dicho, presentes en los aristotélicos y en los estoicos, y los puntos de vista de varios eruditos alejandrinos, enfrascados en tareas de corte filológico, como los estudios homéricos. El breve manual que constituye la primera gramática formal conservada de Occidente, la *Téchnē grammatikē* de Dionisio el Tracio (c.90 a.C.), alumno del escolarca Aristarco de Samotracia, no fue en rigor un punto de partida, sino la culminación de una tradición. Ese tratado es la confluencia de las corrientes de pensamiento anteriores, aristotelismo y estoicismo especialmente. Dionisio enumera ocho partes del discurso, en tanto que Aristóteles sólo veía dos o tres. El nombre u *ónoma* (que agrupa a sustantivo y adjetivo) se define en primer lugar, en oposición al verbo, como "casual". Sus definiciones se limitan a los niveles morfológico y semántico.

Fue Marco Varrón, familiarizado con la obra de Dionisio en su estado original, el enlace entre la precitada tradición griega y la lingüística latina. Conocedor del punto de vista estoico tanto como del alejandrino, aplicó ambos al latín en los veinticinco libros de su ensayo, *De lingua Latina*, de los que se conservan solamente seis. No configuran una gramática propiamente dicha, sino una discusión sobre la lengua, escrita del 47 al 43 a.C. Varrón pone en juego una confrontación de doctrinas porque su principio es *disputare in utramque partem*. Las dos posiciones revisadas por él son las de los defensores de la "anomalía" y los de la "analogía". Los primeros, con Crates de Malos y otros estoicos, sostenían que la lengua escapa en buena medida a estructuras identificables; los segundos, los analogistas, como los alejandrinos Aristarco y Aristófanes de Bizancio, sostenían que existe una *ratio* (un *lógos*) que estructura la lengua y permite ordenar sus expresiones. En aquella disputa, que dominó el pensamiento griego en los siglos II y I a. C., Varrón se declara ecléctico. Además de estudiar el verbo latino a la luz de la semántica estoica, hizo un análisis de la formación de palabras y de su flexión (los libros VIII a X están consagrados a la *declinatio verborum*), recurriendo al principio de regularidad o analogía, pero sin dejar de reconocer las irregularidades (anomalías) existentes. Con su trabajo dio comienzo al proceso de agrupamiento de los casos latinos, por el cual se llegó a la posterior especificación de las cinco declinaciones, que se encuentran ya en Prisciano, hacia el 500 d.C.; siglos después, a fines del período bizantino, una clasificación semejante fue aplicada al griego, probablemente bajo influencia latina.[106]

II. Analogía y anomalía en Aulo Gelio: *Noctes Atticae* II, 25

El libro segundo de Gelio, en el que ahora se pone el foco, manifiesta una caracterización propia de la controversia griega. Se focaliza inicialmente la definición de los dos principios en disputa. II, 25: "A qué llaman los griegos analogía, a qué, en cambio, anomalía".

> En el lenguaje latino, así como en el griego, algunos pensaron que debe seguirse [el principio de] la analogía, otros, [el de] la anomalía. "Analogía" es la flexión semejante de términos semejantes, que ciertos autores denominan en latín "regularidad" (*proportionem*). "Anomalía" es la irregularidad de las flexiones (*inaequalitas*),siguiendo al uso lingüístico (*consuetudinem*). A su turno, dos célebres gramáticos griegos, Aristarco y Crates, defendieron a menudo con ahínco a la analogía, el primero, y a la anomalía, el último. El octavo libro del tratado de Marco Varrón, *Sobre la lengua latina*, dedicado a Cicerón, advierte que es nulo el precepto de las regularidades, y manifiesta que en casi todas las palabras es preponderante el uso.[107] (…) Pero el mismo Varrón escribe, en otros libros, muchas cosas que deben observarse en defensa de la analogía. En efecto, estos son, por así decir, lugares comunes:[108] hablar en contra de la analogía y de nuevo, asimismo, <hacerlo> a su favor.[109]

---

[106] Cf. Serbat (1988: 9-12). Robins (2000: 83 ss.).

[107] Todas las traducciones de Aulo Gelio citadas son del autor del presente trabajo.

[108] Cf. Cicerón, *De inventione*, 48: "llamamos lugares comunes a esos argumentos que pueden ser utilizados en muchas causas".

[109] 2.25.1. In Latino sermone, sicut in Graeco, alii ἀναλογίαν sequendam putauerunt, alii ἀνωμαλίαν. Ἀναλογία est similium similis declinatio, quam quidam Latine 'proportionem' uocant. Ἀνωμαλίαν est inaequalitas declinationum consuetudinem sequens. Duo autem Graeci grammatici illustres Aristarchus et Crates summa ope,ille ἀναλογίαν, hic ἀνωμαλίαν defensitauit. M. Varronis liber <ad> Ciceronem *de lingua Latina* octauus nullam esse obseruationem similium docet inque omnibus paene uerbis consuetudinem dominari ostendit. (…) Sed idem Varro in aliis libris multa pro ἀναλογίᾳ tuenda scribsit. Sunt igitur ii tamquam loci quidam communes contra ἀναλογίαν dicere et item rursum pro ἀναλογίᾳ.

III. Disputatio sobre el género de frontem: *Noctes Atticae* XV, 9

Conforma el siguiente objetivo analizar un pasaje del libro décimo quinto que forma secuencia con el anterior. Allí el joven Aulo Gelio discute con un gramático de salón acerca del género de una palabra latina. XV, 9: "El hecho de que el poeta Cecilio empleó frons en género masculino, no por licencia poética, sino con argumentos y por analogía".

> Entonces, uno del grupo de gramáticos que estaba allí presente junto con nosotros, de no poca notoriedad, realmente, dijo: "¡Qué licencia y audacia tan grande mostró aquí Cecilio, cuando dijo 'fronte hilaro' y no 'fronte hilara' y no temió en absoluto [cometer] ese bárbaro solecismo!". Por el contrario, dije, más bien somos nosotros lo más audaces y caprichosos que se pueda, los que usamos *'frontem'* de manera reprobable e indocta, con género no masculino, toda vez que, tanto el principio de regularidad, que es llamado "analogía", como la autoridad de los antiguos aconsejan que no debe decirse *hanc frontem* ("esta frente"), sino *hunc frontem* ("este frente"). Por cierto, Marco Catón, en sus *Orígenes*, escribió: "Cuando se entabló el combate al día siguiente, hemos luchado con rostro sereno (*aequo fronte*), con la infantería, con los jinetes y con las alas auxiliares, contra las legiones de los enemigos". Dice igualmente Catón, en el mismo libro: *recto fronte* ("con el rostro enhiesto"). Sin embargo, aquel gramático semiculto dijo: "Invoca tú autoridades perdidas, que considero sin duda que puede suceder que las tengas, pero concédeme la razón que no tienes". Y entonces yo, muy molesto con las palabras de aquél, como entonces lo facilitaba mi corta edad, repuse: "Escucha, mentor mío, una argumentación acaso falsa, pero que tú no podrías refutar como falsa". Enuncié: "Todas las palabras terminadas en las tres letras en que se termina *frons* son del género masculino, si asimismo en el caso genitivo acaban en la misma sílaba, tal como *mons, fons, pons, frons*.[110]

---

[110] 15.9.1. Tum   de grammaticorum uolgo quispiam nobiscum ibi adsistens   non sane ignobilis: 'quanta' inquit 'licentia audaciaque Caecilius hic fuit, cum "fronte hilaro", non "fronte hilara" dixit et tam inmanem soloecismum nihil ueritus est.' 'Immo' inquam 'potius nos et quam audaces et quam licentes sumus, qui "frontem" inprobe indocteque non uirili genere dicimus,   cum et ratio proportionis, quae "analogia" appellatur, et ueterum auctoritates non "hanc", sed "hunc frontem" debere dici suadeant. Quippe M. Cato in quinto originum ita scripsit: "Postridie signis conlatis, aequo fronte, peditatu, equitibus atque alis cum hostium legionibus pugnauit." "Recto" quoque "fronte" idem Cato in libro eodem dicit.' At ille semidoctus grammaticus: 'missas' inquit 'auctoritates facias, quas quidem ut habeas,

Aquí se aplica el recurso de la analogía en el plano morfológico a los términos *mons* ("monte"), *pons* ("puente") y *fons* ("fuente"). Es curioso el hecho de que los ejemplos aducidos por Gelio actualmente sean considerados parte de las excepciones, no de las reglas. Lo confirma una nota de John Rolfe (1984, T. III, p. 84): "Los nombres de tercera declinación terminados en –s precedida de consonante son regularmente femeninos. Excepciones: *mons, fons, dens, pons*". Obsérvese que "frente", en español, alterna entre ambos géneros, según el semema que se utilice en la oración. Resulta pertinente, acto seguido, poner en relación lo dicho acerca de la vacilación entre femenino y masculino con una mirada histórica sobre la categoría gramatical de género, desde sus orígenes en el período del protoindoeuropeo (P.I.E) común.

IV. El género del indoeuropeo al latín

El P.I.E. ha legado a las lenguas que engendró un sistema de tres géneros: masculino, femenino, neutro. Estas tres clases están atestiguadas en las principales lenguas indoeuropeas: sánscrito, griego, latín, y grupos céltico, germánico y eslavo. La única excepción es el hitita, que integra masculino y femenino en una sola clase, el "género común". Pero muchos índices llevan a pensar que el sistema indoeuropeo de tres clases había sucedido a un sistema arcaico de dos, en que se oponían "animado" e "inanimado". El "animado" correspondía a masculino y femenino, mientras que el "inanimado" correspondía al neutro. La terminología es reveladora: decimos "masculino, femenino, neutro" a imitación de los romanos (*masculinum, femininum, neutrum*), que a su vez habían transcripto denominaciones griegas. Ahora bien, *neutrum* significa exactamente "ni lo uno ni lo otro", así que es claro que la clase de los neutros se opone a las otras dos, consideradas globalmente. La tripartición genérica recubre, así, una bipartición originaria.

Véanse algunos ejemplos. La morfología aporta índices de la primigenia unidad de masculino y femenino, pues nada distingue a *pater* de *mater* en la flexión. El género diferente, en época histórica, de *fagus* ("haya") f. y de *lupus* ("lobo") m., se manifiesta por la concordancia del adjetivo (*saevus lupus/ alta fagus*), pero la declinación de las dos voces es idéntica. Hay incluso marcas sintácticas de la antigua indiferenciación

---

posse fieri puto, sed rationem dic, quam non habes.' Atque ego his eius uerbis, ut tum ferebat actas, inritatior: 'audi,' inquam 'mi magister, rationem falsam quidem, sed quam redarguere falsam esse tu non queas. Omnia' inquam 'uocabula tribus litteris finita, quibus "frons" finitur, generis masculini sunt, si in genetiuo quoque casu eadem syllaba finiantur, ut "mons", "pons", "fons".'

de masculino y femenino en el seno de la clase de los animados. Por ej., el masculino plural (*discipuli*) representa, a la luz de la morfología histórica, el antiguo animado que engloba a los dos géneros. De ahí que no resulte sorprendente la indecisión del género de *frons* que la lengua latina ostenta desde época arcaica hasta los tiempos de Aulo Gelio.

En el caso de los animales que no tienen género epiceno (como en el caso de aquila, entre otros), se observa que el femenino latino se ha creado como un subgrupo en el seno de lo animado. Verbigracia, *equus* ha creado secundariamente el femenino *equa*. También de *ursus* se creó *ursa*, empleando el sufijo –a. En sánscrito, a su vez, se emplea el sufijo femenino –i. Tal similitud en el uso tardío de sufijos discriminatorios prueba que el femenino fue creado separadamente en esas dos lenguas después de la era del indoeuropeo común.[111] Esta fabricación de formas femeninas por medio de la derivación a partir del masculino —antiguamente, del animado— se observa de manera corriente en la época histórica. Por ej., en los binomios *gallus/gallina*, *rex/regina* (con sufijo -ina), o *puer/puella* (con sufijo diminutivo -ella).

Las partes del cuerpo suelen ser vocablos neutros si son concebidas como inmóviles. Ej.: *corpus*, *iecur* ("el hígado"). En cambio, *manus* f. , ("la mano"). *pes* m. ("el pie"). Naturalmente, no presenta esta coherencia la totalidad del léxico, porque eso equivaldría a asimilar el indoeuropeo a una lengua artificial, sin historia.

V. Del latín a las lenguas románicas

El latín recibe del P.I.E los tres géneros, pero su evolución hacia los romances pone de manifiesto dos líneas de fuerza: 1) la conservación de la oposición masculino/femenino, sostenida por la distinción extralingüística entre sexos, y auxiliada por la contraposición de los finales masc. en –o y los fem. en –a ; 2) la desaparición del neutro, que ingresa ya en la clase de los masculinos, ya en la de los femeninos.

1) En el caso de las palabras latinas en –us, eran mayormente masculinas en el latín clásico: nombres de la segunda declinación, tipo *dominus*, o de la cuarta, tipo *senatus*. Pero un buen número era femenino, rasgo arcaico que reflejaba la unidad de lo animado en el indoeuropeo. Por ej., los nombres de árboles en la 2da declinación, o casos aislados como manus en la cuarta. Casi todos estos femeninos se pasan al masculino, incluyendo el nombre del árbol (arbos), antiguamente femenino. El factor fundamental de esta mutación ha sido evidentemente

---

[111] Cf. Serbat (1994: 78-80).

la analogía formal: el género mayoritario se impuso a las palabras marginales.

En cuanto a los nombres en –e, el incremento de las acciones analógicas, tanto formales como semánticas, provoca numerosas vacilaciones. He aquí los ejemplos:
"valle"< valles, -is (f.). Femenino en latín, deviene masculino en español y francés por acción de su antónimo *mons, montis* (m.). Se trata de un caso de analogía semántica.
"Flor"<flos-floris (m.). Masculino en latín, da femenino en la mayoría de las lenguas neolatinas por su asociación semántica con la mujer y la belleza, salvo en italiano: *un fiore*. En rigor es azaroso encontrar una explicación para todos los cambios, pero hay que subrayar que, ya en latín, el género de estos vocablos era inmotivado.

2) Con respecto a la evolución del neutro, se destaca su paso al masculino en castellano, con excepción del artículo determinado y los demostrativos. Los neutros de la segunda declinación (*templum*) tenían en singular una flexión idéntica a los masculinos (*dominus*), salvo en nominativo-vocativo. Los de la tercera declinación (*corpus, mare*) sólo se diferencian del nominativo al acusativo. Esta proximidad formal facilita la confusión que al fin define la tendencia del neutro a transformarse en masculino. Ya hacia el 60 d.C., en Petronio, aparecen *fatus* ("destino") y *vinus* ("vino") en lugar del neutro clásico, tendencia que se acentúa en la lengua vulgar de las inscripciones.

Paso del neutro al femenino: en época cristiana, (s. IV d. C. y posteriores), los neutros plurales pasan frecuentemente al femenino. Por ejemplo: palabras como *folium* ("hoja") hacían plural en –a, *folia*. Esa forma tiene final coincidente con los nombres femeninos singulares del nominativo de la primera declinación, del tipo *rosa*. Tal analogía formal lleva a los hablantes a tomar el neutro plural por femenino singular, de donde vienen los femeninos del francés, *feuille*, y del español. Otros ej.: *fata* ("destinos")> fr. *feé*, esp. "hada"; *fortia* (pl. n. de *fortis*)> fr. *force*, esp. "fuerza". En cuanto a los neutros de la tercera declinación, se refunden en el género masculino (cf. *corpus, genus*). La analogía se vuelve al fin un cambio fonológico esporádico cuya acción uniformadora induce la regularidad dentro de los paradigmas (por ejemplo, en la –s final antietimológica de dos días hábiles de la semana, lunes y miércoles, en español).[112]

La ruina de la declinación latina, desde el siglo tercero de nuestra era, terminó de configurar el panorama lingüístico. Es comprensible que este

---

[112] Menéndez Pidal, R. (1985:.187).

desorden, o descomposición, haya incrementado la arbitrariedad de una distribución en géneros que era ya en gran parte inmotivada. Estos son, epitomados, diversos hechos aleatorios que a día de hoy definen el estado del género gramatical en las lenguas románicas. En conclusión, la categoría morfológica de género expresaba en el origen la distinción entre aquello que tiene vida y lo que no la tiene. La construcción sociocultural es posterior y tiene su base en la deriva semántica.[113]

Referencias Bibliográficas

Ariza Viguera, M. (1999), *Manual de Fonología Histórica del Español*. Madrid: Editorial Síntesis.

Aulo Gelio (1984), *The Attic Nights of Aulus Gellius*, with and english translation by John C. Rolfe. Vol. I-III, Loeb Classical Library, Cambridge: Harvard University Press & London: William Heinemann.

Boardman J., Griffin J. & Oswyn M. (1999), *Historia Oxford del Mundo Clásico. 2. Roma*. Madrid: Alianza Editorial.

Coseriu, E. (1988), *Sincronía, diacronía e historia*. Madrid: Gredos.

Dickey, E. (2007), *Ancient Greek Scholarship: A Guide to Finding, Reading, and Understanding Scholia, Commentaries, Lexica, and Grammatical Treatises, from Their Beginnings to the Byzantine Period*. New York: Oxford University Press.

Johnson, W. A. (2010), *Readers and Reading Culture in the High Roman Empire: A Study of Elite Communities*. New York: Oxford University Press.

Meillet A. & Vendryes, J. (1948), *Traité de grammaire comparée des langues classiques*. París: Champion.

Menéndez Pidal, R. (1985), *Manual de gramática histórica española*. Madrid: Espasa-Calpe.

Robins R. H. (2000), *Breve historia de la lingüística*. Traducción de María Condor. Madrid: Ediciones Cátedra.

Roberts, E. & Pastor, B. (1997), *Diccionario etimológico indoeuropeo de la lengua española*. Alianza Diccionarios. Madrid: Alianza.

Serbat, G.(1988), *Casos y funciones. Estudio de las principales doctrinas casuales, de la Edad Media a nuestros días*. Madrid: Gredos.

---

[113] Véase el tercero de los sememas que reconoce la última edición del diccionario RAE: **Género.**Del lat. *genus,-ĕris*.**3.** m. Grupo al que pertenecen los seres humanos de cada sexo, e ntendido este desde un punto de vista *sociocultural* en lugar de exclusivamente biológico. Para el concepto de "deriva semántica", *v.* Villar (1996: 30): "por razones de índole muy diversa, la significación de las palabras cambia con el paso del tiempo de forma irregular e imprevisible, (…) sin rumbo predeterminado".

Serbat, G. (1994), *Les structures du latin*. París : Picard.

Steinthal, H. (1890), *Geschichte der Sprachwissenschaft bei den Griechen und Romern*. Berlin.

Villar, F. (1996), *Los indoeuropeos y los orígenes de Europa. Lenguaje e historia*. Madrid: Gredos.

Watkins, C. (2000), *The American Heritage Dictionary or Indo-European Roots*. Boston-New York: Houghton Mifflin Company.

NARRAR EL SABER FILOSÓFICO:
EL SÓCRATES PLATÓNICO COMO *ETHOPOIÍA* DEL *KNOW-HOW*

Ariel Vecchio (UNSAM-UBA-LICH/CONICET)

Introducción

En buena parte de la tradición filosófica se ha reducido el pensamiento platónico a un conjunto de proposiciones y relegado el marco narrativo del diálogo a un mero revestimiento exterior desligado de un alcance o importancia hermenéutica y/o filosófica.[114] Ahora bien, en las últimas décadas, los estudiosos del pensamiento platónico han puesto especial énfasis en la dialéctica platónica y su relación con la forma dialogada de su obra. De todos modos, esta ponderación podría ser mayormente entendida con la ayuda de herramientas narratológicas,[115] que contribuyan a analizar cada uno de los diálogos y las conexiones intertextuales.[116]

En un marco más amplio, De Temmerman (2010) ha puesto en claro que la conceptualización de las nociones de carácter y caracterización en los antiguos tratados retóricos puede servir como una herramienta hermenéutica para el análisis de textos de la narrativa antigua. Basándose principalmente en los *Progymnásmata* (o la teoría retórica griega imperial), estudia una serie de *loci* retóricos y técnicas de representación de personajes[117] para una posible línea de análisis textual. Esto se vincula con que uno de los puntos principales de los *Progymnásmata* es que

---

[114] Sobre el problema de interpretación del pensamiento platónico y la forma dialogada de sus obras, cf. Vallejo Campos (2017:167-179), donde se expone abundante bibliografía secundaria. Para la distinción de dos lecturas sobre los textos platónicos, la doctrinal y la no doctrinal, cf. Cotton (2014:23 ss.), donde presenta abundante bibliografía actualizada al respecto.

[115] Un ejemplo interesante de aplicación narratológica sobre textos clásicos se encuentra en los ensayos editados por Grethlein - A. Rengakos (2009) -citado en Halliwell (2009)- o en De Jong, I. - Nünlist, R. - Bowie, A. (2004), en especial el cap. dedicado a Platón de Morgan (2004). Para una definición de narratología, narración y narrativa actual, cf. Fludernik (2009:7-ss.)

[116] En este sentido Blondell (2002:6) afirma "I shall therefore proceed by assuming the hermeneutic primacy of the individual work, but at the same time try to follow Plato's own textual indicators of the relative importance of shared themes and apparent ties to other dialogues".

[117] Para un análisis del desarrollo de la tradición retórica desde la antigüedad hasta el mundo moderno, cf. Kennedy (1999). De Temmerman (2010:24) afirma que, si bien Kennedy identifica con razón la base del fenómeno de la "literalización" de la retórica, la manifestación creciente de la retórica antigua como un *ars scribendi* puede describirse igualmente como la "retorización" de la literatura.

permiten acercarnos al estado de consciencia de la técnica de la composición en la antigüedad y, en nuestro caso, de la etopeya. Más específicamente pueden servir como una herramienta para la interpretación de textos narrativos de la antigüedad y, en especial, de Platón –cuyos diálogos han sido considerados desde antiguo como composición poética (cf. Aristóteles, *Poét.* 1447b10-ss.)– y de su capacidad de componer la caracterización de personajes. En otras palabras, consideramos que la caracterización en estos tratados retóricos puede servir como una herramienta hermenéutica para el análisis textual de la caracterización socrática en los diálogos platónicos. En esta línea, la ἠθοποιία es una vía textual útil para contribuir a la interpretación de la filosofía platónica, en especial para la línea hermenéutica que pondera el uso del diálogo y su vínculo con la dialéctica platónica, a saber: los textos de Wieland (1999), Johnson (1998), González (1998), Press (2000), Vigo (2001), Blondell (2002), Morgan (2004) y, entre otros, Cotton (2014). En lo que sigue, entonces, intentamos hacer uso de una herramienta puntual de composición propia de la antigüedad sobre el texto platónico, que permita dejar abierta una veta hermenéutica textual más extensa y detallada. Como es sabido, al momento de tematizar lo referente ya no al contenido, sino a la λέξις de los poetas y mitólogos, Platón afirma que lo que ellos dicen es διήγησις de determinado marco temporal (pasado, presente o futuro, *República* 392c-8b). A partir de lo cual, en *República* 392c-8b, marco descriptivo, y 394d-8b, marco prescriptivo, Platón no sólo no elimina la posibilidad del uso de μίμησις, sino que apuesta por un uso normado de la misma en vistas tanto de la unidad de la πόλις propuesta, como del proceso de formación del filósofo dentro de ella. Esto se debe al poder de interiorización propio de la μίμησις y su capacidad de ser una vía de acceso a un tipo de saber no temático –ej. acostumbrarse al trato con las cosas bellas antes de obtener el λόγος. En un excelente análisis sobre la tensión entre teoría y práctica de la narrativa en Platón, Halliwell (2009), tras un análisis de *Rep.* II-III, pone en claro que hay una brecha entre el procedimiento y las propuestas de Sócrates sobre la διήγησις, particularmente sobre la μίμησις, y las propias prácticas generales de Platón como escritor de obras miméticas: el Sócrates platónico guarda silencio sobre algunas de las cosas más distintivas de la obra de su propio autor.

En este sentido, la configuración mimética del contexto pragmático de discusión filosófica requiere de un dominio narrativo amplio y preciso, con especial énfasis en cada uno de los intervinientes, los personajes, las circunstancias contingentes de la πρᾶξις por tal medio representada y el modo específico en el que se desenvuelve cada uno. Al respecto, ya en Diógenes Laercio (III 48 1ss) encontramos que, si bien

Zenón de Elea fue el primero en escribir diálogos, Platón se lleva el premio mayor por perfeccionar la técnica. Además, Diógenes Laercio afirma que el diálogo se compone a partir de preguntas y respuestas[118] acerca de un tópico filosófico o político con una conveniente caracterización (ἠθοποιία) de los personajes (προσώπων) introducidos y de la composición conforme a su elocución (λέξιν) pertinente.[119]

Entonces, desde el plano del empleo de μίμησις por parte de Platón, como sostiene Koyré (1966:24-27), los diálogos pertenecen a un género muy especial y, quizás, por razones históricas no sepamos escribirlos ni leerlos. Su riqueza literaria es un lugar común para los y las estudiosas, pero rara vez se sacan conclusiones que tengan importancia filosófica: de allí que se sostenga que los diálogos –al menos los llamados "socráticos" junto al caso peculiar del *Teeteto*– no llegan a dar con una respuesta satisfactoria, desde el punto de vista proposicional, sobre el tema debatido, o a lo sumo a una confesión de ignorancia de Sócrates bajo el ropaje de la ironía. Ahora bien, desde el plano no proposicional, Vigo (2001) da cuenta de la irreductibilidad del diálogo platónico y advierte sobre la imposibilidad de comprender adecuadamente los escritos de Platón, si se los lee al modo de tratados y, por ende, se reduce la forma dialógica a la función de un mero revestimiento exterior. A su vez, sostiene que, en los contextos pragmáticos representados, Sócrates, en tanto encarnación de una genuina orientación hacia la verdad, contrasta con la actitud de aquellos que ingresan al diálogo movidos exclusivamente por el deseo de victoria (cf. Vigo, 2001:23-24), lo cual debe ser ponderado en el marco interpretativo –p.e. metodológicamente debe ser tenido en cuenta al momento de intentar extraer proposiciones de los personajes, incluido el focal, y atribuírsele directamente al autor

---

[118] En realidad podríamos pensar que el método filosófico de preguntas y respuestas se encuentra plasmado en los diálogos platónicos. De manera que, según lo que intentaremos presentar aquí, el gesto filosófico podría extraerse desde el nivel representacional antes que desde el propiamente proposicional. Para un tratamiento del método socrático de la brevilocuencia, plasmado en los diálogos platónicos, opuesto a la macrología de corte sofístico-retórica, cf. Vallejo Campos-Vigo (2017:114-122).

[119] Kennedy (1999:54) afirma: "Plato is the greatest Greek prose writer, a master of structure, characterization, and style, as well as one of the most original thinkers of all time; he is perhaps also one of the most dangerous as an influential "enemy of the open society.' He was a consummate rhetorician and a literary artist of so many dimensions that any analysis of his work is likely to fall far short of appreciating its full meaning or art. No dialogue of Plato is untouched by rhetoric—*Republic*, *Symposium*, and *Menexenus*, in particular, contain interesting applications of the art—but the *Apology* provides the best example of the Socratic orator, and *Gorgias* and *Phaedrus* most specifically discuss the nature of rhetoric, so discussion here can be limited to these three works". Para un análisis cf. Morgan (2004), para quien todos los diálogos platónicos se conciben como narrativas, y Press (2000).

del texto. En términos de Blondell (2002:3), ninguna interpretación que descuide las características "literarias" o no argumentativas de la forma de diálogo puede considerarse filosóficamente adecuada.

Dicho lo cual, el objetivo general del presente escrito es continuar con las indagaciones sobre teoría y práctica de μίμησις en Platón, en este caso en lo tocante a la opción por el marco narrativo mimético, en el cual produce μίμησις de posibles conversaciones de Sócrates en diversos contextos de actuación, con heterogéneos interlocutores y sobre diversas temáticas –todo esto también por él creado en vistas a determinado fin. A partir de lo cual el objetivo particular es indagar mínimamente la caracterización (ἠθοποιία) platónica de Sócrates en los diálogos tempranos para echar luz sobre el vínculo entre su modo de composición narrativa, μίμησις, y, a través de ella, dar cuenta del quehacer filosófico.

La hipótesis es que la opción por la forma dialógica está ligada al modo de comprender el saber filosófico, y que, en tal marco, la figura del personaje Sócrates encarna un tipo de saber hacer o disposicional, entendido como un modo de orientarse autorreflexivamente en la propia existencia abierta al diálogo genuino en busca de la verdad. Este tipo de saber sería, entonces, el saber filosófico platónico no reductible a proposiciones, por lo cual la opción por el diálogo cobraría valor no meramente estilístico, en tanto revestimiento exterior de un saber proposicional de base, sino fundamentalmente propedéutico-filosófico. Platón, pues, apuntaría no sólo al estado epistémico, sino al estado disposicional de los personajes y, por la mediación simpatética, al del lector por medio del paradigma "Sócrates personaje".

Para tal fin, entonces,

1) desarrollaremos una mínima pero necesaria presentación de la ἠθοποιία de los *Progymnásmata* de Teón, Hermógenes y Aftonio, para dar cuenta del estado de consciencia sobre la importancia de la composición narrativa en la antigüedad, cuyo fin podría ser estético y/o persuasivo, y el grado de complejidad –y el papel– dentro de ella tanto de la caracterización como el propio Platón en tanto compositor.

2) Tomaremos como objeto de análisis el texto *Apología* en el cual Platón, basado en un hecho histórico, el juicio a Sócrates, compone una narración del mismo y configura en la centralidad la ἠθοποιία de Sócrates personaje y su método del ἔλεγχος, entendido como su misión de vida, a través de su λέξις. Esta caracterización –y el método conforme a una λέξις exclusiva– puede ser cotejada, en un trabajo más amplio, con

otras obras del período temprano e, incluso, con el *Teeteto*.[120] Además, por un lado, bajo los lineamientos generales de la distinción entre *know that* y *know how* en base a los enfoques epistemológicos de Ryle y Polanyi, intentaremos echar luz sobre el papel de la caracterización de Sócrates en el programa platónico del conocimiento filosófico. Por otro, presentaremos algunas lecturas actuales, que conjugan el análisis del marco narrativo y el saber por medio del cual representado, para mostrar que la opción por el diálogo está íntimamente conectada con la propia comprensión del saber filosófico de Platón.[121]

I. Composición del diálogo y la ἠθοποιία en algunas fuentes antiguas

Como hemos dejado entrever, la importancia del estudio actual de los *Progymnásmata*, entre otras cuestiones de peso, es que son una fuente de conocimiento del estado de consciencia de la técnica de la composición narrativa y de su desarrollo conceptual e histórico. De manera que pueden servir a los intérpretes contemporáneos como una herramienta para la interpretación de textos narrativos de la antigüedad –plasmados en un heterogéneo *corpus*, dentro del cual, por ej., las figuras

---

[120] En una lectura que intenta hacer justicia a la interdependencia de lo "literario" y lo "filosófico", Blondell (2002:9-10) sostiene que, como en el caso de Odiseo, el hecho de que muchos Sócrates platónicos se realicen de forma real y se vinculen a una identidad formal e histórica única, genera ciertas expectativas de adhesión a una identidad propia, expectativas que se satisfacen en parte por las grandes áreas de superposición en el carácter de Sócrates en diferentes diálogos. De allí que la acumulación y repetición de numerosos detalles del personaje, a menudo consistentes, contribuyen al fuerte sentido unitario de los "Sócrates de Platón" experimentado por muchos lectores. Más aún, los Sócrates de cada diálogo deben ser evaluados en sus propios términos, como una nueva creación a la vez literaria y filosófica, y como una variante más o menos distante de estos otros Sócrates. Tanto las similitudes como las diferencias entre estas diversas intervenciones de Sócrates pueden ser importantes para comprender las obras individuales y las afirmaciones particulares de Sócrates. Estas refracciones del personaje acompañan y están intrínsecamente relacionadas con la exploración de Platón de varios enfoques del método filosófico y la pedagogía. Cf. Johnson (1998), González (1998), Press (2000), Vigo (2001), Morgan (2004) y, entre otros, Cotton (2014). Es interesante remarcar que ya Aristóteles en el contexto de tematizar la διήγησις ἠθική, *Ret.* III 1417a15-25, donde uno de los medios de hacer evidente el ἦθος es la προαίρεσις, hace mención de los diálogos socráticos: la representación del ἦθος por medio de la intervención discursiva de cada personaje patentiza su ética, en el sentido de carácter producto de un tipo de habituación, lo cual, como intentaremos sugerir, tiene implicancias pedagógicas en el lector. En otros términos, podríamos pensar que Platón pone en escena distintos ἤθη –vinculados a tipos de προαίρεσις de vida– con el fin de que los lectores sientan simpatía/identificación o apatía/desapego.

[121] Para un análisis sobre el papel que juega el marco dramático en la filosofía platónica en aquellos diálogos donde, según la tradición, Platón introduce sus propias ideas filosóficas (*Fedón, Banquete, Parménides* y, entre otros, *Teeteto*), cf. Johnson (1999).

93

reconocidas en esta tradición van desde Homero, género épico, a Platón, género del diálogo y/o simposio socrático.[122]

En este sentido, constatamos que en el tratado *El método de la habilidad*, atribuido a Pseudo-Hermógenes, su autor afirma que el diálogo, la comedia, la tragedia, los simposios socráticos, entre otras obras, se componen por medio de cierto método doble (XXXVI 1). A partir de lo cual, sostiene que la combinación o trama (πλοκή) del simposio socrático está compuesta tanto de personajes como de asuntos (πρόσωπα καὶ πράγματα) serios y humorísticos (σπουδαῖα καὶ γελοῖα).[123] A su vez, la combinación o trama del diálogo en tanto género se compone de discursos éticos e investigativos (ἠθικοὶ λόγοι καὶ ζητητικοὶ), de tal modo que dentro del esquema de composición del diálogo, los discursos éticos –vinculados al carácter– intercalados, frente a la discusión y especulaciones de corte teórico (προσδιαλεγόμενος καὶ ζητῶν), hacen descansar el alma (ἀναπαύουσι τὴν ψυχήν). En cambio, la especulación pone de nuevo en marcha (ἐπάγεται) al alma, lo cual es ejemplificado bajo la forma de un símil: en el instrumento musical (ἐν ὀργάνῳ) se da la tensión y la relajación (τάσις καὶ ἄνεσις) (cf. XXXVI 1-6), a partir de lo cual se "hace música", conforme a la articulación correcta o no.

Ahora bien, lo característico de estos ejercicios poético-retóricos, en sentido amplio, fue que el aprendiz tenía dos fuentes de composición:

1. se basaba en casos no reales, es decir, en casos enteramente ficticios,

2. se basaba en casos existentes como punto de partida, pero luego les asignaba intervenciones verosímiles conforme a su ἦθος –por ejemplo, qué diría Demóstenes o Héctor en determinada situación (cf. Reche Martinez, 1991:13).

De manera que uno de los elementos fundamentales de estos ejercicios es cómo se compone la etopeya o prosopopeya de tal modo que la intervención de cada personaje dentro de un complejo contexto pragmático, también controlado por el compositor, sea apropiada al asunto, al momento, al interlocutor, etc., –a todos los elementos que

---

[122] De hecho, en Plutarco, *Moralia* 711 b-d, podemos encontrar el testimonio de la introducción en Roma, en el marco del momento de bebida de los banquetes, de la representación de los diálogos platónicos con una *performance* adecuada al ἦθος de los personajes. Al respecto, cf. Cotton (2014:29 y ss), especialmente el apartado "Plato's: Read or Performed?".

[123] Para una reflexión interesante sobre la relación entre "humor y seriedad" en los diálogos platónicos, cf. Juliá (2019:291-299).

componen una escena práctica determinada–, pero fundamentalmente al
ἦθος configurado.

En un primer acceso general, podemos decir que el término griego
ἠθοποιία[124] es entendido como la μίμησις de un personaje, que, tal como
vimos, puede ser en vistas de una persona real o un constructo
imaginario (cf. De Temmerman, 2010: 34-36).

A continuación, presentamos, conforme a los textos fuente, las
definiciones de Teón, Hermógenes y Aftonio.

El caso de Teón es clave para comprender el concepto de etopeya y,
además, el papel atribuido por la tradición a Platón en este aspecto –es
decir, es un testimonio clave para poner en claro la consciencia en la
antigüedad del papel narrativo de los textos platónicos y su alto nivel de
desarrollo y complejidad. Razón por la cual, antes de presentar la
definición de prosopopeya, género donde incorpora la etopeya, es
conveniente subrayar la importancia que Teón atribuye a aquel
progúmnasma 60, 22-30:[125]

> la prosopopeya es un ejercicio no sólo perteneciente a la
> historia, sino también a la oratoria, al diálogo y a la poesía,
> y es muy útilísimo (πολυωφελέστατον) en la vida de cada
> día, en las cosas con relación al trato de los unos con los
> otros, y es provechosísimo (χρησιμώτατον) con relación a
> las conversaciones de las obras escritas. Por esto, en primer
> lugar, alabamos a Homero, porque ha atribuido palabras
> apropiadas (οἰκείους λόγους) a cada uno de los personajes
> introducidos (ἑκάστῳ τῶν εἰσαγομένων προσώπων), en
> cambio censuramos a Eurípides, porque en el momento
> inoportuno (παρὰ καιρὸν) su Hécuba filosofa
> (φιλοσοφεῖ).[126]

A su vez, nos muestra el lugar que ocupa Platón en esta tradición y,
en especial, respecto a la caracterización de personajes, 68, 21-24:

---

[124] Sobre el uso de este término cf. Reche Martínez (1991:14ss). Sobre el género
propiamente dicho y los textos afirma: "Conocemos los nombres de muchos autores de
ejercicios preparatorios, como Harpocración, Epifanio, Minuciano, Onésimo, Ulpiano, Paulo
Tirio, Sópatro, etc.; sin embargo, sólo han sobrevivido cuatro manuales de progymnásmata,
los atribuidos a Teón, Hermógenes, Aftonio y Nicolao" (1991:17). Aftonio se ha convertido
en el prototipo del género.

[125] Seguimos la traducción al castellano de Reche Martínez (1991) con leves modificaciones
donde hemos creído oportuno.

[126] En resumen, 1. la prosopopeya es fundamental tanto en contexto literario, como en
contexto práctico, y 2. la prosopopeya debe guardar relación tanto con el tema como con la
propia persona y la circunstancia o el marco espacio-temporal, sea real o ficticio, cf. la pág.
siguiente. En cuanto a 1., cf. De Temmerman (2010).

De prosopopeya ¿qué ejemplo (παράδειγμα) habría más hermoso (κάλλιον) que la poesía (ποιήσεως) de Homero, los diálogos (διαλόγων) de Platón y de los demás socráticos, y los dramas (δραμάτων) de Menandro?

A partir de lo cual, la prosopopeya es definida en 115,12 y ss. como:

la introducción (παρεισαγωγὴ) de un personaje que ha sido compuesto con arreglo a discursos apropiados (λόγους οἰκείους) a sí mismo (ἑαυτῷ) y a las circunstancias en que se encuentra (ὑποκειμένοις πράγμασιν), por ejemplo: ¿qué palabras dirigiría a su esposa un hombre que está a punto de marcharse de viaje o un general a sus soldados ante la inminencia del combate? Y si se trata de personajes determinados (ὡρισμένων), por ejemplo: ¿qué discursos pronunciaría Ciro cuando marchaba contra los masagetas, o cuáles Datis al entrevistarse con el Rey después de la batalla de Maratón?

A continuación, sostiene que

en primer lugar, entre absolutamente todas las cosas, es necesario (δεῖ) reflexionar (ἐνθυμηθῆναι) sobre cómo es el personaje de quien habla (τό τε τοῦ λέγοντος πρόσωπον) y cómo el de a quien va dirigido el discurso (τὸ πρὸς ὃν ὁ λόγος), así como la edad que tienen, el momento en que se hallan (καιρόν), el lugar (τόπον), la fortuna (τύχην) y la materia (ὕλην) fundamental sobre la que van a versar los futuros discursos. Y, a continuación, intentar ya que pronuncien discursos que armonice <con ellos> (ἁρμόττοντας), pues por su edad a cada cual le corresponde un tipo de discurso [...] También serían armónicos (ἁρμόττοιεν ἄν) discursos diferentes para un hombre y una mujer en virtud de su naturaleza (διὰ φύσιν), para un esclavo y un hombre libre en virtud de su suerte (διὰ τύχην), para un soldado y un campesino en virtud de su oficio (δι' ἐπιτήδευμα), para el amante (ἐρῶντι) y para el moderado (σωφρονοῦντι) por su disposición (κατὰ δὲ διάθεσιν) [...] Hay discursos adecuados tanto a los lugares como a las circunstancias (τόποις καὶ καιροῖς) [...] y cuantas cosas que acompañan a los personajes (καὶ ὅσα ἄλλα παρακολουθεῖ τοῖς προσώποις). Además, los propios hechos tienen, cada uno en particular, una interpretación (ἑρμηνεία) adecuada.[127] [...] Debemos proporcionar a cada uno de los hechos lo conveniente (τὸ πρέπον), buscando al mismo tiempo lo que armoniza (ἁρμόττοντος) con el personaje (προσώπῳ), el modo (τρόπῳ), el tiempo (χρόνῳ), la fortuna (τύχη) y cada uno de los elementos antes mencionados.

En el caso de Hermógenes encontramos en el *progúmnasma* IX 1-43 que:

> Una etopeya es la imitación (μίμησις) del carácter (ἤθους) de un personaje propuesto, por ej: "¿qué palabras pronunciaría (ἂν εἴποι λόγους) Andrómaca ante el cadáver de Héctor? Una prosopopeya se produce cuando a una cosa (πράγματι) le atribuimos las características de una personaje, como La Prueba en Menandro, y como en Aristides el mar dirige sus palabras a los atenienses. La diferencia es clara, pues en aquel caso inventamos (πλάττομεν) discursos de una persona (ὄντος προσώπου), mientras que en este otro inventamos una no persona (οὐκ ὂν πρόσωπον).[128]

A su vez, en primer lugar, divide los personajes en determinados (ὡρισμένων), qué palabras diría Aquiles a Deidamanía al partir hacia la guerra, y en indeterminados (ἀορίστων), qué un hombre a sus familiares antes de ausentarse del país. En segundo lugar, distingue las etopeyas en simples (ἁπλαῖ) –que son aquellas cuando alguien habla consigo mismo (καθ' ἑαυτὸν)– y en dobles (διπλαῖ) –cuando se dirige a otro (πρὸς ἄλλον). En este marco, advierte que en todo lugar es necesario observar o cuidar (σώσεις) que lo conveniente sea apropiado en relación a los personajes propuestos y sus circunstancias (προσώποις τε καὶ καιροῖς), pues uno es el discurso propio de un joven, otro distinto el de un anciano, otro el de quien está alegre y otro diferente el de quien está afligido. Por último, distingue entre etopeyas éticas (ἠθικαί) –relacionadas con el ἦθος–, emotivas (παθητικαί) y mixtas (μικταί):

---

[127] Teón a su vez distingue la tesis de la prosopopeya, en la medida en que la tesis es un examen lógico que admite controversia, sin personajes determinados y sin ningún tipo de precisión circunstancial, por ejemplo: «si es conveniente casarse», «si es conveniente tener hijos» o «si existen los dioses». En cambio, la prosopopeya se centra al máximo en el hallazgo de los discursos apropiados a los personajes introducidos, cf. 120.

[128] El campo semántico de πρόσωπον permite interpretar en este contexto como "persona". Hemos optado tomar el término en los contextos anteriores como "personaje" para marcar el agente de acción de una historia.

Son éticas aquellas en las que predomina totalmente el carácter (τὸ ἦθος), por ejemplo: "¿qué palabras diría un agricultor al ver por vez primera una nave?". Son emotivas aquellas en las que predomina totalmente la emoción (τὸ πάθος), por ej.: "¿qué palabras diría Andrómaca ante el cadáver de Héctor?". Son mixtas las que contienen una mezcla de carácter y de emoción, por ejemplo: "¿qué palabras diría Aquiles ante el cadáver de Patroclo?", pues precisamente la emoción tiene como causa la muerte de Patroclo, y el carácter se observa mientras delibera (βουλεύεται) consigo sobre la guerra.

Al finalizar el apartado sobre la etopeya, Hermógenes insiste en que debe haber figuras y palabras/elocuciones (σχήματα καὶ λέξεις) convenientes (πρόσφοροι) a los personajes, esto es, al ἦθος configurado.

Por último, en esta breve presentación, Aftonio en los *progymnásmata* XXXIV-XXXVI sostiene que:

Una etopeya es la imitación (μίμησις) del carácter (ἤθους) de un personaje propuesto. Sus diferentes tipos son tres: idolopeya, prosopopeya y etopeya. Así, pues, etopeya es la que contiene un personaje conocido y se inventa sólo su carácter, de ahí que se denomine "etopeya" [...] Idolopeya es la que contiene un personaje conocido, pero que está muerto y ha dejado de hablar [...] de ahí que se denomine "idolopeya". Prosopopeya, cuando se inventa todo, tanto el carácter como el personaje...

A continuación divide el género de la etopeya, al igual que Hermógenes, en éticas, emotivas y mixtas. Lo importante a nuestro fin actual es que Aftonio prescribe elaborar la etopeya con un estilo claro (σαφεῖ), conciso (συντόμῳ), florido (ἀνθηρῷ), suelto (ἀπολύτῳ) y libre de cualquier artificio y figura (πλοκῆς τε καὶ σχήματος). En una palabra, apunta a componer personajes con su correspondiente interpretación de tal manera que sean verosímiles.

De Temmerman (2010:27-29), por un lado, distingue entre los *loci* que abordan directamente las características internas, y los *loci*, como acciones, habla, emociones, apariencia y muchos de los *loci* externos (como educación, amigos, etc.), que se relacionan con el carácter de un personaje de manera indirecta; por otro, afirma que, como la mayoría de los fenómenos retóricos, la caracterización fue utilizada en la vida real, en especial la cívica, y en la literatura antes de ser descrita (y, más tarde, prescrita) en la retórica. En su exposición de las técnicas de caracterización discutidas en los tratados retóricos, aunque en ellos no se abordan explícitamente estas diferencias, como hemos visto, sugiere dos puntos fundamentales:

1. las técnicas de caracterización directas e indirectas. Mientras que en las primeras se atribuyen explícitamente las características, en las segundas, la caracterización indirecta deja características implícitas y simplemente proporciona atributos a partir de los cuales pueden (y deben) inferirse.

2. dos tipos de caracterización indirecta, dependiendo de la relación entre la persona en cuestión y el atributo, a saber: puede ser metafórica (similitud) o metonímica (contigüidad). En términos generales, la caracterización metafórica se establece mediante una comparación o un paradigma: se pone en relación una persona (*comparandum*) con un *comparans* en base a un cierto parecido (*tertium comparationis*). La caracterización metonímica, en cambio, se basa en una relación de contigüidad entre la persona caracterizada y el atributo. La antigua teoría retórica distingue seis de estos atributos: la emoción, la pertenencia a un grupo específico, la acción, el habla, la apariencia y el entorno.

La distinción psicológica tradicional antigua entre características permanentes y emociones temporales está presente en la distinción retórica del género de la etopeya en éticas y patéticas o emocionales. A su vez, las emociones son consideradas como indicadores del carácter del personaje (De Temmerman, 2010:29).

Para finalizar esta sección, podemos decir, que, al margen de la distinción terminológica,[129] el fenómeno mentado por la ἠθοποιία es central debido a que en toda composición (retórica, poética, dialógica, etc.) –aun en contexto práctico– se debe plasmar los personajes según su discursividad apropiada, λόγος οἰκεῖος. En otras palabras, se debe componer el carácter a través de un tipo peculiar de λέξις y, a su vez, conforme a todos los constituyentes de su individualidad en combinación con el καιρός discursivo y la escena marco. Lo central, entonces, es que cada interlocutor tiene su propia y única ἑρμηνεία, esto es, un tipo de interpretación que se plasma en su desenvolvimiento discursivo, en el cual se trasluce su ἦθος.

A la luz de lo dicho, en lo que sigue intentaremos reflexionar sobre la etopeya del Sócrates platónico en el marco de los diálogos y, a su vez, la

---

[129] Reche Martínez (1991:23) sostiene que Hermógenes y Aftonio entienden por etopeya lo que Teón considera prosopopeya. Hermógenes y Aftonio distinguen entre etopeya (cuando se representa a un hombre pronunciando discursos), prosopopeya (cuando se representa a una cosa) e idolopeya (cuando se representa a una persona que ha muerto), mientras que Teón únicamente habla de prosopopeya y considera que ésta se produce cuando se representa a un personaje pronunciando discursos, sin precisar más.

función que estos cumplirían en la transmisión de cierto tipo de saber. El objetivo es mostrar que en cada uno de los diálogos platónicos se pone en escena no simplemente al Sócrates histórico enfrentado a un interlocutor cualquiera, sino esferas de interdependencia o bloques bien caracterizados que entran en diálogo (Gadamer)[130] con un fin determinado. En esta línea, la forma dialogada tendría por fin la representación –o adaptación escrita– del diálogo filosófico y, por ende, es una pieza clave para comprender la interpretación platónica de la actividad filosófica y el tipo de saber que caracteriza al personaje Sócrates.[131]

II. Narrar el saber filosófico: diálogo y el Sócrates platónico

La distinción entre el *know that* y el *know how* en base a los enfoques epistemológicos de Ryle y Polanyi ha pasado a la consciencia de la filosofía actual y la reinterpreación de la filosofía antigua, fundamentalmente en la rehabilitación de la filosofía práctica (Gadamer) y la filosofía platónica, línea abierta por Wieland, quien introdujo una interpretación de conjunto de Platón focalizando en el saber práctico-disposicional y los límites de la comunicabilidad proposicional.

A grandes rasgos, Ryle (1945:4) sostiene que en términos aristotélicos todo lo referente a la inteligencia no pertenece al ámbito del ποιεῖν o πάσχειν, sino que remite al adverbio πῶς, esto es, al modo de ejecutar una acción. Unas líneas posteriores, afirma

> The good chess player observes rules and tactical principles, but he does not think of them; he just plays according to them. We observe rules of grammar, style and etiquette in the same way. Socrates was puzzled why the knowledge which constitutes human excellence cannot be imparted. We can now reply. Learning-how differs from learning-that. We can be instructed in truths, we can only be disciplined in methods. Appropriate exercises (corrected by criticisms and inspired by examples and precepts) can inculcate second natures. But knowledge-how cannot be

---

[130] La distinción entre el Sócrates histórico y el platónico puede verse en Diógenes Laercio. En III, 35 afirma que el Sócrates histórico habría dicho, tras escuchar la lectura del *Lisis*: "'¡Por Heracles! ¡Qué montón de mentiras cuenta de mí ese jovenzuelo!' Ha escrito allí no pocas cosas que el Sócrates real nunca dijo". Más allá de la autenticidad, el caso es que vale como un testimonio de la consciencia de las licencias de Platón sobre la caracterización de Sócrates.

[131] Para un interesante análisis de la lengua de Sócrates, aunque su objetivo sea "restituir" la del Sócrates histórico, cf. Rodríguez Adrados (1992).

built up by accumulation of pieces of knowledge-that. (1945:14)

En otros términos, la educación o formación de aptitudes inteligentes no es formar hábitos ciegos sobre la base de contenidos proposicionales, sino inculcar por medio de una habituación en el ejercicio efectivo una habilidad constante para ejecutar las tareas de manera correcta en cada escena particular y contingente. En resumen, según Ryle conocer una verdad o incluso teorizar presupone un procedimiento de descubrimiento mediante operaciones inteligentes que requieren método y, además, una posesión efectiva de un tipo de conocimiento que envuelve un saber cómo utilizarlo cuando sea necesario. Razón por la cual importa más la aptitud de descubrir por sí mismo y organizar el proceso de tales descubrimientos, que las verdades adquiridas o retenidas (cf. 1945 y 1967, además, Polanyi, 1958).[132]

---

[132] En el marco del debate actual sobre los distintos tipos de saber, Damschen (2011:207-9) sostiene que un tipo de análisis intencional es necesario como parte de un programa de análisis no sólo en el campo del conocimiento empírico, sino también respecto del saber no-empírico. Esto presupone que para que alguien sepa que p es el caso, también ha analizado si p o no-p es el caso. Esto quiere decir que el agente epistémico tiene que completar alguna clase de programa de análisis, que a su vez contiene un conjunto de actos de análisis, a saber: 1. La habilidad de hacer una pregunta y de reconocer que algunas de sus respuestas posibles son adecuadas y otras no (saber basado en pregunta); 2. la habilidad de emplear categorías adecuadamente (saber de categorías); 3. la habilidad de hacer juicios (saber de juicios); 4. la habilidad de completar actos de pensamiento más complejos (habilidad de conectar juicios); y 5. ser capaz de completar actos físicos (saber práctico). A partir de lo cual concluye: "el argumento de las especies del saber ayudó a demostrar que el saber-cómo disposicional y no-proposicional, no el saber-que, es básico para nuestro concepto de saber. Visto con más cuidado, también se mostró que el saber-cómo disposicional es una condición necesaria del saber-que y, por lo tanto, que el saber-que es una especie de saber-cómo" (2011:209). Esta interpretación sigue a la línea de Ryle (1967:249 ss) para quien en el saber teórico no se puede escindir el resultado de la actitud laboriosa que lo produjo. Este resultado puede ser expresado en proposiciones, pero no así la acción de investigar, que presupone saber operar con diversos elementos y variables. Por ende, descubrir verdades remite a proceder con método y forma. Teorizar es una autopreparación, un autoadiestramiento, para dominar el resultado, esto es, la teoría o el conjunto proposicional y, por ende, saber utilizar conceptos. Esta habilidad es un saber hacer, esto es, una forma de ejecución, la cual precede siempre a las teorías. La prioridad del saber cómo en Platón puede verse en el desarrollo de la educación en *Rep.*, donde el filósofo desde la infancia debe estar orientado, antes de captar el λόγος, hacia lo bello, lo que le permitirá luego, al estar familiarizado con ello, captar el λόγος. Es interesante leer también desde esta línea el desarrollo del estudio del filósofo, libro VII, en el cual las cinco disciplinas presentadas son consideradas un proemio (531d) o estudios preliminares (536d) mediante lo cual se forme en el alma del aprendiz la aptitud para captar por la inteligencia la cosa en sí en cuestión, esto es, llegar a ser dialéctico –de hecho, no es el contenido de cada disciplina a lo que apunta Platón, sino el ejercicio de abstracción. En esta línea, cf. *Banquete*, *Carta* VII y *Leyes*.

Esta distinción de saberes y, fundamentalmente, este último punto le permite a Wieland llevar a cabo una re-interpretación de los diálogos platónicos. En el § 3 de Platón y las formas de saber, Wieland (1999) sostiene que

1. Platón no es un autor de ciertas doctrinas filosóficas plasmadas en un tratado de filosofía, sino que de inmediato se muestra como autor de obras literarias.

2. Aún más, sostiene que las enseñanzas de Platón no están literalmente en ninguna parte de sus textos, debido a que no existe uno en el que formule una doctrina filosófica en su propio nombre y reclame la verdad de ellas (al respecto, cf. Morgan, 2004:359 y Cotton, 2014:25)

3. Entonces, lo que llamamos "la enseñanza de Platón" es como máximo el resultado de intentos de especialistas por reconstruirla en base a sus textos; lo cual presupone que las afirmaciones sobre el contenido de sus enseñanzas deben haber respondido siempre la pregunta de cómo pueden tomarse esas lecciones del conjunto complejo de diálogos.

4. Esta respuesta siempre dependerá de hipótesis abiertas o encubiertas. Razón por la cual es necesario replantear la pregunta de si la forma literaria es esencial para su contenido/propósito o simplemente es un medio de representación indiferente.

5. Esta pregunta fundamental nos llevaría a comprender que el contenido de improvisación de las cosas dichas en sus diálogos no se agota en lo que él comunica a través de estas obras.

Tras lo cual, en el § 13 Wieland (1999) sostiene que, cuando Sócrates, personaje focal de Platón, interviene, se pone de relieve que su conocimiento específico, en el que se basa su superioridad con respecto a sus interlocutores, es una capacidad para dialogar, esto es, saber cómo tratar con proposiciones, personas y consigo mismo. Por ende, concluye que el saber que distingue a Sócrates indudablemente no es un saber proposicional.[133]

En otro texto, tras un análisis del mito de la invención de la escritura en el *Fedro*, Wieland (1991) afirma que la escritura traería como consecuencia el autoengaño de que el conocimiento proposicional es equivalente a saber. En este sentido, se comprende que Platón sostenga que la escritura podría procurar apariencia de saber, pero jamás saber real.

---

[133] Para el vínculo entre diálogo y dialéctica en esta línea, cf. González (1998). Para un estudio con enfoque narrativo de la tensión entre la crítica y el uso de la narrativa en Platón, cf. Halliwell (2009).

Ahora bien, el tópico de la escritura abriría, a su vez, una ambivalencia en el modo de comprender el saber en el marco de los diálogos platónicos: por un lado, la capacidad de producción (*Theut*) y, por otro, capacidad de utilización (*Thamus*). En suma, solo quien sabe tratar con una cosa sabe lo que ella es realmente, y esto se acredita en su empleo: se ajusta, en efecto, a un saber práctico, a una competencia que no se deja objetivar y comunicar proposicionalmente. Sostiene (1991:27) que a lo sumo puede acreditarse en la capacidad para hallar y formular proposiciones, como vimos en Ryle, pero no se agota en ellas. De allí que lo que constituye el saber socrático –o mejor, el saber que representa el personaje Sócrates– no es la posesión de un conjunto de proposiciones, sino la capacidad de emplear y tratar proposiciones correctamente en un contexto dado y en relación a determinados interlocutores.[134]

Así pues, para Wieland (1991:26-30), la crítica a la escritura no tiene en vista conocimientos extraordinarios y esotéricos, cuya comunicación escrita estaría vedada y sólo disponible para un grupo minoritario (en esta línea, cf. Johnson, 1998: 593 ss., y Cotton, 2014:5 ss.). Por el contrario, apunta a que toda enunciación verbal, escrita u oral, requiere siempre de una instancia que la funda y que dispone de la capacidad práctica de tratar con ella adecuadamente en la siempre contingente situación práctica determinada. Razón por la cual, por un lado, este saber de base se acredita en mayor medida en el contexto dialogal y, por otro, en última instancia, los límites de la comunicabilidad del saber son límites internos: jamás se le puede quitar de encima el esfuerzo que, en un indelegable compromiso personal, se debe aplicar a él. De manera que Sócrates en este contexto es caracterizado, en tanto personaje, con un tipo peculiar de saber: no saber no es una ironía,[135] sino que remite a un saber de uso que está más allá de los límites de la comunicación directa.

Ahora bien, el saber de uso, en efecto, puede ser transpuesto a una teoría, pero el marco complejo en el cual acontece no puede ser transmitido por medio de proposiciones, dado que está compuesto tanto de la habilidad práctica de aplicación correcta de reglas, indelegable e instranferible proposicionalmente, como de una efectiva articulación de

---

[134] Para el saber de uso en Platón, cf. Solans (2017), donde, entre otras cuestiones de peso, pone de relieve que Sócrates puede encaminar a sus interlocutores hacia cierto tipo de conocimiento, pero no puede transmitírselo en proposiciones. En tal marco, por ejemplo, la idea cumple su función en la medida en que no comparece como tema, sino como criterio presente de forma indirecta en el obrar del agente. En *República*, la idea de las riendas para montar a caballo no es el conocimiento que tiene de ellas el pintor al representar los rasgos externos de las mismas, sino el conocimiento que tiene el jinete, esto es, el conocimiento que se hace actual y efectivo solo en el uso de ellas por parte del que sabe usarlas. En suma, para el autor, la idea opera como paradigma de orientación.

[135] Para el "saber del no saber", cf. Gadamer (1994).

medios y fines en el marco temporal contingente. En otros términos, se puede hablar del modo en que el jinete conoce las riendas, o el flautista la flauta (*Rep.* 601c y ss.), pero los contenidos de la tematización no sustituyen el conocimiento efectivo que el agente encarna, tras un proceso de habituación correctamente orientado, al ejecutar la actividad de modo competente (cf. Solans, 2017:30).

En esta línea de interpretación sobre el saber de uso en Platón, Vigo (2001) interpreta la función del diálogo en el programa platónico y, a su vez, el papel de Sócrates en tal marco. En síntesis, sostiene (2001:28-30) la existencia de dos tipos de diálogos: un pseudo-diálogo y un tipo de diálogo genuino. El primero está motivado por el deseo de vencer al interlocutor, razón por la cual no es un diálogo genuino, pues no es un diálogo con, sino contra el interlocutor. En cambio, el personaje de Sócrates muestra que el diálogo genuino está dirigido por la orientación básica hacia la verdad y el acuerdo, la homología. En tal contexto, la refutación adquiere una virtualidad positiva: el error se presenta necesariamente como el peor mal, dentro del diálogo, y se aspira a ser liberado en y a través del diálogo. Frente a la posibilidad del error, la refutación aparece como el remedio que permite liberarse de él. Por ende, el núcleo central o distintivo del diálogo genuino se caracteriza, aunque existan diversas estrategias, por ser un juego de preguntas y respuestas breves con el interlocutor y no contra él, y la instancia de refutación forma parte esencial de la estructura del diálogo crítico.

Para Vigo (2001:31-33) el punto clave que explica la conexión entre diálogo platónico y los motivos fundamentales del pensamiento de Sócrates se encuentra en la concepción socrática del error y del autoengaño: mientras se está en el error –*i.e.* cuando se juzga verdadera una proposición falsa–, el error no comparece como error, por ende uno está engañado –aspecto disposicional– respecto a sus propios juicios –aspecto proposicional. Solamente dentro y a través del diálogo genuino el agente puede volver conscientemente y de manera objetivada sobre su estado cognoscitivo, y solamente allí se abre la posibilidad de autodistanciamiento, que es el paso previo de la posible obtención de un genuino conocimiento: el autoesclarecimiento. En cambio, el error tiene un carácter auto-ocultante y solo puede ser desactivado en el modo del autodistanciamiento abierto por el diálogo genuino. En esta línea, Boeri-De Brasil (2017) sostienen que el autoconocimiento no puede ser colmado por la instancia de la primera persona, puesto que podemos quedar presos de los ilusionismos internos, antes bien requiere de la perspectiva de un otro. En este sentido, los demás son fuente del propio autoconocimiento.

Desde esta perspectiva hermenéutica, entonces, el marco narrativo del diálogo cobra valor filosófico y propedéutico, dado que el modo de *transmitir* este tipo de saber de uso no se ajusta a una tematización del mismo en el marco proposicional, sino a "ver" cómo Sócrates –personaje representado– ejecuta su saber, su habilidad, en el contexto pragmático. Entonces, a través de su ἠθοποιία, en la cual el ἦθος está íntimamente relacionado con la competencia discursiva, como hemos visto en el apartado anterior, podemos ver "cómo y qué diría un filósofo (Sócrates)" en determinado contexto de actuación, esto es, sobre X ante Y en el marco Z, y de este modo el lector ejercitarse en tal saber. Esto podría ser corroborado en varios pasajes de la obra platónica.

En una breve pasada por *Apología*,[136] texto que no es un diálogo, pero sí dialógico y, además, sintetiza lo esencial de lo aquí tematizado, vemos que Platón parte de un hecho histórico y compone un marco narrativo, en el cual Sócrates personaje es caracterizado con este tipo de saber, pues en el contexto de trato con los considerados sabios se pone de relieve la relación inherente entre diálogo y autoconocimiento, en el sentido de la puesta en claro de los propios límites: la distinción con los políticos está dada en que, mientras que ambos no saben, Sócrates es consciente de ello como resultado del juego de preguntas y respuesta con ellos entablado. A partir de lo cual, no opera en él un auto-ocultamiento (21d), lo cual, si es un conjunto de proposiciones, se da solamente como resultado de una empresa metódica-reflexiva que requiere de competencia práctica. También en los poetas y artesanos opera una presunción de sabiduría auto-ocultante (22e). En cambio, el saber que caracteriza a Sócrates personaje comporta un componente autorreferencial abierto en el autodistanciamiento dado por el diálogo: su saber hacer investigativo, de orientación disposicional, devela; en cambio, la sabiduría de los otros oculta (24a). Éstos son los que duermen al estar despiertos (31a), en cambio, el saber socrático es un saber hacer de examen, que es mostrado por Platón en un dialogar examinando a los demás y a sí mismo (38a). Por ello, su δαίμων le impide el trato con aquellos que no están abiertos al diálogo genuino (31e-d) (cf. Vallejo Campos-Vigo, 2017:125-127). El modo de orientarse filosóficamente respecto a sí mismo y a los demás, puede verse, entre otros, también en los siguientes pasajes:

> Ciertamente sería una conducta terrible de mi parte, señores atenienses, si, toda vez que los generales que ustedes eligieron para que mandaran sobre mí me asignaban un

---

[136] El problema del valor histórico de lo representado en *Apología* es un punto en extremo analizado por los especialistas. Para la opción "histórica", cf. Vlastos (1991) y Kahn (2010). Contra esta interpretación, cf. Morrison (2000) y Dorion (2011). Además, cf. Blondell (2002), Calonge Ruiz (2007), Vigo (2018) y Vallejos Campos-Vigo (2017).

puesto determinado –tanto en Potidea, como en Anfípolis y contra Delión–, yo, al igual que cualquier otro, permanecía en el puesto que ellos me asignaban y corría el riesgo de morir, por otro lado, cuando el dios me asigna un puesto, según creí y acepté, para que deba vivir filosofando, examinándome a mí mismo y a los demás (φιλοσοφοῦντά με δεῖν ζῆν καὶ ἐξετάζοντα ἐμαυτὸν καὶ τοὺς ἄλλους), entonces, temiendo a la muerte o a cualquier otro asunto, lo abandonara " (28e y ss.) (cf. 38a).[137]
Tal vez alguien podría decir: 'Pero, Sócrates, ¿no serías capaz de vivir (ζῆν) en silencio, conduciéndote con calma (σιγῶν δὲ καὶ ἡσυχίαν ἄγων), una vez lejos de nosotros?'. Entre todas las cosas, de esto resulta más difícil de persuadir a algunos de ustedes, pues si dijera que eso sería desobedecer al dios y que, por eso mismo, me resultaría imposible conducirme con calma, no me creerían, como si estuviera siendo irónico. Pero si dijese que precisamente eso es una gran bien (μέγιστον ἀγαθὸν) para el hombre, a saber: construir discursos cada día acerca de la virtud (ἑκάστης ἡμέρας περὶ ἀρετῆς τοὺς λόγους ποιεῖσθαι) y los demás temas acerca de los cuales ustedes me escuchan dialogar (διαλεγομένου), examinándome tanto a mí como a los demás (ἐμαυτὸν καὶ ἄλλους ἐξετάζοντος), y si agregase que la vida sin investigación no es digna de ser vivida para un hombre (ὁ δὲ ἀνεξέταστος βίος οὐ βιωτὸς ἀνθρώπῳ), entonces me creerían aún menos" (37e y ss.).

Entonces, el trato reflexivo consigo mismo y con los otros, a diario, es el elemento fundamental del vivir filosofando (29a) (cf. *Teet.* 210b-c) y del saber hacer filosófico, lo cual sólo puede ser mostrado o sugerido, en vistas de un aprendiz, en el marco de un texto dialogado o dialógico, y, por ende, es irreductible a un tratado proposicional.

El diálogo platónico pondría en escena, por un lado, la opción por un método, es decir, la función insustituible del autodistanciamiento, dado por la mediación de la segunda persona, que posibilita una vuelta reflexiva sobre los propios supuestos, y, por otro, la opción por cierto ἦθος –resultado de un acostumbramiento–, encarnado en Sócrates y

---

[137] Seguimos la traducción al castellano de Bieda (2014) y Vigo (2018) con leves modificaciones donde hemos creído oportuno. Sobre el diálogo consigo mismo y con los otros, y el método dialéctico, p.e. cf. *Critón* 46b-d, *Protágoras* 347c-348a, *Fedro* 229c-230a, 266d, *Rep.* VII 533a y ss., entre otros.

puesto en acción en determinado desenvolmiento discursivo.[138] en el cual la orientación hacia la verdad y el compromiso con la racionalidad ocupan la centralidad (cf. Vigo, 2001:34-37). Ambas instancias tendrían la pretensión de representar la práctica del saber filosófico y su tipo de saber disposicional, antepredicativo.

Como afirma Blondell (2002:28), Platón utiliza técnicas dramáticas y retóricas (especialmente la caracterización) para inducir simpatía y/o distancia en sus lectores hacia alguno/s de los personajes (por sus actitudes y puntos de vista, etc.). Estos caracteres simpatéticos dejan entrever ciertos temas persistentes y fundamentales de su propio pensamiento. En este sentido, sostiene (2002:81) que

> Author, character, performer and audience are united in an emotional and behavioral sympathy. It follows that literature is intrinsically educational in effect. Accordingly, it was a primary instrument of ancient Athenian moral and political education, since it was believed to inspire the young to emulate desirable character-types. This educational model is associated with the oral tradition, and the texts in question were normally performed for an audience. Such performance enhances the power of mimesis by allowing us to gaze upon the person and behavior in question. [...] Literature serves as a mechanism for extending the influence of such exemplary behavior.

De manera que Platón, en el marco de esta tradición educativa, apunta no sólo al estado epistémico, sino al estado disposicional de los personajes y, en última instancia, al del lector por medio del paradigma

---

[138] Rodríguez Adrados (1992:36) analiza la lengua socrática, que se compone de lenguaje coloquial, léxico común, comparaciones y símiles, esto es, pertenece a un nivel sociolingüístico de tipo popular y coloquial pero refinado por su filosofía y método. En este marco, pone especial énfasis en el fenómeno de la atenuación. Esto se puede observar en las siguientes estrategias -para el autor, socráticas-: 1. una oración aseverativa que expresa una doctrina es rara, lo mismo sucede con conclusiones; cuando la hay está acompañada de restricciones adverbiales; 2. es frecuente la sustitución del indicativo por el optativo potencial, que da lugar a afirmación menos tajante, más cortés; 3. otras veces, aparecen verbos de opinión o apariencia, de voluntad, en lugar del imperativo, se usa el impersonal o cambio de persona, con el fin de dar cuenta de una investigación común con sus interlocutores (ocultación cortés); 4. las oraciones aseverativas son cambiadas por interrogativas, etc. En una palabra, todo esto daría cuenta de modestia socrática (1992:43-45). Desde la posición hermenéutica del presente escrito, estas estrategias podrían ser entendidas como estrategias representacionales de Platón, cuyo fin sería dejar indicios al lector de no compromiso proposicional, esto es, de no tomar las afirmaciones atenuadas como verdades acabadas, lo cual no sólo muchas veces es pasado por alto en las lecturas sobre Platón, sino que es invertido. Para un análisis de términos, sintaxis y giros griegos en la *Apología*, cf. Rodríguez Adrados (1992:48).

del Sócrates personaje (cf. Johnson, 1999:590-592, Blondell, 2002:2-7, 25-37, Morgan, 2004:376, y Cotton, 2014:4 y ss.).

En suma, desde esta línea hermenéutica, el Sócrates platónico encarna el ἦθος que representa a un tipo de saber disposicional que permite la existencia del diálogo genuino, en tanto opción existencial. A partir de lo cual, se hace patente el objetivo de la elección del diálogo, en tanto género, el cual no es otra cosa que orientar al lector a la opción de un diálogo cooperativo, en tanto modo de vida: en él se da la posibilidad única de poner en claro los propios presupuestos y ejercitarse en la habilidad del autoexamen, y a partir de lo cual abrirse al autoconocimiento.[139]

A modo de cierre

Platón, en tanto compositor, siguiendo lo visto en los *Progymnásmata*, en el programa de textualización de cada uno de sus diálogos puso en claro tanto tema como personajes y circunstancias, dentro de las cuales, las intervenciones lingüístico-emocionales apropiadas a cada una de estas variables, esto es, lo que armonice con cada uno de los elementos antes vistos. En este marco, compuso la etopeya de Sócrates, inventó discursos de un personaje real y determinado, de tal modo que cada intervención dentro de un contexto pragmático determinado, también controlado por él, sea apropiada a su ἦθος y al conjunto categorialmente diverso de elementos de la escena. La etopeya de Sócrates, entonces, puede ser entendida como la puesta en acción del ἦθος filosófico que, en el marco narrativo interno del diálogo, es puesto a prueba en cada momento oportuno y en las circunstancias en que se encuentre, y, en el marco externo del diálogo, de manera mediata, sirve como paradigma existencial para el lector[140]. Por medio del trato

---

[139] En esta línea Cotton (2014:27-28) sostiene que el marco narrativo apunta a ejercitar una lectura comprometida, lo cual es el aprendizaje que Platón busca para el lector, puntualmente aprender "*skills* which, ideally, enable us to engage constructively rather than passively with the doctrines contained within the dialogues, and to move beyond them as independent, self-correcting learners. While acknowledging the impulse towards positive doctrine in the dialogues, therefore, this study places more emphasis on the development of the reader and the role that different aspects of the dialogues, including the presentation of argumentation, play in that development." –el resaltado es mío–.

[140] Las hipótesis base de Blondell (2002:29) son: "Plato produced (many of) his written works in the educational context of the Academy; that many of them, if not all, are deeply concerned with educational matters; and that literary works generally –especially the "dramatic" genres of tragedy, comedy and epic– were widely believed to exert *an educational effect on their performers and audiences*, in large part *through the representation of character*. Plato explicitly examines this effect in several works" –el resaltado es nuestro. Por lo tanto, la opción platónica por la forma "dramática", consciente

con la etopeya socrática el lector internaliza modelos de conducta y se ejercita en un tipo peculiar de saber hacer, esto es, el modo de orientarse filosóficamente en la existencia y su tipo peculiar de ejercicio de autoconocimiento.

> Ahora bien, el saber encarnado en Sócrates, entonces, siguiendo la distinción entre "saber que" y "saber como", no se deja tematizar y comunicar en proposiciones, sea de manera escrita u oral, como sucede con otras enseñanzas, a lo sumo se puede orientar a quien aprende con ayuda de enunciados (cf. *Carta* VII 341c-343a). Entonces, el Sócrates platónico es mostrado con ayuda de la técnica narrativa –su ἠθοποιία particular y su consecuente λέξις– como alguien que está provisto de familiaridad práctica, de un saber de uso en el trato con los demás y sus discursos, y siempre acredita esa familiaridad en el caso concreto a través de la acción dialogada. Este marco narrativo, que invita a una identificación emocional y, por distanciamiento, también reflexiva, a su vez, cumple una función pedagógica, de corte afectivo-cognitivo, en vistas del lector (cf. Cotton, 2014:128 y ss.).

En suma, desde este enfoque hermenéutico, la técnica narrativa está al servicio de mostrar el ejercicio filosófico, esto es, el diálogo genuino con arreglo a la verdad –en la medida, conforme a la recurrente frase socrático-platónica, que le es posible a los mortales. El diálogo optado por Platón estaría inherentemente vinculado con su modo de comprender la filosofía, el hacer filosofía y, por ende, el saber filosófico. Ahora bien, como afirma Wieland (§ 13):

> no puede haber ninguna duda razonable sobre la importancia de las formas de conocimiento no proposicional para el filosofar de Platón. La pregunta sigue siendo si la intención de esta filosofía está dirigida a adquirir y adaptar tales formas de conocimiento, o a comprender frases sobre este conocimiento. La peculiaridad de la obra literaria de Platón no proporciona una respuesta clara a esta pregunta.

Referencias Bibliográficas

de su poder pedagógico, está al servicio educativo. Sobre la invitación platónica a través del marco narrativo a una actitud activa del lector, esto es, a acompañar el proceso filosófico, cf. Johnson (1998:579 ss.), Blondell (2002, 99 y ss.) y Cotton (2014:11 y ss.).

Blondell, R. (2002), *The play of character in Plato's Dialogues*. Cambridge, Cambridge University Press.

Boeri, M. - De Brasil, L. (2017), 'Self-knowledge in the Alcibiades I, The *Apology of Socrates*, and The *Theaetetus*: the limits of the first-person and third-person perspectives', UNIVERSUM, Universidad de Talca, 32, Nº1, 17-38.

Calonge Ruiz, J. (2007), *Platón. Diálogos I*. Madrid, Gredos.

Cotton, A. K. (2014), *Platonic Dialogue and the Education of the Reader*. Oxford, Oxford University Press.

Damschen, G. (2011), 'Saber-cómo disposicional vs. saber-que proposicional' (trad. Daniel Becerra). *Universitas Philosophica* 57, 189-212.

De Temmerman, K. (2010), 'Ancient Rhetoric as a Hermeneutical Tool for the Analysis of Characterization in Narrative Literature', *Rhetorica*, 28, Issue 1, 23–51.

Dorion, L. A. (2011), 'The Rise and Fall of Socratic Problem'. En Morrison, D. R. (ed.), *The Cambridge Companion to Socrates*, p. 1-23. Cambridge, CUP.

Fludernik, M. (2009), *An Introduction to Narratology*. London and NY, Rouledge.

Gadamer, H. G. (1994), 'I. Savoir et non-savoir socratiques'. En Gadamer, H. G., *L' Idée du Bien comme enjeu platonico-aristotélicien: Le savoir pratique*, p. 38-60. Paris: Vrin.

García Gual, C. (2007), *Diógenes Laercio. Vidas y opiniones de los filósofos ilustres*. Madrid, Alianza.

González, F. (1998), *Dialectic and dialogue: Plato's practice of philosophical inquiry*. Evanston, Northwestern University Press.

Halliwell, S. (2009), 'The Theory and Practice of Narrative in Plato'. En J. Grethlein - A. Rengakos (ed.), *Narratology and Interpretation: The Content of Narrative Form in Ancient Literature*, p. 15-41. Berlin, Walter de Gruyter.

Johnson, W. A. (1998), 'Dramatic Frame And Philosophic Idea In Plato', *The American Journal of Philology*, 119, No. 4, 577-598.

Juliá, V. (2019), 'Epílogo. Humor platónico'. En Bieda, E. - Mársico, C. (eds), *Ética, Política y Estética en la Grecia Clásica: Ensayos en homenaje a Victoria E. Juliá*, pp. 291-299. Buenos Aires, Biblos.

Kahn, Ch. (2010), *Platón y el diálogo socrático*. Madrid, Escolar y Mayo Editores.

Kennedy, G. A. (1999), *Classical Rhetoric & Its Christian & Secular Tradition From Ancient To Modern Times*. London, The University Of North Carolina Press.

Koyré, A. (1966), *Introducción a la lectura de Platón*. Madrid, Alianza.

Morgan, K. A. (2004), 'Plato'. En De Jong, I. - Nünlist, R. - Bowie, A., *Narrators, Narratees, And Narratives In Ancient Greek Literature Studies In Ancient Greek Narrative*, Volume One, p. 357-376. Boston, Brill.

Morrison, D. R. (2000), 'On the Alleged Historical Reliability of Plato´s Apology', *Archiv für Geschichte der Philosophie* 82, 235-265.

Patillon, M. (2014), *Corpus Rhetoricum. Tome V: Pseudo-Hermogène, La méthode de l'habileté - Maxime, Les objections irréfutables - Anonyme, Méthode des discours d'adresse*. Paris, Les Belles Lettres.

Polanyi. M. (1958), *Personal knowledge*. Towards a Post-Critical Philosophy. corrected edition 1962. Routledge & Kegan Paul Ltd.

Press, G. A. (2000). *Who speaks for Plato?: Studies in platonic anonymity*. Lanham (Md.: Rowman & Littlefield.

Reche Martinez, D. (1991), *Ejercicios de retórica: Teón, Hermógenes, Aftonio*. Madrid, Gredos.

Ryle, G. (1945), 'Knowing How and Knowing That: The Presidential Address', *Proceedings of the Aristotelian Society*, New Series, 46, 1-16.

Ryle, G. (1967), *El concepto de lo mental*. Buenos Aires, Paidós.

Rodríguez Adrados, F. (1992), 'La lengua de Sócrates y su filosofía', *Méthexis*, 5, 29-52.

Solans, M. (2017), 'Platón en Alemania Reflexiones en torno a la recepción de la doctrina platónica de las ideas en Kant y Wieland', *Contrastes. Revista Internacional de Filosofía*, 22, N°2, 21-35.

Vallejo Campos, Á. (2017), 'II. Sócrates' y 'III. Platón y la Academia'. En Vallejo Campos, Á. - Vigo, A., *Filósofos griegos: de los sofistas a Aristóteles*, p. 93-307. Pamplona, EUNSA.

Vigo, A. (2018), *Platón. Apología de Sócrates* (edición bilingüe). Buenos Aires, Colihue.

Vigo, A. (2001), 'Platón, en torno a las condiciones y la función del diálogo cooperativo', *Tópicos*, 9, 5-41.

Vlastos, G. (1991), *Socrates, Ironist and Moral Philosopher*. Cambridge, Cambridge University Press.

Wieland, W. (1999), *Platon und die Formen des Wissens*. Göttingen, Vandenhoeck und Ruprecht.

Wieland, W. (1991), 'La crítica de Platón a la escritura y los límites de la comunicabilidad', *Methexis*, IV, 19-37.

ESTRATEGIAS PARA LA AMPLIACIÓN DE LA TÉCNICA RETÓRICA EN EL *FEDRO*

María Angélica Fierro (UBA – CONICET)

Milena Azul Lozano Nembrot (UBA)[141]

Mientras que la *Retórica* de Aristóteles fue y sigue siendo hoy considerada como referente fundacional indiscutible de esta disciplina en tanto allí el Estagirita la constituye y sistematiza como una *téchnē* de la argumentación y la persuasión,[142] más controvertibles resultan los posibles aportes de Platón al respecto, en tanto se le adjudica, sobre todo en base al *Gorgias* pero también al *Fedro*, una posición visceralmente hostil hacia esta.[143] Se intentará mostrar aquí que en el *Fedro*[144] el

---

[141] El presente trabajo es: a) una ampliación de la comunicación de M.A. Fierro "Ampliación y reformulación de la retórica en el *Fedro* de Platón" expuesta en las *Primeras Jornadas del Departamento de Filosofía*, Facultad de Filosofía y Letras, Universidad de Buenos Aires, noviembre de 2014; b) una sistematización de ideas al respecto desarrolladas en la traducción anotada del *Fedro* de Platón a cargo de la misma autora, actualmente en prensa; c) una reformulación de la exposición sobre los orígenes de la *rhētorikē téchnē* presentada por M.A. Lozano Nembrot en el marco del II Workshop de Filosofía Antigua "Retórica y filosofía en Aristóteles: antecedentes y proyecciones", Facultad de Filosofía y Letras, Universidad de Buenos Aires, agosto de 2019. En los pasajes del *Fedro* se sigue la edición de Burnet (1899-1907).

[142] Entre los trabajos recientes sobre la influencia de la *Retórica* de Aristóteles *vid.* Mirhardy (2007). La retórica es una *téchnē* en sentido aristotélico en tanto es un "modo de ser productivo acompañado por razón verdadera" (*EN* VI 1140a19-20), es decir por el conocimiento de la forma del objeto a producir, el cual es algo con existencia propia y contingente, pero, en este caso, no de carácter sensible, como los productos de los artesanos, sino los argumentos mismos. El hecho de que para Aristóteles la retórica pueda ser una técnica significa que es posible entonces el estudio de las reglas generales de la argumentación persuasiva. Por otra parte, el Estagirita diferencia la retórica de la dialéctica pues las argumentaciones que conciernen a la primera se salen del terreno de las discusiones científicas y la enseñanza, y se centran, en cambio, en las razones probativas (*písteis*) –argumentos; carácter del orador; emociones– para defender una tesis como probable (*pithanón*) y verosímil (*eikós*) en el ámbito público. *Vid.* Moreau (1972:42).

[143] Este es el caso de Vallejo Campos (1994:71-90) quien sostiene que tanto en el *Gorgias* como en el *Fedro* Platón declara la imposibilidad de que la retórica sea una *téchnē* puesto que el orador opera sin conocimiento del objeto del discurso y, por otra parte, tampoco intenta transmitir un saber a su interlocutor sino que apela a factores irracionales en él para persuadirlo y engañarlo. De ello concluye que la técnica retórica queda reducida a la dialéctica. La crítica de Platón a la retórica sería en tal sentido equiparable a la que hace a sofistas y poetas, tal como sostiene Marcos (2005:1-15) en relación con descalificación platónica de todos ellos como "imitadores" a través del uso que el Ateniense hace de la noción de *mímēsis*.

[144] Si bien, como ya apuntara Schleiermacher (1838:66-8), el *Fedro* constituye un verdadero repertorio de gran parte de los temas de la filosofía platónica y, a primera vista, su notoria y desproporcionada bipartición temática y estilística no evidencia la organicidad textual que en sus páginas predica (Rowe, 1986:106-125 & 1987:175-188; Heath, 1987:150-173,

filósofo ateniense plantea como paso preliminar a la formulación de las condiciones de posibilidad de una técnica retórica[145] un ampliación de su más habitual y acotada esfera de incumbencia en la época, relacionada directamente con las prácticas institucionales claves de la democracia ateniense, a una reflexión sobre el (buen) uso del lenguaje en su conjunto, aplicado a distintos ámbitos de la existencia humana.[146] En tal sentido se verá que, si bien esta extensión de la noción tradicional y acotada de retórica se va efectuando, a través de distintas maniobras, desde el comienzo del diálogo y en la Primera Parte, su explicitación conceptual ocurre fundamentalmente en la Segunda Parte, y se anuncia de modo condensado en el mito de las cigarras, enclavado estratégicamente como pivote de articulación entre ambas. Una consecuencia importante de esta ampliación es que, si bien las condiciones necesarias que este texto establece para que la retórica sea una *téchnē* –entre ellas, no solo conocer la verdad sino, curiosamente, también ser capaz de engañar, si es necesario, a partir del conocimiento

---

189-191), una lectura atenta revela que la consideración crítica de lo que se consideraba actividad retórica en la época, junto con la formulación de las condiciones de posibilidad de una verdadera *rhētorikḕ téchnē*, es sin duda al menos uno de los principales hilos con el que se teje la policromada trama de este texto (North, 1991:201-219; Murray, 1988:279-289; Solana Dueso, 1994:231-236).

[145] Al respecto Vásquez Yel (2017:71-87) sintetiza las condiciones de la "nueva retórica" que propone Platón en el *Fedro* del siguiente modo: a) conocimiento del objeto del discurso; b) ordenamiento orgánico del discurso; c) conocimiento de la psicología del receptor y el discurso apropiado; d) la dialéctica como sistematizadora de los discursos; e) discriminación del momento apropiado para impartir el discurso. Por otra parte, Méndez Aguirre (2017:360-368) señala que para Platón la retórica en tanto arte de la persuasión es útil si es puesta al servicio del bien común por los verdaderos políticos. Aquí nos enfocamos en uno de los atributos de la técnica retórica que propone Platón en el *Fedro*, a saber, la expansión de su incumbencia al uso del lenguaje en todos los ámbitos y modalidades. Algunos han señalado que el fundamento racional para una *rhētorikḕ téchnē* en el *Fedro* es "de carácter epistemológico, no moral" (Poratti, 2010:409). Sin embargo, este conocimiento lo más acabado posible del fundamento, ya sea de secciones de la realidad o de esta en su conjunto, en el marco de una cosmología teleológica, busca justamente proporcionar un respaldo más sólido respecto de qué es bueno y qué es malo que el mero parecer de cada uno, tanto en el plano individual como político (*cf.* 260a-d).

[146] Como señala Laborda (2017:17-40), Aristóteles distingue dos ámbitos de producción social del discurso que distribuye en dos disciplinas distintas: el ámbito de la creación social que corresponde a la retórica y el ámbito de la creación literaria que corresponde a la poética. En tal sentido la retórica "constituye un metalenguaje de la persuasión que distingue tres tipos de discursos públicos o suasorios, el judicial, el epidíctico y el deliberativo", es decir, se centra en identificar y formular las reglas de los modos discursivos propios de la retórica tradicional. Platón, en cambio, amplía en el *Fedro* la noción de retórica al asociarla, entre otras cosas, con la poesía. De todos modos cabe señalar que a pesar de tratarse para el Estagirita de dos *téchnai* distintas comparten un área común, particularmente la de la *diánoia* y la *léxis* (*vid.* Chichi & Suñol, 2008:79-111), y ambas contienen reflexiones atinentes al uso del lenguaje en general.

de esta–, se aplican en primer término a lo que habitualmente se entendía por práctica retórica,[147] estos requisitos resultan extensibles a todos los usos del lenguaje. De este modo, si bien el *Fedro* vuelve una y otra vez a focalizarse en el sentido más convencional de oratoria, el proyecto platónico de una "retórica ideal" revela el objetivo de ofrecer pautas regulativas abarcadoras de las ricas experiencias discursivas que había generado la cultura griega, tal como es el caso de la poesía, el teatro pero también los textos en prosa, hasta extender incluso su jurisdicción al empleo del lenguaje en el ámbito no solo público sino también privado, tanto en forma oral como escrita, y ya sea el hablante un lego o un profesional de la palabra. El *Fedro* surge así como una obra fundamental que sienta las bases para la constitución de la retórica como una de las tres grandes artes del discurso, junto con la lógica y la gramática, en tanto se ocupa de una reflexión sobre el buen y mal uso del *lógos* en general.

I. La noción habitual de retórica: el origen de la *rhętorikè téchnę*

La noción de oratoria que sirve de punto de partida a las reflexiones del *Fedro* refiere principalmente a prácticas cardinales de la democracia ateniense en las que el mayor o menor éxito en la participación política dependía del eficaz uso del lenguaje. En efecto, el peso que tenía el dominio de la palabra se hacía sentir por lo pronto en tres de sus instituciones fundamentales, a saber, la Asamblea o *ekklęsía* donde, con participación de todos los ciudadanos, se deliberaba respecto a los asuntos públicos; el Consejo de los 500 o *boulę*, órgano de control y

---

[147] De hecho Platón recupera reformulados componentes típicos de la oratoria tradicional en su "nueva retórica". Así lo *eikós* es asimilado, en términos de la epistemología y metafísica platónica, a lo aparente (*tà dóxanta*) frente a lo real/verdadero (*tà óntǫs ónta*) (259e-260a; 273d) pero, por otra parte, no descarta su uso sino que se lo reapropia en tanto el conocedor de la verdad será el más capacitado (*cf.* 261d-e; 262 b-c), a través de modificaciones imperceptibles en cuanto a la similitud y diferencia, de pasar de un opuesto a otro, es decir, de producir algo vero-símil, algo no idéntico sino parecido a lo verdadero aunque distinguible de ello -es decir, será capaz de engañar y, a su vez, de no ser engañado- de acuerdo a los tipos de discursos que requieran los distintos tipos de almas (la *psychagǫgía* con la que se reformula el concepto de discurso persuasivo; *cf.* 261a; 271c; 272a; Asmis, 1986:156) y los distintos contextos (la *eukairía*; 272a-b). Con respecto a la *antilogikè téchnę* le otorga un papel heurístico-dialéctico fundamental para analizar posiciones opuestas, como ocurre en los llamados diálogos socráticos pero también en la propia Segunda Parte del *Fedro* en la indagación sobre si la retórica es o no una técnica; la *antilogía* es, además, reformulada a través de la concepción más específica de dialéctica como método de unión y división para reconstruir el mapa eidético de la realidad, o más general de la necesidad de los conceptos requeridos sobre un tema en particular (265d-266b). El objetivo último sería alcanzar la verdad a través de la dialéctica en sentido estricto pero para el proceso de elevar el alma de la *dóxa* a la *epistęmę* se requiere de la retórica (*vid.* Alcalde, 1996:36-38).

ejecución de las decisiones de la Asamblea; los Tribunales de Justicia, donde se debatían y dirimían tanto pleitos públicos como privados. Sobre todo a la sombra de estos últimos, con raigambre en su demanda de una desarrollada competencia lingüística y argumentativa, ya sea en el rol de acusado o acusador, aparecen, una vez que empieza consolidarse el registro escrito, los "logógrafos" como el caso de Lisias, quienes redactan, a cambio de pingües honorarios, discursos forenses para dichas ocasiones a ser memorizados por sus clientes menos favorecidos en el don de la facundia. A este distintivo empleo del *lógos* en el ámbito político deben agregarse los parlamentos al pueblo por parte de figuras líderes, como la famosa Oración Fúnebre de Pericles recreada por Tucídides, y las demostraciones –*epideíxeis*– que preparaban los maestros de retórica para atraer o instruir alumnos que requerían de estas habilidades para su buen desempeño en la vida pública. Es por la necesidad de transmitir y perfeccionar este uso de hecho de la palabra en el ámbito político que surgen los llamados "Manuales de oratoria"[148] que se catalogan en el mismo *Fedro* (ver 261c; 266c) y que menciona también Aristóteles, los cuales consistían, por lo que puede deducirse de estos testimonios, de repertorios de ejemplos de los tipos discursivos que podían requerir las distintas prácticas mencionadas y de algunas sistematizaciones sobre sus características formales.

Sin embargo, a pesar de la asociación que realiza Platón de la retórica al contexto democrático del siglo V a.C., el término *rhe̱toriké̱* no se encuentra en ningún testimonio del siglo V, sino que aparece por primera vez en textos del siglo IV a. C. Esto ha llevado a los exégetas modernos a plantearse el interrogante sobre el origen de este término y la posible influencia de Platón en él. El enfoque tradicional suponía que la retórica se originó en el siglo V, específicamente en Sicilia con los manuales de Corax y Tisias. El interés por esta disciplina habría surgido a partir de los llamados sofistas, quienes decían tener la habilidad de ayudar a los jóvenes deseosos de triunfar en el mundo de la *pólis* democrática, sobre todo en Atenas.[149] El problema con esta descripción de la retórica, tal como marcan autores como Cole (1991) y Gagarin (1994), es que está

---

[148] Este sería el título de algunos manuales de retórica de la época. Estos consistían principalmente, a partir de las referencias de Aristóteles en *Ref. Sof.* 183b-184b y de la *Retórica a Alejandro* —único manual de este tipo de que ha sobrevivido—, en una colección de consejos prácticos acompañados por un repertorio de ejemplos de argumentos erísticos para ser memorizados por los discípulos a fin de aplicarlos a situaciones semejantes. Estos manuales diferían, pues, substancialmente de las reflexiones teóricas sobre la técnica retórica que realiza tanto Platón, sobre todo aquí en el *Fedro*, y Aristóteles, principalmente en la *Retórica*.

[149] Sobre esta visión tradicional sobre el origen de la retórica véase Kennedy (1963:26-70); Lavency (1964); Gagarin (1990:46).

116

construida en base a lo difundido por sus principales críticos. Por un lado, el único testimonio del siglo V que confirma esta imagen de la retórica es el de Aristófanes, quien en obras como *Nubes* o *Avispas* critica fuertemente esta práctica y la caracteriza como vehículo para la falsedad persuasiva, capaz de convencer a una audiencia ignorante. Por otro lado, la segunda principal fuente es Platón, quien en el siglo IV plantea una crítica en un sentido similar (Gagarin, 1990:47-48).

Contra esta imagen de la retórica, Cole (1991) ha planteado una postura novedosa sobre este tema. Este autor argumenta que la técnica retórica no es un producto de una progresiva evolución, sino que constituye un fenómeno específico del siglo IV y que son Platón y Aristóteles los primeros autores en reconocer su existencia y recomendar –con restricciones– su uso. Incluso la palabra *rhetoriké* misma parecería ser una invención platónica, dado que aparece por primera vez en el diálogo *Gorgias* (449a). En cambio, la literatura griega previa es toda "arretórica", ya que se apoya en la suposición de un medio verbal esencialmente transparente, que no impone ni facilita la transmisión de información (Cole, 1991:x). Por su parte, los textos que la visión tradicional considera como originarios de la disciplina retórica son meramente "protoretóricos" (Corax y Tisias, Gorgias, Trasímaco, Polo, Teodoro), puesto que aún no estaban dadas las bases conceptuales para el surgimiento de esta disciplina (Cole, 1991:22). Según este autor, fueron Platón y Aristóteles los que propusieron dos supuestos que fueron fundamentales para la retórica hasta los tiempos modernos: que el mensaje es separable del modo comunicarlo y que hay un número de modos igualmente buenos para comunicar el mensaje (Cole, 1991:x; 139-158).

En un sentido similar, Schiappa (1990) da una justificación más detallada de por qué cree que el término *rhetorikè téchne* fue inventado por Platón en el *Gorgias* alrededor del siglo 385 a. C. Para ello da dos argumentos. En primer lugar, las instancias que sobreviven de la palabra *rhetorikè* muestran que su uso en este diálogo es nuevo. Es decir, no aparece en ningún testimonio donde se esperaría la utilización de este término, y en cambio, se utilizan palabras como *lógos* y *légein* (Schiappa, 1990:457-463). En segundo lugar, el autor argumenta que Platón suele hacer un uso creativo del lenguaje e inventar vocabulario propiamente filosófico. En particular, posee una tendencia a acuñar palabras terminadas en *–ike* denotando "el arte de", tal como *eristiké*, *dialectiké* o *antilogiké* (Schiappa, 1990:464). En este sentido, es posible que Platón haya creado el término *rhetoriké* para limitar el arte sofístico del *lógos* al hablar en la asamblea y cortes. En otras palabras, para contrastar más claramente el entrenamiento filosófico y el de sus competidores sofistas, Platón necesitaba un blanco conceptual que no sea confundido con la educación que él ofrecía (Schiappa, 1990:466-467).

El problema con estas interpretaciones, tal como remarca Gagarin (1994:46), es que continúan apoyándose en los prejuicios sobre la retórica construidos por Platón. Este autor sugiere, en cambio, que ciertos elementos encontrados en las obras retóricas y sofísticas mismas pueden servir de punto de partida para una imagen más adecuada. Si bien Gagarin acuerda con ciertas críticas de Cole hacia la visión tradicional sobre el origen de la retórica, sugiere que con o sin el término *rhetorikè téchne*, los intelectuales antes de Platón probablemente ya escribían sobre oratoria de manera similar a la retórica posterior, e indudablemente hablaron sobre teorías y técnicas de oratoria entre ellos mismos y con sus alumnos (Gagarin, 1994: 48-49).[150]

De todos modos, sea o no Platón quien acuñó el término *rhetorikè* para denominar estas prácticas, es ciertamente quien primero plantea una reflexión teórica de otro orden respecto de ellas, la cual descansa en dos preguntas de formato típicamente socrático: "¿Qué es la retórica?" y, principalmente, "¿Es la retórica una *téchne*?". Tras una primera aproximación a estas cuestiones en el *Gorgias*, modifica, según algunos, y sin duda profundiza este examen en el *Fedro*, entre otras cosas, al aludir en su análisis al uso del lenguaje en todos los ámbitos y no únicamente a los que usualmente correspondían a la retórica.

II. Anticipos de la ampliación y crítica a la retórica tradicional en la Primera Parte del *Fedro*

Puede advertirse que ya en la puesta en escena así como en los tres primeros discursos que ocupan la Primera Parte del *Fedro* se parte de la concepción habitual de retórica al tiempo que se sugiere una distancia crítica respecto de esta y se amplía el espectro de los tipos discursivos que abarca.

Como se ha señalado (Philip, 1981:452-76), en el Prólogo del *Fedro* (227a-230d), a través de la minuciosa construcción del contexto dramático, se van perfilando los temas que se tratarán en el diálogo, como si fueran *leit motivs* de una pieza musical que después se han de

---

[150] Por otra parte, en contra de los prejuicios platónicos sobre la retórica, Gagarin (1990:49-65) procura demostrar que los oradores del siglo V a.c. no valoraban más lo verosímil o lo probable (*eikós*) que la verdad, tal como alega el filósofo ateniense, sino que los argumentos basados en la verosimilitud eran utilizados cuando la verdad no era accesible, poco clara o sujeta a diversas interpretaciones. Esto supone que, incluso si no compartían la visión de Platón sobre la naturaleza de la verdad, los oradores y sofistas del siglo V a.c. sí la valoraban y apreciaban la distinción entre verdad y opinión.

desarrollar. En el caso de la oratoria, ya desde la primera línea, se presenta al personaje de *Fedro* como un apasionado por los discursos. Él mismo nos informa que estuvo toda la mañana escuchando una demostración –*epídeixis*– de Lisias en casa de Epícrates,[151] otro orador y demagogo de la época, y que ahora sale al campo para repetirlo de memoria. Poco después nos enteramos de que en realidad le pidió a Lisias[152] que se lo repitiera y finalmente que le diera el libro para aprenderlo mejor y que, al toparse por casualidad con Sócrates, albergaba el secreto propósito de utilizarlo para ensayar su capacidad de emular a Lisias, repitiendo palabra por palabra su discurso. Sabemos también que para un ateniense culto de la época Lisias era un conocido maestro de retórica, más específicamente un logógrafo o escritor de discursos forenses y que, de hecho, ha pasado a la historia como uno de los mejores ejemplos de prosa ática junto con Platón. Representa entonces un ejemplo paradigmático de excelente uso del lenguaje oratorio de acuerdo a los parámetros de su tiempo en el marco de una de las instituciones claves de la democracia ateniense: las Cortes de Justicia. En cuanto al personaje de Sócrates no parece ser muy distinto en principio a Fedro respecto de su actitud hacia los discursos. Aparentemente se siente atraído a quedarse con Fedro porque quiere que le cuente cómo fue la clase de Lisias, quiere que Fedro le lea el discurso y declara incluso que lo seguiría a cualquier parte, como cuando a un cachorro le muestran un hueso, si le pusieran adelante un libro. Pero hay algunos detalles que nos revelan que la actitud de Sócrates, aunque sea un fanático por los discursos como Fedro, es algo distinta. En primer lugar, él no solo no asistió a esa clase de Lisias en la casa de Epícrates sino que ni siquiera estaba enterado. Esto sugiere que no tiene mucho interés en ir a escuchar ese tipo de demostraciones o clases. Además, no le permite a Fedro que le repita de memoria, mecánicamente, las palabras de otro, sino que lo obliga a leerle el texto escrito de Lisias, que después van a examinar, además de él pronunciar dos discursos que compiten y eclipsan al de Lisias. Podemos ver ya en estas alternativas dramáticas, entonces, una actitud crítica de Sócrates al uso del lenguaje sin comprensión. Por otra

---

[151] Podría tratarse de Epícrates mencionado en Ar. *Ec.*71 y al que el escoliasta describe como un "orador y demagogo" (*rhḗtor kaì demagogós*) (De Vries, 1969, *ad loc.*). Este político ateniense quizá habría sido el acusado al que refiere el discurso 27 de Lisias (Yunis, 2011, *ad loc.*).

[152] Lisias era en Atenas uno de los más reconocidos "logógrafos", *i.e.* escritor de discursos, particularmente de los de género forense que eran pronunciados en las cortes judiciales, tal como, *e.g.*, su famoso *Contra Eratóstenes*. Eratóstenes había sido uno de los Treinta Tiranos y perpetrador, probablemente, del asesinato del hermano de Lisias, Polemarco. A través del personaje de Lisias, se presenta implícitamente a los lectores dos de los temas claves del *Fedro*: el de la oratoria y el de la escritura.

parte, la situación dramática plantea el empleo del lenguaje en una conversación a solas entre Sócrates y Fedro, un diálogo extramuros –es decir fuera del ámbito político– con fines reflexivos y pedagógicos, en la que el primero irá modificando y adaptando su discurso de acuerdo a las posibilidades psicológicas y de entendimiento de su interlocutor. Sócrates, por su parte, manifiesta no estar interesado en los juegos intelectuales triviales, como la racionalización sin más de los mitos para demostrar la habilidad argumentativa, sino que, en todo caso, solo le interesan en tanto sean herramientas para dar cumplimiento al mandato délfico del autoconocimiento.

En lo que se refiere a los tres discursos de la Primera Parte, si bien versan sobre *érōs*, son a su vez ejemplos retóricos, y, de hecho funcionan (cf. 234c-237a; 262c) como *paradeígmata* de reflexión sobre cómo debe o no debe hacerse un discurso. Efectivamente la crítica, reformulación y ampliación platónica del concepto habitual de retórica ya se expresa a través del discurso que Platón adjudica a Lisias/Fedro y los dos que atribuye a Sócrates así como a través del juego que establece entre ellos.

En el caso del discurso de Lisias/Fedro (230e-234c)[153] y del Primer Discurso de Sócrates (237a-241d) son ejemplos de un mismo tipo de discurso retórico –una *epídeixis* de índole deliberativa– y defienden ambos la misma tesis: que es mejor que los muchachitos bellos retribuyan con sus favores sexuales a los no amantes más que a los amantes. Pero Lisias y Sócrates organizan sus discursos de modos muy distintos. En el de Lisias únicamente importa acumular argumentos a favor del no amante y en contra del amante –sin importar la verdad, sino demostrando que se pueden diseñar argumentos convincentes a favor y en contra, tal como se hacía en las Cortes de Justicia y en la Asamblea, y tal como suponía la habilidad de un famoso logógrafo como Lisias. En

---

[153] Se ha debatido sobre si se trata de un discurso genuino de Lisias, o de una completa o parcial invención de Platón en la que parodia el estilo del famoso logógrafo de su tiempo. Así, ya en la antigüedad, Dionisio de Halicarnaso en su ensayo *Sobre Lisias* (§5) en los *Comentarios sobre los oradores áticos* afirmaba que este escribió discursos amatorios, probablemente en referencia a este del *Fedro*. El hecho de que presente rasgos típicamente lisíacos y no platónicos (Dover, 1978:69-71) es esperable en ambos casos. Por otra parte, si bien no conservamos otros textos de Lisias de tipo epidíctico y puramente lúdico, sino principalmente discursos forenses, no es razón suficiente para suponer que no hubiera podido ser el creador de este y que, incluso, fuera uno entre otros textos del mismo tipo de su autoría desconocidos para nosotros. El factor más decisivo es, en realidad, que Platón no acostumbra a citar discursos ajenos, sino más bien a crearlos con maestría para que se ciñan no solo al personaje en cuestión, sino también al significado de esa intervención en la temática y el complejo itinerario de desarrollo de esta en la obra en su conjunto, tal como ocurre ejemplarmente en el *Banquete* y también en el *Protágoras* (*vid.* Yunis, 2011:98; Poratti, 2010:290). *Vid.* también los argumentos de Rowe (1999 a:142-3) respecto a una posible autoría de Lisias.

tal sentido en el interludio previo a su Primer Discurso (234c-237a) Sócrates expresará sus dudas respecto de la excelencia de la *léxis* lisíaca que entusiasma a Fedro pero, sobre todo, objetará su modo de referirse a *tà prágmata*.

En contraposición, Sócrates ofrece como parangón un discurso claramente articulado, con una primera sección (237a-238c; 238e-241d) en la que define el objeto a tratar –esto es, qué es *érōs*– y, una segunda en la que desarrolla los efectos nocivos sobre aquellos que son objeto de la pasión de un enamorado. En tal sentido ejemplifica otra de las pautas que ha de seguir la verdadera retórica: elaborar un discurso con sus partes ensambladas de acuerdo a la lógica de un organismo vivo (264c), es decir, teleológicamente concebido. Por otra parte, hay dos elementos llamativos en el primer discurso socrático. Uno de ello es que, pese a sus sólidas cualidades argumentativas, Sócrates lo califique como "historia" (*mûthos*; 237a) y subraye esto con la expresión de apertura "Había una vez..." (*ên hoútō dè*; 237a). Esto podría relacionarse con que se lo conciba en continuidad con su Segundo Discurso donde predominará el estilo mítico-narrativo a fin de persuadir a un alma con las características de la de Fedro (*vid.* 257a).[154] Asimismo es notable su invocación en la apertura a las Musas (237a) donde imita el gesto poético de Homero (*cf. Il.* II 484-5) y de Hesíodo (*cf. Th.* 1-103). Esto podría ser un recurso para que Sócrates oculte la autoría de su propio decir bajo la máscara de las Musas, pero también una estrategia para anticipar el tema de la necesidad de la inspiración divina a fin de alcanzar la perfección en cualquier arte, como expondrá en 245a, y asimismo aludir al carácter omniabarcante de la técnica retórica respecto a todas las actividades artístico-culturales que se sirven del lenguaje, como se desarrollará más ampliamente en el mito de las cigarras.

Por otra parte, los dos discursos de Sócrates constituyen también una muestra del uso de la antilogía –la producción de argumentos opuestos– propio de la retórica tradicional (*vid.* n. 147 *supra*), al tiempo que han de servir de base para ejemplificar posteriormente el arte de dialéctico de reunión y división en géneros y especies expuesto en la Segunda Parte como una *conditio sine qua non* de la verdadera retórica. En efecto, la definición que Sócrates da en 238a-c sobre *érōs* es la siguiente: es una fuerza que nos empuja a través de un deseo innato por los placeres que es

---

[154] Otro guiño de enlace con el Segundo Discurso es que Sócrates en el interludio describa su asombrosa locuacidad como un ataque ninfoléctico y rayano con el ditirambo, al cual asimilará su palinodia a Eros. Cabe acotar que, por otra parte, todo el *Fedro* podría ser considerado un *mûthos* ya que, como se reflexionará al final del diálogo, el *lógos* alcanza su más pura expresión solo en cierto tipo de discusión oral: la dialéctica (276a-277a). Sobre el mito en el *Fedro vid.* Werner (2012).

desmesurado –es decir, es una *hýbris*– y, dentro de los distintos tipos de placeres desmesurados, este se da en relación con la belleza física del amado, mientras que otras formas, como la glotonería, tiene lugar en relación con la comida, o, en el caso de la dipsomanía, en relación con la bebida. Esta fuerza se contrapone al "juicio adquirido que conduce a lo mejor" que es lo que se llama "moderación, autodominio, autocontrol" (*sophrosýne*). Para construir esta definición Sócrates hace agrupaciones primero más amplias que luego va subdividiendo hasta encontrar un subgrupo en el que se encuentra el objeto a definir. En su Segundo Discurso en 243e-245c da una definición de *éros* opuesta a esta. La manía o "locura" proveniente de los dioses puede ser de cuatro tipos: la profética, la catártica, la poética y la erótica. *Éros* es un tipo de manía divina que a partir de la atracción por la belleza física de la persona de que nos enamoramos nos puede hacer recordar la belleza en sí, es decir la belleza pura, sin instanciación alguna, que hace que todas las cosas bellas sean bellas, y es así el mejor tipo de locura enviada por los dioses (249d-e).

Sócrates procede entonces con sus dos discursos, aparentemente, como un sofista o maestro de retórica más, que es capaz de argumentar a favor de una tesis y la contraria. Pero luego, en la Segunda Parte, en 265b-c, se muestra que en realidad la antilogía a la usanza convencional es un paso previo para el método dialéctico que se ejemplifica allí a partir de estas mismas definiciones socráticas de *éros* de la Primera Parte. En efecto, ambas definiciones opuestas de *éros* pueden "reunirse" en un género más amplio que es el de la manía o locura que puede afectarnos, el cual puede subdividirse en dos tipos: una manía humana y negativa, donde ubicaríamos la primera definición de *éros*, y una manía divina y positiva, donde ubicamos la segunda. Este método de "reunión y división" permite adquirir un verdadero conocimiento, en este caso respecto de *éros*, ya que lo que se piensa y enuncia coincide con la realidad de las cosas. Se evidencia aquí entonces cómo a través de diversas maniobras retóricas Sócrates persuade y aproxima a Fedro a la verdad y al acceso de un conocimiento dialéctico.

En cuanto a la ampliación del ámbito de la retórica que se desarrolla de modo explícito en la Segunda Parte, ya se hace carne en el Segundo Discurso de Sócrates (243e-257a). En él, además de hacer la mejor defensa posible de *éros* –como haría un orador convencional, al modo en que ha procedido en su Primer Discurso–, aborda conjuntamente muchas otras cuestiones. Efectivamente para demostrar que *éros* es una forma de locura benéfica que recibimos de los dioses, se abordan otros temas, como por ejemplo: la clasificación de la manía en cuatro especies; el argumento de la inmortalidad del alma a partir de su naturaleza automotora; el fabuloso mito del carro alado para dar cuenta de las fuerzas de deseo en conflicto ínsitas en el alma humana, en oposición a los carros alados de los dioses que, en perfecta unidad psicofísica, alcanzan sin dificultades la visión de las Formas. Vemos, pues, que en este Segundo Discurso de Sócrates no intenta solamente hacer la mejor defensa posible de *érōs* –como haría un orador convencional–, ni siquiera una defensa basada en una definición para demostrar sus efectos –como hace Sócrates en su Primer Discurso–, sino que apunta a un uso del lenguaje respecto a un ámbito de referencia mucho más amplio. Una muestra de esto es también la elección de un formato de transmisión alternativo al puramente argumentativo en esta sección –el mito–, el cual constituye un medio apropiado para transmitir de modo encapsulado y atractivo lo que requeriría desarrollos más largos, presenta límites en su transmisión en un lenguaje humano (246a) y resulta, además, en este formato más efectivo para seducir la impresionable alma de Fedro (257a).

III. El programa de ampliación y reformulación crítica de la retórica en la Segunda Parte del *Fedro*: el mito de las cigarras

No obstante, es en la Segunda Parte (257c-279c) donde expresamente se opera esta ampliación del concepto de retórica. Allí la pregunta de cuál es el modo bueno o malo de expresarse se va a plantear no únicamente respecto de discursos políticos, como los de los oradores, o artísticos, como los de los poetas, sino sobre todo tipo de discursos, así los produzca alguien que es un profesional o no, y conciernan al ámbito público o privado. En otras palabras, se habrá de considerar que el lenguaje atraviesa todos los ámbitos y formas de vida y que es preciso saber utilizarlo bien, tanto en su forma oral como escrita, no solo respecto a un ámbito específico, como podrían ser determinadas instituciones de la democracia ateniense, sino en cualquier actividad que realicemos. Dicho de otro modo, toda nuestra existencia está articulada en el lenguaje y cómo usemos el lenguaje condiciona cómo vivimos. Se evidencia, entonces, que el intento de Sócrates a lo largo de todo el diálogo ha sido el de conducir a Fedro a una reflexión mucho más amplia y general, a partir del interés y fanatismo de este por los discursos de maestros de retórica como Lisias.

En tal respecto en 257c se inicia una conversación entre Sócrates y Fedro en base a lo que este último entiende por "retórica", más precisamente con comentarios sobre el discurso epidíctico de Lisias, con el que Fedro estaba originariamente muy entusiasmado y ahora no tanto porque juzga superiores los pronunciados por Sócrates, sobre todo la palinodia a Eros que este acaba de declamar. Se emprende entonces un análisis sobre si es bueno o no ser un escritor de discursos, un "logógrafo", término que, según se deja entrever, se utilizaba con cierto tono peyorativo en la época en tanto el logógrafo era visto como un "comerciante de la cultura".[155] Se sugiere asimismo que en realidad los políticos, aunque critiquen a logógrafos como Lisias, no son mucho mejores que ellos porque también quieren que sus discursos triunfen y queden transcriptos. El argumento es que cuando un político proponía una ley y ésta era aceptada en la Asamblea y luego ratificada en el Consejo quedaba asentada por escrito y, en caso contrario, no. De este modo, si bien comienza la discusión en referencia a un tipo de discurso escrito determinado –los forenses–, acto seguido se extiende el concepto a las leyes promulgadas. A esto se agrega la comparación del político con los compositores de obras de teatro en tanto que el poeta se quedaba contento si la obra escrita, que había presentado al concurso de tragedia o de comedia en los festivales de teatro, era seleccionada para la representación y finalmente triunfaba y, de lo contrario, no. Es decir, también el poeta quería triunfar con sus discursos frente al público, convencerlos, en este caso de que su obra era la mejor. A continuación se hace referencia explícita a ejemplos históricos y paradigmáticos de grandes legisladores, como Darío, Licurgo, Solón, que se consideraron a sí mismos, según dice este pasaje del *Fedro*, iguales a los dioses por sus escritos y que así fueron considerados por la posteridad. Recién alcanzado este punto, después de haber ya ampliado de este modo el espectro de los discursos escritos a considerar, realiza Sócrates el planteo general de si es feo, malo en sí mismo escribir discurso. Leemos así en 258d:

> S.: En consecuencia esto es obvio para todos: que no es en
> sí mismo feo escribir discursos.
>
> F.: ¿Cómo podría serlo?

---

[155] *Logógraphos* designaba en general a alguien que realizaba la actividad de redactar por escrito un texto en prosa que sería objeto de una lectura pública. Mientras Tucídides se refiere a los compiladores de mitos, tradiciones y crónicas (Th. 1.21.1), Alcidamante, maestro de retórica discípulo de Gorgias, utiliza el término con el significado de "redactor de discursos forenses" (Alcid. *Soph.* 1.6 y 13). El *logógraphos*, *stricto sensu*, era similar a un "abogado/escriba" que componía por escrito textos para quienes eran incapaces de preparar por sí mismos sus apologías o ataques a presentar en las cortes de justicia, pero podían pagar por el servicio de que alguien lo hiciera por ellos para luego memorizarlos. En su tratado *Sobre los sofistas*, Alcidamante emplea el vocablo en forma despectiva, pues alaba allí la capacidad de improvisación y de hablar bien y desprecia, en cambio, la habilidad de composición laboriosa de discursos escritos, la cual era una de las características centrales del método retórico que se enseñaba en la escuela de Isócrates. *Vid.* Velardi (2006:*ad loc.*) y Castello (2010:334-370).

> S.: Pero lo que sí es feo, creo, es expresarse y escribir
> (*légein te kaì gráphein*) de un modo que no sea bello sino
> feo y malo.

Aquí, asimismo, ya hay indicios de querer ampliar todavía más el espectro de la retórica: no solo no es malo en sí mismo "escribir" (*gráphein*) sino en general "expresarse" (*légein*). Esto va a conducir a la pregunta principal que se va a tratar de responder con muchas idas y vueltas en todo esta Segunda Parte. ¿Cuál sería el modo bello/bueno y cuál sería el modo feo/malo de expresarse, ya sea por escrito u oralmente?[156] Es decir, ¿cuál sería el modo correcto, beneficioso de utilizar el lenguaje y cuál el incorrecto y perjudicial? Esta pregunta va a su vez a derivar en otra, en si la retórica es o no una *téchnę*, puesto que, en caso de que lo fuera, ello garantizaría un buen uso del lenguaje.

A renglón seguido se retoma la pregunta sobre el modo bello de escribir y se amplía aún más el campo de la retórica al reflexionar del siguiente modo:

> S.: ¿Cuál es, entonces, el modo de escribir bellamente y no
> bellamente (*ho trópos toû kalôs te kaì mè
> gráphein*)?[157]¿Necesitamos en algún respecto, Fedro,
> interrogar acerca de estas cosas a Lisias y a cualquier otro
> que alguna vez haya escrito algo o que lo escribirá, ya se
> trate de un escrito público o privado (*eíte politikòn
> súggrama eíte idiǫtikón*), y ya sea en verso, como lo hace
> un poeta, o sin verso, como un aficionado prosista (*en
> métrǫi hǫs poiętès ę̀ áneu métrou hǫs idiǫ́tęs*)?

Se trata de un análisis crítico sobre el modo bello y no bello de escribir discursos, que concierne también al discurso oral como veíamos en el pasaje anterior. Ahora bien, los discursos a considerar conciernen, por otra parte, tanto al ámbito público como privado. Esto último, aunque podría referir a las querellas judiciales de orden personal o a las clases particulares en las escuelas o impartidas por los maestros de retórica, bien puede entenderse también como una necesidad de reflexionar sobre el apropiado e inapropiado uso del lenguaje también en el ámbito privado. La ampliación de la noción de retórica continúa al incluir en ella la expresión versificada propia de los poetas. Esto abarcaría

---

[156] El paso último en el análisis de las condiciones de una técnica retórica y de la ampliación de su ámbito de incumbencia es la consideración de la relación entre oralidad y escritura y las razones de la preminencia de la primera respecto de la segunda (274b-279b).

[157] Los manuscritos traen esta frase como perteneciente a Fedro pero unánimemente, desde la corrección de Ficino, ha sido atribuida a Sócrates por no corresponderse con el *êthos* de Fedro. Una excepción es Ryan (2012, *ad loc.*), si bien no modifica por ello el texto griego de Burnet (1901) que provee para su edición.

producciones como la épica, la poesía lírica arcaica con sus subtipos (la elegíaca, la yámbica, la mélica y la coral), la dramaturgia, ya aludida en 258c. También se incorpora al examen del buen uso del lenguaje la escritura "sin verso", es decir, en prosa, donde podríamos ubicar quizá escritos como los de Heródoto y Tucídides, también el mimo, los propios *sokratikoì lógoi* de diversa autoría (*cf.* Arist. *Poet.* I 1447b), sumados a los discursos de los oradores, si bien todos ellos sean difícilmente descriptibles, a no ser en sentido irónico, como composiciones de un "aficionado" (otro de los sentidos de *idiótes*, además del de "hombre privado" en contraposición al "hombre público"). No obstante, la inclusión de los discursos en prosa de los legos también puede interpretarse como una incorporación a la producción retórica no solo de las creaciones por parte de profesionales de la palabra, sino también de quienes no lo son, los *idiôtai*. De este modo estaría Sócrates sugiriendo aquí que en la medida que todos los ámbitos de la existencia humana están articulados en el lenguaje la preocupación sobre su correcto o incorrecto uso concierne a todos y no solo a quiénes lo emplean y cuándo se lo emplea en el marco de las instituciones democráticas atenienses.[158] Lo que estaría tratando de hacer Sócrates entonces es llevar a Fedro a una reflexión mucho más amplia, más general sirviéndose del interés fanático de este por los discursos de maestros de retórica como Lisias.

A continuación, en 258e-259d se despliega una de esas magistrales historias fruto de la inventiva platónica,[159] el mito de las cigarras, donde se hallan condensados tanto elementos previamente desarrollados como

---

[158] Esta ampliación del concepto de técnica retórica se opone claramente a la visión restringida de Fedro que la circunscribe al uso de ella en la Asamblea, el Consejo y los Tribunales de Justicia como vemos, por ejemplo, en 261-c:

> S.: ¿No sería acaso la técnica retórica, en su integridad, una conducción del alma a través de discursos, no solamente en cortes de justicia y cuantas otras reuniones públicas sino también en las privadas? ¿Y no es la misma ya se ocupe de cosas pequeñas o grandes y algo que no se vuelve más valioso, al menos en cuanto a su uso correcto, por referirse a cosas serias en lugar de a tonterías? ¿O de qué modo has escuchado referirse acerca de estas cosas?
>
> F.: ¡Por Zeus! Para nada así, sino que especialmente se habla y escribe con técnica para los juicios, aunque también se habla para la Asamblea pública. No he oído ninguna otra cosa más allá de esto.

[159] Si bien es una historia de su propia invención, ya en Homero (*Il.* III 149-152) se describe a los ancianos como semejantes a las cigarras. También en *Il.* III 152 y Hesíodo (*Op.* 583) hay referencias al chirrido de las cigarras como un canto. Sus actividades anticipan los dos temas a tratar: el canto (la retórica; el uso del lenguaje en sentido amplio) y el diálogo (la dialéctica). La historia sumará a ello el ingrediente fundamental de la palinodia previamente declamada por Sócrates a favor de Éros: la *manía* erótico-filosófica por la sabiduría, aquí la pasión frenética por el canto.

los que serán desplegados con posterioridad.[160] Como referíamos antes a propósito del mito del carro alado, estas historias le permiten a Platón presentar de forma encapsulada e intuitiva lo que en otro momento del diálogo, e incluso en otros textos, se desarrolla de un modo puramente argumentativo. También le permiten capturar la atención, entretener al tiempo que enseñar, especialmente en determinado tipo de almas, de audiencias, para que puedan aprender, pensar, reflexionar. En el caso de la historia de las cigarras tiene la estructura de una fábula, relato que usualmente resumía principios de la sabiduría popular. Se la presenta así como de autoría anónima, aunque sea en realidad una creación platónica; es corta, contada de modo ameno y sencillo; y tiene una moraleja, si bien con una compleja *hypónoia* de la cual parte de su sentido se conecta con la ampliación del concepto de retórica que propone Platón.

La historia que cuenta Sócrates a Fedro para explicarle por qué deben dialogar en vez de dormir la siesta es que hombres arcanos, una vez que recibieron el don de las Musas, no podían parar de cantar y morían de inanición. A partir de ser metamorfoseados en cigarras,[161] tras su muerte, se convierten en mensajeros que informan a las Musas quién rinde culto a cada una de ellas y cómo lo hace. Ahora bien, ¿qué tipo de actividad implicaba que desarrollara quien se dedicaba al culto de las Musas?[162] Ya desde la epopeya homérica se habla de nueve Musas,[163] descendientes de Zeus e impulsoras de la memoria, al pie del monte Olimpo (*cf.* Hom. *Il.* II 484-492; XI 218; XIV 508; XVI 112), si bien circulaban también otras versiones sobre su número y genealogía. Hesíodo, por su parte, las

---

[160] Se ha dicho que la historia de las cigarras funciona como un "pivote", un punto de articulación que nos permite girar para un lado y para el otro del diálogo (*vid.* Robin en su "Notice", Moreschini & Vicaire, 1985: xlviii). Ferrari (1987), por su parte, ha destacado la importancia de "escuchar" el mito y no solo la argumentación dialéctica para alcanzar una apropiada comprensión.

[161] Las cigarras de esta ingeniosa fábula platónica constituyen seguramente una alusión chistosa a los atenienses, puesto que estos usaban una especie de moño o broche en los mantos que tenían forma de cigarras y que se los llamaba de hecho *téttix*, "cigarra". Así estos hombres arcanos convertidos en cigarras que no podían parar de cantar, es decir de expresarse no son otros que los ciudadanos atenienses. Y la moraleja de la historia es nuevamente que estos deben prestar atención al modo correcto de hacerlo en todos los ámbitos, especialmente en el de las creaciones artístico-culturales que se sirven de la palabra, pues, como Platón bien sabe, son transmisoras y educadoras de los ciudadanos en valores políticos de un modo tan o más persuasivo y profundo que el de la Asamblea, el Consejo o los Tribunales.

[162] *Vid.* Naddaf (2009:63-73).

[163] *Cf.* Hom. *Od.* XXIV 60, si bien en *Od.* I 1 se hace referencia a "la" Musa y en *Il.* I 1. se alude a ella como "diosa" que narrará la cólera de Aquiles, es decir los hechos acaecidos en el último año de la Guerra de Troya.

describe como hijas de Zeus y Mnemosyne[164] (Hes. *Th.* 52-53; 915-918), mantiene el número de nueve y da también como ubicación alternativa a la del Olimpo –vinculado al culto a Dionisos– el monte Helicón –vinculado a Apolo– (Hes. *Th.* 2, 7, 23; *Op.* 639; *vid.* Grimal, 1981, *s.v.* 'Musas'), además, de distinguir a cada una a través de una denominación personal (Hes. *Th.* 36-79). Son deidades asociadas a veces a las ninfas y a la naturaleza, acólitas de los coros de los dioses, con el liderazgo de Apolo, y relacionadas así con la creación artística. El acompañamiento musical propiamente dicho, es decir, con instrumentos como la lira y la flauta, es característico de la poesía lírica; del mismo modo, la épica implicaba la organización métrica y la recitación a la manera de un canto, al igual que los distintos géneros de composiciones dramáticas, que en el caso de la tragedia incluía, además, las intervenciones del *chóros*, en las que se añadía al recitado y al canto, la danza (*choré*). A esto hay que sumar las realizaciones existentes propiamente musicales vinculadas a las teorizaciones sobre el mejor modo de combinar los sonidos y los efectos de estas combinatorias. La *mousiké* incluía, por lo tanto, tanto la literatura, con la implicancia en general de una cierta estructura rítmica, como lo que hoy llamaríamos propiamente "música". A las Musas se las vinculaba, por otra parte, seguramente por línea materna –la Memoria era su madre– con el conocimiento de los hechos presentes, pasados y futuros (*cf.* Hom. *Il.* I 70; II 484-492; *Od.* XII 191; Hes. *Th.* 38), y también con la habilidad no solo de decir la verdad sino también de engañar (Hes. *Th.* 27).

En la fábula platónica el canto inspirado por las Musas –y, por derivación, los coros de sus "informantes", las cigarras– extiende y organiza esta connotación de por sí amplia a otras actividades discursivas. Originariamente los nombres de las nueve Musas aluden a las cualidades que se esperan de las ejecuciones por ellas protegidas más que a alguna actividad en particular (Calíope, al "bien decir"; Clío refiere a la fama –*kléos*–; Euterpe, a divertir –*térpo*–; Tersícore, quien causa deleite –*térpsis*– con la danza –*khoreía*–; Talia –*thalía*–, al florecimiento y la festividad; Melpomene, a celebrar –*mélpo*– con música y danza; Polimnia, a emitir múltiples –*pólloi*– himnos –*hýmnoi*–; Urania, sugiere una vinculación con los cielos –el *ouranós*). Es recién en la época

---

[164] Como señala Poratti (2010:298), *Mnemosýne* no apunta en principio a la facultad psicológica de recordar sino al conocimiento esencial sobre las cosas que perdura a través del tiempo. No obstante, sin duda hay también una alusión derivada a la facultad psicológica de la memoria, en cuanto a que su entrenamiento reflexivo es fundamental para la adquisición "en el alma" del auténtico conocimiento, tal como se mostrará al final de la Segunda Parte a través de la crítica a la escritura. Sobre el significado de las Musas y el papel de la memoria *vid.* Castello (2010:267-300).

helenística[165] que se consolida la asignación a cada una de ellas de las distintas artes liberales con aproximadamente esta sistematización: Clío (la de las gloriosas narraciones históricas), Euterpe (la del arte de tocar la melodiosa música de flauta), Talia (la de la comedia), Melpomene (la de la tragedia), Tersícore (la de la danza), Erato (la de la poesía lírica amorosa), Polimnia (la de los himnos sagrados), Urania (la de la astronomía) y Calíope (la de la elocuencia). Este texto de Platón es uno de los primeros en caracterizarlas, si bien no con tan precisa sistematicidad, como "patronas" de determinadas actividades –las cigarras les informan cómo honran a cada una de ellas los hombres, según a qué se dedican–, y se hace en él referencia a cuatro Musas en particular: Erato como Musa del amor; Terpsícore de la danzas; Calíope, que literalmente sería "la del bello decir" preside, según el texto, la filosofía, y Urania, cuyo nombre, como ya se dijo, hace referencia al cielo –*ouranós*, donde estaban los astros–, es la Musa de la astronomía. El lugar preferencial que se les otorga, sobre todo a Calíope y a Urania, codifica uno de las propuestas centrales del *Fedro*: estas cumplen una función regulativa, si bien no devoradora, respecto del resto de las producciones culturales, por ser "las más implicadas con el cielo y con los discursos, ya sean estos divinos o humanos" (259b). Por otra parte, el rol de informante de las cigarras respecto de quién honra apropiadamente a cada Musa y, sobre todo, acerca de quiénes conversan y reflexionan en lugar de dormir la siesta, retoma la consideración crítica sobre el uso del lenguaje, el cual debe ser entonces un medio de comprensión y no de narcotizada repetición acrítica.

Se hallan otros elementos significativos en la historia de las cigarras respecto al carácter omniabarcante del lenguaje y la necesidad de encontrar pautas para su correcto uso.

Cantar como las cigarras puede leerse como un símbolo de hacer uso del lenguaje a través de una determinada expresión cultural. Pero hay que tener cuidado con cómo se utiliza el lenguaje porque este canto puede ser peligroso, como el canto de las sirenas (con las cuales se compara a las cigarras en 259a-b). Es posible quedar atrapado, hechizado, como cuando se está fascinado por las palabras, pero sin comprenderlas, como le ocurre a Fedro con el discurso de Lisias. El canto de las cigarras, no obstante, puede funcionar como advertencia: hay que dialogar, conversar, examinar qué es lo que se dice, en lugar de dejarse hechizar por su cantar. Esto tiene que ver con otra representación muy elocuente que se

---

[165] *Vid. DGBM, s.v.* 'Muse'; Grimmal (1981, *s.v.* "Musas"). Con el correr del tiempo las Musas no presidían solamente la música y la poesía; ellas eran consideradas como fuente de toda instrucción.

va a hacer luego del *lógos*, sobre todo del discurso escrito, en el mito de *Teuth* y *Thamus* (274b-275b): el *lógos* es un *phármakon* –tema del famoso texto de J. Derrida (1972) "La farmacia de Platón"–, y esto tiene que ver con una de las preocupaciones centrales de Platón aquí: el lenguaje puede engañarnos o acercarnos a la verdad. Y dado que es ineludible que todos ingiramos una cierta dosis de esta poderosa droga, es necesario reflexionar sobre cómo emplearlo de un modo que beneficie y que no nos "envenene".

Aparece también incorporado a la historia de las cigarras otro tema muy griego, clave en la tragedia: el de la *hýbris* o "desmesura", aplicado aquí a la pasión por los discursos. Nuevamente se muestra un doble aspecto respecto a este fanatismo, que, como se anuncia ya en el Prólogo, comparten tanto Sócrates como Fedro. Es una pasión peligrosa: si nos entregamos a ella sin medida, sin freno, sin orientación, nos puede pasar como a aquellos hombres de la época arcaica, esto es, desentendernos de todo, incluso de nuestras necesidades básicas, y morir. Hay que regularla entonces y ser capaz de dedicarse a esta manía sin perecer en ella. El punto en cuestión vuelve a ser el mismo: cuál es el modo correcto de hacer esto. También se está marcando que, a diferencia de las cigarras, las cuales pueden cantar y comer simultáneamente,[166] los seres humanos tienen una limitación ineludible y es que tienen un cuerpo, que tienen que ocuparse de él, que es además mortal. Entonces las cigarras son como el paradigma de lo que desearían ser los hombres: estar permanentemente en contacto con las Musas y poder dedicarse a honrar a la propia sin interrupción; pero esto no es posible en términos absolutos dada la condición humana.

---

[166] Entre las cigarras solo el macho canta –esto ya lo documenta Claudio Eliano en *Sobre las características de los animales* 1.20–, y ello lo hace en los meses cálidos para atraer a la hembra y copular, con la particularidad de que puede alimentarse y cantar simultáneamente. La diferencia de presión que produce el canto en su aparato estridulatorio –cuyo objetivo es entonces el cortejo– puede ocasionarles la muerte. Las hembras, por su parte, mueren al poco tiempo que, tras haber sido fecundadas, ponen los huevos. No sabemos cuánto podía conocer Platón sobre las costumbres de estos insectos, pero vemos que, curiosamente, en el caso de ambos sexos el canto está relacionado con su deseo erótico de copular y constituye de distinto modo una amenaza para su existencia. Asimismo en el *Fedro* tanto la locura amorosa como el amor por los discursos debe encauzarse apropiadamente para transformarse en un caudal benéfico y no funesto para quien reciba su influencia, es decir convertirse en filosofía, tal como se desprende del cuento de las cigarras. Por otra parte, es oportuno recordar que en el mito de las mitades de Aristófanes en *Smp.* 191b-c se hace una referencia a que las cigarras no se reproducen sexualmente sino que nacen de la tierra (pensemos que en el caso de las cigarras, como en el de otros ovíparos, el apareamiento no es manifiesto como ocurre con el coito sexual humano; *cf.* Arist. *HA* V.30.556a-b), tal como les ocurría a las "mitades" humanas, quienes morían abrazadas de inanición antes de que Zeus, por compasión, trasladara sus órganos sexuales hacia adelante y diera así, a través del sexo, sosiego a su sed de unidad.

El cuento de las cigarras refuerza entonces con contundencia lo que se comienza a sugerir de modo expreso desde el comienzo de la Segunda Parte del *Fedro* y de modo implícito desde las primeras líneas del diálogo: que, de ser posible una técnica retórica, a ella le concerniría determinar el buen y el mal uso del lenguaje en todas las formas de producción cultural que requieran de algún modo de la palabra; que esto implica una apropiación reflexiva del lenguaje que se resista al puro embelesamiento y narcosis que pueden producir los discursos; que esta pasión visceral por la palabra, este deseo que ama expresarse, necesita ser orientado para no perecer en los riscos del engaño; que la estrella guía de las barcazas de nuestras palabras son las Musas Urania y Calíope que inspiran el decir de la cosmología y la filosofía.

El "bello decir" de la filosofía estaría relacionado con el requisito de que el lenguaje debe apuntar a expresar la verdad. Ello implica esclarecer a nivel noético las semejanzas y diferencias entre géneros y especies que conduzcan a la definición del objeto estudiado, ya se trate propiamente de una Forma –como sería el caso de la justicia–, o de objetos de inferior nivel ontológico como es el caso de *éros* y la manía. En cuanto a la preeminencia de la Musa Urania, se relaciona con que es necesario llegar a comprender no solo el ámbito humano, sino también el ámbito divino, que para Platón es, en gran medida, el de los astros, el cual tiene su propia música.[167] En efecto, como muestra en el *Timeo* al postular un Alma inteligente que conduce el cosmos (creado, además, por un demiurgo de acuerdo al modelo de lo que siempre es), el universo tiene una finalidad, está organizado inteligentemente, y eso se ve en que los astros no se mueven de cualquier manera o de un modo imprevisible, sino según un orden matemático. Entonces los discursos que surgen de la comprensión de ese orden son divinos (*cf. Ti.* 28c, 29cd, 30d), así como si se logran discursos que se refieran en alguna medida a las Formas puras, también son divinos. Es por ello que estas Musas están por encima de las otras porque para Platón es necesario primero, en la medida de lo posible, procurar conocer la verdad en este sentido fuerte, tanto en el ámbito humano como divino, para utilizar bien el lenguaje en cualquier otro ámbito, es decir, para que funcione en cualquier expresión como una herramienta para conocer y descubrir la realidad y no para ocultarla.[168]

---

[167] Así en *Rep.* X 617b Platón se refiere a la "música del universo", la armonía que producen los cuerpos celestes al moverse y que quien estudia el cielo puede luego reproducir en sus discursos.

[168] El otro elemento que aparece en el mito de las cigarras es el de que no basta con el trabajo de la razón humana para descubrir la verdad. Es necesario un esfuerzo racional de comprensión para acceder a la estructura eidética o el mapa conceptual de cualquier aspecto de la realidad. Pero a ello debe agregarse, como un plus, un "relámpago" de captación plena, una visión directa, aunque sea sesgada, de las Formas, sin que medien ni las

Pero la concepción de dialéctica del *Fedro*, además de poder ser tomada en este sentido restringido del método de unión y división que esclarece el entramado eidético de la realidad, puede también entendérsela como el arte de pensar y expresarse correctamente en general (*vid.* Dixsaut, 2001:106-107), lo cual acrecienta a su vez el radio de influencia de una retórica que sea técnica. Esto coincide con esta ampliación de la retórica que hemos señalado y que se expresa de modo particular en el mito de las cigarras. Si bien es prioritario que el retórico dialéctico procure definir *kat'eíde* el territorio de real del que se ocupe, hay diversas señales en el *Fedro* de que estas definiciones son limitadas, provisorias y susceptibles de ajuste y revisión. Pero, además, a partir de este conocimiento de por sí acotado de la verdad, la habilidad del retórico dialéctico no se agota en la ya difícil tarea de reproducir en el lenguaje la articulación de la realidad. De acuerdo al perfil psicológico de su audiencia, de la circunstancia y la oportunidad –y a veces de la naturaleza del objeto mismo– debe ser capaz de manejar distintos dispositivos y registros discursivos para, a la vez, seducir a su oyente y expresar la verdad,[169] entre los que se incluye el arte de engañar, es decir, de producir discursos verosímiles que guarden para el receptor una imperceptible semejanza con la verdad y que le resulten aceptables en su estado mental del momento (*vid.* Centrone 2011:8-39; Bossi, 2015:345-369).[170]

---

representaciones sensibles ni el lenguaje. A esta captación intuitiva se llega "repentinamente", "instantáneamente", y es algo que excede lo racional, en el sentido de que ya no se recurre a argumentos. Se trata, por otra parte, de una experiencia, por otra parte difícil de simbolizar, tal como se advierte en la descripción del "lugar supraceleste" (247c), *vid.* Fierro (2019).

[169] Platón estaría planteando entonces como verdadera arte de los discursos un modelo de retórica ideal en la cual es necesaria, como sugiere Stephen Halliwell (1994:232-233) "una comprensión unificada del hombre, la sociedad y el razonamiento", lo cual incluye, además, de la captación de estos elementos en abstracto, la capacidad de su aplicación en una práctica directa así como de interconectar la apreciación de las características psicológicas del receptor con el conocimiento de las posibilidades comunicativas del lenguaje.

[170] Esta extensión del ámbito de la retórica junto con una formulación crítica y prescriptiva sobre qué condiciones debe cumplir para ser una *téchne* se ha de mantener hasta el final del diálogo como puede verse en el pasaje donde Sócrates aconseja a Fedro que lleve su mensaje no solo a quienes la ejercen en el ámbito político sino a todos los creadores artístico-culturales en general. Leemos así en 278d:

> S.: Bueno, ya hemos jugado en buena medida con estas cosas referentes a los discursos. Y tú asimismo anda y exponle a Lisias que nosotros dos, tras descender hasta la fuente de las Ninfas y su santuario de las Musas, escuchamos discursos que nos mandan decir a Lisias y a cualquier otro que compone discursos, a Homero y a cualquier otro que ha compuesto poesía a secas o con acompañamiento musical, y, en tercer lugar, a Solón y a quienquiera que redacte escritos en la forma de discursos políticos llamándolos leyes lo siguiente: si compuso estas cosas conociendo cómo

Conclusión

Hemos recorrido entonces diversas estrategias que se desarrollan desde el inicio del *Fedro* para ampliar el ámbito de la retórica y establecer entonces los requisitos para que se constituya como una *téchne* del buen discurso en general. En tal sentido hemos visto primeramente que el punto de partida es la concepción convencional de retórica ligada a las instituciones de la democracia ateniense, a saber la eficacia en la elaboración de discursos deliberativos, forenses y epidícticos, representada desde el inicio por el discurso lisíaco. A este respecto hemos considerado las distintas posiciones hermenéuticas de acuerdo a las cuales habría sido Platón o no el iniciador del concepto de una *rhetorikè téchne*. En el análisis del Prólogo y la Primera Parte del *Fedro* hemos señalado cómo el paseo extramuros de los dos amigos representaría el ingreso a una óptica de análisis más abarcadora, la cual se despliega en los dos discursos socráticos, particularmente en la palinodia a Eros en la que Platón presenta una síntesis sobre los conocimientos fundamentales acerca de la realidad humana y cósmica. No obstante, hemos mostrado que es en la Segunda Parte donde, ya desde su inicio y de modo explícito, se establece el carácter omniabarcante de la retórica respecto de todas las expresiones verbales como paso previo a establecer las condiciones de posibilidad para que se constituya como una técnica. Nos hemos detenido especialmente en el papel fundamental que cumple para ello el mito de las cigarras en tanto las Musas, de las que los insectos trovadores son intermediarios, representan la totalidad de las actividades artístico-culturales que Calíope y Urania regulan sin, no obstante, absorberlas o aniquilarlas. Se desprende entonces de este análisis que el *Fedro* parece sugerir que, para un buen decir que acompañe un buen pensar, no basta con la habilidad ya rara de trazar un mapa de la realidad de acuerdo a géneros y especies, sino que se apunta al dominio de las potencialidades discursivas del lenguaje en todas su formas y en referencia con la totalidad de la experiencia humana. Y aunque podemos considerar que es esta una combinatoria muy ambiciosa y difícil de alcanzar, no es solo sobre la que Platón teoriza, sino de la que, a su vez, hace una demostración magistral, en todos sus textos, y de especial modo en el *Fedro*.

---

es lo verdadero y pudiendo ayudarlas al ser puesto a prueba sobre lo que escribió, y, al hablar en persona, es capaz de demostrar que las cosas escritas son intrascendentes, no debe llamárselo a un hombre tal con una denominación originada en estas cosas, sino en aquellas a las que se ha dedicado seriamente.

Referencias Bibliográficas

Alcalde, R. (1996), *Estudios críticos de poética y política*, Buenos Aires.

Asmis, E. (1986), "Psychagogia in Plato's *Phaedrus*", *Illinois Classical Studies*, 11, 153–72.

Bossi, B. (2015), "El *Fedro* de Platón: un ejercicio de buena retórica engañosa", *Anales del Seminario de Historia de la Filosofía* 32.2, 345-369.

Brady, M. (2002), "A Platonic Defense of Rhetoric", *Mediterranean Studies*, Vol. 11, 1-18.

Burnet, I. (1901), *Platonis Opera. Tomus II: Tretalogias III-IV Continens*. Recognovit Brevique Adnotatione Critica Instruxit, Oxford.

Burnet, I. (1910), *Platonis Opera. Tomus II: Tretalogias III-IV Continens*. Recognovit Brevique Adnotatione Critica Instruxit, Oxford.

Castello, L. A. (2010), *La tensión entre oralidad y escritura y el testimonio de Alcidamante de Elea*, Buenos Aires.

Centrone, B. (2001), "*Fedro* 261 e7-262c4, o l'inganno della buona retorica" en Casertano, G. (ed.), *Il* Fedro *di Platone*, Napoli, 39-55.

Cole, T. (1991), *The Origins of Rhetoric in Ancient Greece*, Baltimore and London: John Hopkins University Press.

Chichi, G.M. & Suñol, V. (2008), "La *Retórica* y la *Poética* de Aristóteles: sus puntos de confluencia", *Diánoia*, volumen LIII, 60, 79–111.

Derrida, J. (1972), "La farmacia de Platón", en *La diseminación*, Madrid.

Dixsaut, M. (2001 b), *Les metamorphoses de la dialectique dans les dialogues de Platon*. Paris.

Dover, K. (1978), *Greek Homosexuality*, London.

Ferrari, G. R. F. (1990), *Listening to the Cicadas: A Study of Plato's* Phaedrus, Cambridge: Cambridge University Press, 1990.

Fierro, M.A. (en prensa), *Platón. Fedro*, Buenos Aires.

Fierro, M.A. (2019). "Amores locos. A propósito de la manía erótica en el Fedro", *Nuevo Itinerario*, no. 14, pp. 138-174.

Gagarin, M. (1994), "Probability and Persuasion: Plato and Early Greek Rhetoric", en I. Worthington, *Persuasion: Greek Rhetoric in Action*: 46-68.

Grimal, P. (1981), *Diccionario de mitología griega y romana*, Barcelona.

Halliwell, S. (1994), "Philosophy and Rhetoric". En Worthington, I. (ed.) *Persuasion. Greek Rhetoric in Action*, Londres, 222-243.

Heath, M. (1987), "The Unity of Plato's *Phaedrus*", *Oxford Studies in Ancient Philosophy*, 150-173, 189-191.

Kennedy, G. A. (1963), *The art of persuasion in Greece*, Princeton: Princeton University Press.

Laborda, X. (2018), "Aristóteles y su concepción lingüística de un entorno cívico", *Tonos digital: Revista de estudios filológicos*, N°. 34, 17-40.

Lavency, M. (1964), *Aspects de la logographie judiciaire attique*, Louvain: Èdition Nauwelaerts.

Marcos, G. (2006), "La crítica platónica a oradores, poetas y sofistas. Hitos en la conceptualización de la *mímesis*", *Estudios de filosofía*, 34, 9-28.

Mirhardy, D. (2007), *Influences on Peripatetic Rhetoric: Essays in Honor of William W. Fortenbaugh*, Leiden-Boston.

Moreau, J. (1972), *Aristóteles y su escuela*, Buenos Aires.

Moreschini, C.l.–Vicaire, P. (1985), *Platon. Oeuvres Complètes. Tome IV. 3e partie. Phèdre*, notice de L. Robin, Texte établi par Cl. Moreschini et traduit par P. Vicaire, Paris.

Murray, J. (1988), "Deception, and Dialectic: Plato on the True Rhetoric ("Phaedrus" 261-266)", *Philosophy & Rhetoric*, Vol. 21, No. 4, 279-289.

Naddaf, G. (2009), "Algunas reflexiones sobre la noción griega temprana de inspiración poética", *Areté. Revista de Filosofía* 21.1, 51-86.

North, H. (1991), Combing and Curling: "Orator Summus Plato", *Illinois Classical Studies*, Vol. 16, No. 1/2 (SPRING/FALL), 201-219.

Philip. A. (1981), "Récurrences thématiques et topologie dans le Phèdre de Platon", *Revue du Metaphysique et de Morale* 86. 4, 452-476.

Poratti, A. (2010), *Platón. Fedro*. Traducción, introducción y notas, Madrid, Akal.

Price, A.W. (1992), "Reason's New Role in the Phaedrus", L. Rossetti (ed.), *Understanding the Phaedrus*, Sank Agustin: 243-5.

Rowe, C.J. (1986), "The Argument and Structure of Plato's *Phaedrus*", *Proceedings of the Cambridge Philological Society* 32, 106-25.

Rowe, C.J. (1987), "The Unity of the *Phaedrus*: a Reply to Heath", *Oxford Studies in Ancient Philosophy*, 175-88.

Rowe, C.J. (1999 a), *Plato. Phaedrus*. Traducción con introducción y comentario, Warminster.

Ryan, P. (2012), *Plato's* Phaedrus*: A Commentary for Greek Readers*, Norman.

Schiappa, E. (1990), "Did Plato Coin Rhetorike?", *American Journal of Philology*, 111: 457-70.

Schleiermacher, F. (1836), *Introduction to the dialogues of Plato*, trad. de W. Dobson, Cambridge-London.

Solana Dueso, J. (1994), "Retórica y dialéctica: la disputa sobre la unidad del Fedro", *L'Antiquité Classique*, T. 63, 231-236.

Vallejo Campos, A. (1994), "El *Fedro* y la retórica de Aristóteles", *Méthexis* 7: 71-90:

Vásquez Yel, S. (2017), "Persuasión en Platón: de la crítica de la retórica a su reformulación", *Resonancias. Revista de filosofía*, 3, 71-87.

Velardi, R. (2006), *Platone. Fedro*. Testo greco a fronte, Milano.

Yunis, H. (2011), *Platonos Phaidros*, Cambridge.

Werner, D. (2012), *Myth and philosophy in Plato's* Phaedrus, Cambridge.

LA CRÍTICA E INTERPRETACIÓN DE LA POESÍA: UN POSIBLE APORTE DE DIÓGENES DE ENOANDA A LA POLÉMICA ENTRE EPICUREÍSMO Y GRAMÁTICA

Juan Agustín Vargas Caparróz (UBA)

> [...] La [filosofía] griega, a excepción de Pirrón, Epicuro y algunos inclasificables, es decepcionante: no busca más que la verdad
>
> E. M. Cioran[171]

Introducción

El devenir de la gramática como disciplina autónoma en Occidente es resultado de un proceso gradual en cuyo desfile podemos hallar desde los primeros rapsodas hasta una grandiosa tradición de comentaristas del mundo helénico.[172] Entre sus aristas, también concurre la polémica con otros campos de pensamiento discursivo, como es el caso de la filosofía. A propósito, el testimonio de Sexto Empírico es digno de considerar. A lo largo del libro primero de *Contra los profesores*, el escéptico distingue las partes de la "gramática perfeccionada"[173] y se dispone a minar sus bases. En particular, en el presente trabajo atenderemos a la tercera de sus partes: la interpretación de los dichos poéticos. Dentro de esta sección, nuestro interés radica en la defensa del gramático por mostrar la utilidad de su arte al sostener que, entre las filosofías formadoras del carácter, el epicureísmo ha sido deudor del registro literario poético.

Sin embargo, la originalidad del pensamiento de Epicuro, tal como intentaremos mostrar, no implicaría tal deuda. Para abonar nuestra lectura, en primer lugar, consideraremos el espíritu autodidacta de Epicuro y la edificación de su sistema. Contra este, veremos en detalle la acusación del gramático. Tomando como hilo conductor la argumentación de Sexto en defensa del epicureísmo, consideraremos el caso particular del fragmento 142 de Diógenes de Enoanda. Allí, este epicúreo hace un uso explícito de la literatura homérica dentro de su *Defensa de la vejez*. Sin embargo, su uso e interpretación sería autónomo al campo de la técnica gramática.

---

[171] Cioran (1986 [2014]:14).

[172] Cf. Pfeiffer (1981) y Mosterín (2007).

[173] Sexto distingue esta "gramática perfeccionada" de la gramática en general, esto es, como el "arte del leer y escribir" contra el cual no esgrime crítica alguna. Por el contrario, para el escéptico, "al arte de leer y escribir no solo no tenemos que reprocharle, sino que le debemos un profundísimo agradecimiento" (*Adv. Math.* I, 56).

I. Epicuro, espíritu autodidacta

En el comienzo de *Contra los profesores*, Sexto advierte que su crítica a las enseñanzas de los profesores no es novedosa. Otros ensayos ya habían sido realizados por Epicuro y Pirrón. Para el primero, su enseñanza –la de los profesores– en "nada ayudan al perfeccionamiento de la sabiduría" (*Adv. Math.* I, 2). Si damos crédito a Diógenes Laercio (X. 2), ya en una edad prematura Epicuro había mostrado cierta aversión a las lecciones de sus maestros al considerarlas insuficientes. Voltaire lo recuerda con estilo particular:

> Fue sabio ya a la edad de doce o trece años: porque cuando el gramático que le enseñaba recitó este verso de Hesíodo: El caos fue creado el primero de todos los seres,
>
> "¡Cómo! ¿Quién lo produjo –dijo Epicuro– puesto que era el primero?" "No lo sé –contestó el gramático. Solo lo saben los filósofos". "Entonces voy a instruirme con ellos", replicó el niño. Y desde entonces y hasta los setenta y dos años cultivó la filosofía. (*El filósofo ignorante*, § XLIV)

Quizá por este distanciamiento Epicuro se granjeó la fama de "inculto". En efecto, Sexto aduce en segunda instancia que su rechazo a las enseñanzas de los profesores resultaba de una ignorancia disimulada y el rencor que guardaba contra pensadores serios y formados, como Platón o Aristóteles (I, 4). Sin embargo, si consideramos que Epicuro edificó un sistema sumamente consistente donde sus reflexiones sobre la Naturaleza armonizan con una teoría del conocimiento y una propuesta ética, si lo consideramos, la crítica de su disimulación de ignorancia parece no ser del todo justa. Ciertamente, en el pensamiento de Epicuro concurrimos al encuentro de un espíritu tan revoltoso como reformador[174]. Consideremos, pues, parte de la propuesta de este espíritu que se instruyó a sí mismo (D.L. X, 13).

I.1. Una nueva modalidad de conocimiento

Frente a las insuficiencias explicativas de sus profesores, los esfuerzos intelectuales –y morales– de Epicuro edifican una sabiduría original. Con ellos, asistimos a un novedoso modo de saber cuya finalidad no es otra que la conquista de la ataraxía o la imperturbabilidad del ánimo. En esta propuesta lo relevante no es el contenido, sino la forma de saber, estableciéndose un nuevo criterio de evaluación: todo

---

[174] Para una presentación sistemática de la originalidad y polémicas que habría suscitado el sistema de Epicuro en su tiempo Cf. B. Farrington (1979), C. García Gual (2011), E. Bieda (2015).

conocimiento es considerado útil siempre y cuando colabora a la producción de un carácter alegre y feliz.[175]

Cabe insistir, dentro de este modelo, ningún campo de saber queda excluido sin más. En sus epístolas, Epicuro reflexiona sobre la Naturaleza, los dioses, los deseos y el alma, pero su finalidad no es una descripción motivada por una inocente curiosidad. Por ejemplo, su estudio de la Naturaleza (*physiología*), tal como leemos en la *Sentencia Vaticana* 45, no forma "fanfarrones" ni "trabajadores de la voz", ambos, con el afán del reconocimiento vano de la popularidad. Por el contrario, la fisiología forma caracteres altivos, seguros de sí mismo y difíciles de dominar. También asiste al cultivo de la autosuficiencia, es decir, la capacidad de prescindir de cualquier agente externo para contentarse consigo mismo:[176] "su estudio libera de las preocupaciones por los bienes que surgen de las cosas". Por otro lado, Epicuro vislumbra en la *paideía* de su tiempo un horizonte polémico y agónico, donde prima la competencia por la preeminencia y la fama pública. Frente a esta situación belicosa, es comprensible que su sabiduría invite a tomar distancia y se presente como un llamado a volver sobre uno mismo, para una conducción de la existencia propia en un modo libre y autónomo.[177] Su exhortación es conocida:

> Desplegando las velas huye, hombre feliz, de toda cultura (*paideían*). (D.L. X, 6)

II. El delito de Epicuro

A pesar de la originalidad del pensamiento de Epicuro, el gramático –cuya voz Sexto reconstruye– tiene razones para sospechar de ella. Asimismo, esta sospecha va de la mano con una defensa de la gramática en cuanto arte de la interpretación correcta de poetas y prosistas. Dice Sexto:

---

[175] En especial, en este punto seguimos las consideraciones de M. Foucault quien, en *La hermenéutica de sujeto. Curso en el College de France* (1981-1982), clase del 10 de febrero de 1982, segunda hora, analiza la relevancia del epicureísmo dentro del análisis en torno a la relación entre subjetivación y veridicción (*veridiction*), "la experiencia de sí consigo" y el gobierno de los otros.

[176] Asimismo, leemos en la *Epístola a Pítocles*, 87: "No se debe estudiar la Naturaleza según axiomas vacíos y principios arbitrarios, sino como lo solicitan los fenómenos. Pues nuestra vida no tiene necesidad de irracionalidad ni opinión vacía, sino del hecho de que vivamos sin turbación". En adelante, para la obra de Epicuro, seguimos las traducciones de E. Bieda (2015).

[177] Cf. *Máximas capitales*, 21.

En todo caso [los gramáticos] afirman que la poesía ofrece muchos apoyos de cara a la sabiduría y a una vida feliz, pero que sin la luz de la gramática no es posible ver claramente qué es que los poetas quieren decir en cada caso; por lo tanto, que la gramática es útil.

Y que la poesía ofrece abundantes apoyos para la felicidad resulta evidente del hecho de que la filosofía mejor y formadora del carácter ha tenido su principio y raíz en los dichos sentenciosos de los poetas, y por ellos los filósofos, cuando querían hacer alguna exhortación, se servían de frases de poetas por así decir a modo de colofón de sus propias palabras. (*Adv. Math.* I, 271-2)

De este valor de la poesía también son acreedores los "detractores de la gramática": Pirrón y Epicuro. Sin embargo, para Sexto, el caso del primero no levanta mucha polémica: si Pirrón habría leído Homero, es porque hallaba en su obra cierta utilidad y provecho –volveremos sobre este punto. Sin embargo, el caso de Epicuro ciertamente provoca controversia, pues "se lo ha sorprendido en flagrante delito de entrar a saco en los poetas para construir mejor su doctrina" (I. 273). Epicuro, quien se supone había resistido y se había revelado contra la paideía de su tiempo, es acusado de recurrir a sus voces principales.

Antes de dar una sentencia última, conviene acudir a las pruebas que ofrece el gramático. Por un lado, aduce que un verso tal como

Cuando hubieron satisfecho el deseo de beber y comer[178]

habría motivado las reflexiones de Epicuro sobre las modalidades de intensidad del placer en la cual la satisfacción de la sed y el hambre se corresponden con los deseos naturales y necesarios. Por otro lado, el gramático apela a otros versos que serían fuente de uno de los "fármacos" capitales epicúreos: "que la muerte nada es para nosotros" (*Ep. Men.* 124). Entre ellos, Sexto cita en favor del gramático un dicho del poeta Epicarmo:

Morir o estar muerto no me afecta.[179]

Y adhiere otro más:

Porque enfureciéndose insulta a lo que tan solo es ya insensible tierra.[180]

Ahora bien, sumando a la sospecha del gramático, también podemos considerar el caso –quizá más problemático– del fragmento 142 de

---

[178] Il I. 469
[179] DK B 11, fr. 23.
[180] *Il.* XXIV 54.

Diógenes de Enoanda. En este fragmento, que formaría parte de su tratado Sobre la vejez, leemos:

> También dicen los poetas, pues, que el anciano, aunque no pueda ser de valor por su cuerpo, vence con sus palabras. Cuando buscaba la mejor opinión en el consejo, después de que hablara Néstor, según Homero, dijo: "En verdad que, en la asamblea, anciano, superas a todos los hijos de los aqueos".[181] Antes de la asamblea, según cuenta el mismo Homero, "en el consejo hizo sentarse en primera fila a los magnánimos ancianos". Y también en otros versos: "Ya licenciados por su vejez del combate, pero nobles oradores".[182] A estas palabras de Homero se añade el dicho del autor trágico Sófocles... (fr. 142)[183]

Antes de considerar con cuidado el caso de Diógenes, conviene atender el juicio de Sexto sobre las acusaciones del gramático contra el epicureísmo y la hegemonía de la poesía sobre la filosofía. "Y bien, eso de que los dichos sentenciosos de los poetas son útiles para la vida y constituyen el fundamento de la filosofía es verdaderamente una afirmación propia de los gramáticos" (I 277-8).

II.1. Sexto en defensa de Epicuro

Sexto reconoce y concede el valor y utilidad para la vida de algunos dichos poéticos: justamente aquellos que se expresan de modo exhortativo o gnómico. No obstante, estos dichos resultan claros y comprensibles para cualquiera, es decir, no precisan de la técnica gramática para su interpretación correcta. Por otro lado, existen dichos que son más complejos y que narran historias tan insólitas como enigmáticas. En estos casos, conviene acudir al saber del gramático para su comprensión. Empero, el conjunto de estos dichos, no aportan utilidad ni sabiduría a la vida. Siendo así la situación,

> la supuesta utilidad de la gramática no alcanza los beneficios que proporcionan los primeros [dichos poéticos] y se convierte en aliada de la futilidad de los segundos (I 278-9).

---

[181] *Il.* III 370.

[182] *Il.* III 150.

[183] Para las referencias de los fragmentos de Diógenes tomamos las traducciones de C. García Gual (2016), quien sigue el orden y numeración de M. F. Smith (2003).

Más aún, no es difícil convenir con Sexto al sostener que el entendimiento no se deja persuadir por si una afirmación está bien expresada o no, sino que precisa de pruebas.

> Pero la demostración de que una afirmación es o no cabal
> no es competencia de la gramática sino de la filosofía; por
> lo tanto, también en este punto resulta ser la gramática vana
> y superflua (I 279).

Teniendo estas críticas en mente, el escéptico vuelve en defensa de Epicuro contra las acusaciones del gramático. Por un lado, Epicuro no habría tomado de los versos homéricos sus ideas sobre la intensidad de los placeres. Ciertamente hay una diferencia sustancial entre que unos hombres hayan satisfecho su hambre y sed, y sostener, como Epicuro, que el placer sea definido como "la supresión de todo lo doloroso" (I 283). Además, Epicuro no restringe el dominio de los deseos al comer y al beber (I 284), sino que en él entran otros más: el refugio y la vestimenta, pero también el sexo y la amistad.

Por otro lado, si bien es posible encontrar en el registro literario la tesis de "que la muerte nada es para nosotros", "fue Epicuro quien la demostró, y lo admirable no es decirlo, sino demostrarlo" (I 285). Sexto clarifica y amplía este punto: contra lo que se podría pensar, advierte que el estar muerto sea indiferente no se aplica a su adverso, el estar vivo. Sin duda, para Epicuro, el estar vivo es preferible, pues en este estado se goza de bienes y placeres. Lo que Epicuro quiere decir es que "en el estado de insensibilidad, no hay ni bien ni mal" (I 285), o, en otras palabras, afecciones o pasiones, sean placenteras o dolorosas.

Además, Sexto agrega otra crítica contra la pretensión de que la poesía es fuente de las filosofías formadoras del carácter. Si atendemos con cierto cuidado a los dichos de la poesía, así como podemos hallar versos en los cuales se da a entender que quien ha muerto carece de sensaciones, hay otros que los contradecirían. Entre ellos, Sexto recuerda las palabras de Tiresias a Odiseo, en el cual leemos que las ánimas en el inframundo se hallan sedientas de sangre:

> Pero vete lejos del hoyo y aparta la espada agudísima
> Para que, ya bebida la sangre, verdades te diga.[184]

En sintonía con este verso, también podemos añadir la añoranza del alma de Aquiles en su encuentro con Odiseo en el Hades,[185] o bien el

---

[184] *Od.* IX 95-96.
[185] *Od.* XI 489-ss.

retiro entre llantos del alma de Patroclo tras su aparición ante Aquiles en las costas del campamento aqueo.[186]

Con todo, luego de esta defensa y depuración escéptica, resulta cuanto menos arriesgado creer que la poesía, con sus oscilaciones antitéticas, sea un antecedente seguro del epicureísmo. Tomando como hilo conductor las críticas de Sexto, volvamos sobre el fragmento 142 de Diógenes de Enoanda. Como hemos mencionado, este fragmento se inserta dentro de un tópico que también había interesado a Epicuro: el fenómeno y experiencia de la vejez.[187]

III. Diógenes de Enoanda, en defensa de la vejez

Tal como hemos señalado con Sexto, lo distintivo de la filosofía es la persuasión del entendimiento mediante pruebas. Justamente, esta es la intención del epicúreo Diógenes de Enoanda entre los fragmentos que conservamos de su tratado "Sobre la vejez", tema y vivencia que afecta directamente a Diógenes, quien –como leemos en la introducción de su *Física*– se halla "en el ocaso de la vida" (fr. 3). El tratado se inaugura con la molestia e irritación de Diógenes contra los jóvenes "avanzados en educación", quienes se arrogan el derecho a pronunciarse sobre la experiencia de la vejez:

> Muchas veces, muchachos, ya me he indignado ¡por Heracles! con los que todavía no han envejecido [pero ya se consideran capacitados para presentar grandes reproches contra la vejez, en la creencia de que trae muchos males al ser humano]. Son esos que han progresado tanto en su educación, que no sólo elogian al poeta Hesíodo cuando dice ["en el funesto umbral de la vejez", e incluso añade...]
> (fr. 138)

La intención de Diógenes, sin embargo, no es una refutación polémica, sino la depuración de las opiniones erróneas.[188] Teniendo esto en mente, consideremos cómo se inserta el fragmento 142 de Diógenes en sus argumentaciones y el lugar que tendría la poesía en sus cavilaciones filosóficas:

a) En primer lugar, contra la acusación de que la vejez conlleva un estado de *apátheia*, esto es, de ausencia de pasiones (fr. 149), Diógenes lleva una defensa filosófica sobre la base del epicureísmo. A pesar de la

---

[186] *Il.* XIII 103-ss.

[187] Cf. Epicuro, *Ep. Men.* § 122 y *Sentencia Vaticanas*, 17, 19, 75, 76.

[188] Cf. G. Roskam (2017) quien ha llevado una labor exhaustiva y sistemática de las modalidades argumentativas de Diógenes.

lejanía de centenares de años, Diógenes es fiel seguidor de las doctrinas de Epicuro. Entre ellas encontramos, en el fragmento 153, la clasificación de los deseos en naturales –como el comer y el beber–, y los vacíos, producto de la opinión.[189] Entre estos, Diógenes trata el afán de riquezas (fr. 152), afán que, incluso cuando se lo alcanza, siempre existe un resto de insatisfacción, propio del espíritu para el que nada es suficiente.[190]

Entonces, el lector bien podría preguntar: "Con que, Diógenes, si el ser humano no encuentra jamás en la riqueza el ser feliz, ¿cómo se hace placentera la vida?" (fr. 154). Ciertamente no en las montañas de oro de Creso (fr. 152), sino en una "pobreza" conforme a la naturaleza (fr.155), dominando y circunscribiendo el deseo a lo natural y necesario, de fácil satisfacción.[191]

Volviendo sobre la acusación de falta de pasiones –agregamos: violentas– y teniendo en cuenta la argumentación de Diógenes, parece que la *apátheia* resulta ser signo de sabiduría. Por la misma razón, es necio e ilusorio creer que en el deseo desmedido se halla el verdadero placer. Este, no solo apena al alma con su posible realización, sino –y más aún– cuando no se concreta realmente. Así pues,

> [C]uando no hay deseo de las cosas, tampoco surgen penas
> por ellas, a no ser que alguno desvaríe de verdad
> empeñándose en apenarse por ese mismo hecho de estar
> privado de sentir deseos... (fr. 149).

b) Entre las estrategias argumentativas de Diógenes, el contraejemplo resulta ser un aliado contra las pretensiones universales de los prejuicios. Así, contra aquellos que acusan a la vejez de ser un estadio donde los sentidos como la vista no son tan eficaces como antes, Diógenes recuerda que este padecimiento también es común en algunos jóvenes:

> Que, aunque ansíen ellos ver claramente algo, no pueden
> por muy distintas causas, y se angustian entonces, no
> menos, sino más que los viejos" (fr. 145 + NF 133).

Del mismo modo, también erran en su análisis aquellos que acusan que los desvaríos son efecto de la vejez. La causa de ellos es otra, "surgida de nuestra propia naturaleza" (fr.146). Bien podríamos pensar que esta causa reside en el mal uso del juicio y el cultivo de opiniones falsas sobre las cosas.

Además, Diógenes recuerda que

---

[189] Cf. *Máximas capitales*, 29 y *Ep. Men.* 127.
[190] Cf. *Sentencias Vaticanas*, 59, 68, 69, 81.
[191] Cf. *Sentencias Vaticanas*, 8, 25, 33.

muchos de nosotros han llegado a muy viejos y alcanzaron la edad de los cien años sin haber sufrido ninguno de los males de que se ha hablado, sino que se conservaron muy dueños de sus sentidos hasta el último día de su vida (fr. 147).

Si bien no contamos con referencias específicas, bien podríamos pensar en un longevo Platón que vivió hasta los ochenta años o un Diógenes de Sinope que, según se dice, vivió hasta los noventa.[192]

Ahora bien, los casos anecdóticos, en tanto son excepcionales, puede que estén lejos de ser una argumentación demoledora. Sin embargo, incluso cuando no se tenga la fortuna de contar con una buena condición física para vivir con longevidad, el epicureísmo invita a entablar una relación saludable y agradable con la constitución particular de cada cuerpo. Epicuro, por ejemplo, a pesar de su condición débil y propicia a la enfermedad, había alcanzado la edad de setenta años. Y Diógenes de Enoánda, a pesar de sus dolencias cardiacas (fr. 117), logra avanzar hasta la vejez con alegría. En este sentido, su testimonio o evidencia anecdótica guarda cierto valor heurístico que nos llama a probar la "terapia epicúrea" llevando un régimen de vida frugal y tranquilo.

c) Entre sus actitudes argumentativas, Diógenes a veces razona desde la perspectiva de un hombre pedestre, evitando entrar en enmarañadas cuestiones metafísicas y razonando desde la materialidad del mundo cotidiano. Sin duda, por esta sensibilidad se gana la simpatía del lector no instruido en filosofía. Acaso, Diógenes trata la experiencia de la vejez desde las complicaciones que podría acarrear su experiencia. Ciertamente, el epicureísmo trata de obtener el mayor placer de cada situación, pero no por ello evita hablar de aquellos hechos comunes, pero no tan agradables. No obstante, estos funcionan como material para el consejo del sabio. Desde esta perspectiva, leemos:

Si los viejos ya no pueden comer alimentos sólidos por las faltas de algunos dientes, ya saben que eso no empeora su existencia, pues toman con gusto alimentos líquidos (NF, 211).

Asimismo, leemos en una epístola dirigida a sus familiares y amigos, que Diógenes llevaba sin molestias una dieta basada sobre leche cuajada (fr. 121).

d) Diógenes responde por la vejez ante los "avanzados en educación", pero también a los prejuicios comunes de su tiempo –aunque no siempre ajenos al nuestro–, que siembran la creencia de que la vejez es un mal en

---

[192] Cf. Diógenes Laercio III. 2 y VI. 76.

el cual la reducción de las habilidades motoras hace del anciano lento y torpe. Sin embargo, el prisma epicúreo invita a ajustar la mirada y ver en la lentitud del caminar del anciano, la prudencia del paso que avanza tranquilo, pero constante. Asimismo, que el viejo sea comparado con el elefante tampoco molesta a Diógenes, "[y]a que el elefante parece ser inteligente y muy tranquilo y longevo…" (fr. 146).

e) Argumentaciones filosóficas en torno a la naturaleza y el deseo, contraejemplos y evidencia anecdótica, consejos de un hombre que experimenta la vejez, analogías zoológicas, todas ellas, estrategias argumentativas que se alejan de la acusación del gramático y la supuesta deuda del epicureísmo a la poesía. Sin embargo, Diógenes se coloca en el mismo campo poético de sus adversarios para mostrar, a partir de otros dichos, que una posición equipolente también subyace a su fuente de autoridad.

Contra la acusación de que en la vejez se pierde la fuerza y vitalidad del cuerpo, Diógenes recuerda que estos aspectos no son los únicos que hay que cuidar. Si consideramos el universo de la poesía antigua, el personaje de Aquiles encarna el paradigma de virilidad y de violencia imponiéndose sobre los demás héroes y guerreros. Sin embargo, la destreza en el campo de batalla no agota todos los combates de la vida. Diógenes, consciente de esto, apunta que el escudo y la espada son "armas de ningún modo válidas frente a los sufrimientos y la ira creciente del Pélida" (fr. 143). Allí donde no llega el filo de la espada, el cuidado epicúreo aprovisiona de un discurso de sabiduría práctica. Diógenes, se presenta como un varón versado y no solo menciona la autoridad de Homero, sino que también recurre a la del poeta Alcmán, para señalar que, si es preciso defenderse, "es virtuoso hacerlo con palabras más que con violencia" (fr. 143).

El ejercicio intelectual de la palabra cumple, entonces, una función de cuidado interno, pero también de participación y apertura pública. Los músculos se atrofian y la fuerza abandona el cuerpo, pero el viejo "vence con sus palabras" (fr. 142). Para ilustrar este punto, Diógenes, versátil argumentador, ofrece los versos de la Ilíada que hemos considerado más arriba. En ellos, nos recuerda la excelencia del personaje de Néstor, pero también de Príamo y el consejo de sabios que lo asiste.

Sin embargo, desde el epicureísmo, esta última argumentación bien podría causar sospecha: ¿Por qué un filósofo epicúreo apelaría a la utilidad política del consejo del anciano cuando, según dicta uno de los preceptos del Maestro, el sabio "no practicará política"?[193] Ciertamente,

---

[193] D.L. X 119. Para un análisis del alcance del pensamiento ético y político de Diógenes, cf. Morel (2017).

este argumento es más esperable en la tradición estoica, tal como lo hallamos en el *De Senectute* de Cicerón.[194] No obstante, según leemos, el sentido del uso de la poesía en Diógenes no es otro que el de mostrar a "los avanzados en educación" que su uso de dichos poéticos es unilateral e infundado, exhibiendo versos que contrarrestarían su posición. Este mismo punto no será ajeno a la crítica de Sexto, quien señala que la gramática en tanto técnica interpretativa de los poetas y prosistas debe ocuparse de todas sus expresiones. Si se avoca solo al análisis y promoción de los dichos que ofrecen sabiduría a la vida, la gramática sería útil, pero su labor incompleta. Para ser completa, tendría que analizar por igual versos tales como

> No me hables de Riqueza; yo no venero a un dios
> Que incluso el más canalla adquiere fácilmente.[195]

Sin duda, cargados de virtud, pero que deberían de ser considerado al mismo nivel técnico que otros cuyo contenido sea opuesto:

> Oro, el más hermoso don para los mortales,
> Pues que ni una madre proporciona tal gozo a los hombres,
> Ni los hijos, ni el padre querido,
> Como el que tú y quienes te tienen en sus casas.[196]

Desde esta situación, la gramática, es su aplicación completa, no siempre resultaría ser útil para la vida, y la labor del gramático, si no vana, al menos despierta duda y sospecha.

IV. De los fines de la filosofía

A pesar de sus críticas, Sexto no divorcia determinantemente la filosofía de la poesía. Pirrón, por ejemplo, desenrolla las obras de Homero, pero no para engañar al común de la gente,[197] sino a modo de diversión, "como quien asiste a una comedia" (I 281). Pero esta diversión no habría sido ociosa: de ella habría prestado atención a las figuras poéticas y a los rasgos de estilo. Y con estos recursos, habría compuesto un poema a Alejandro de Macedonia por el cual habría recibido una paga sustancial (I 282).

---

[194] *De Senectute*, VI.

[195] Eurip., fr. 20 Nauck.

[196] Eurip., fr. 324 Nauck.

[197] En *Adv. Math.* I, 280, Sexto recela del filósofo que hace uso de la poesía para persuadir. Detrás de este, hay para el escéptico un pérfido deseo de engaño. Sin embargo, tal como leemos, el uso de la poesía de Diógenes no entraña el deseo de un reconocimiento social, sino que su intención es filantrópica (cf. García Gual, 2016b). No olvidemos que su inscripción está dirigida al beneficio del lector, no al propio de Diógenes.

Esta función práctica de las artes también es compartida por el epicureísmo. Para el filósofo epicúreo todo saber técnico siempre se halla supeditado a la práctica filosófica.[198] En este sentido, el filósofo bien podría –por ejemplo– aprender de economía y amasar una fortuna con sus negocios, pero su objetivo no será la ganancia y acumulación económica por sí misma. En otras palabras, resulta vano practicar la técnica por la técnica misma. Antes bien, ésta le resulta siempre un medio para vivir agradablemente, y de haber algún exceso de ganancia, estas –como leemos en *Sensencias Vaticanas*, 67–, serían destinadas a prodigar placer y beneficio al prójimo: sea mediante un pequeño lujo para compartir –Epicuro encuentra en un poco de queso un digno banquete– o, como Diógenes, encargando la construcción de un muro que publicite el saber terapéutico epicúreo.[199]

Del mismo modo, al aplicar un uso filosófico sobre la técnica gramática e interpretación de los dichos poéticos –si es que la hay–, el filósofo lejos está de realizar comentarios exegéticos. No invertirá sus esfuerzos en realizar genealogías de héroes o analizando las provisiones del catálogo de naves. Sin duda, el uso que Diógenes realiza sobre los pasajes homéricos no es inocente. Parte de su apuesta es convocar –y prestar auxilio– a la mayor cantidad de personas, y para ello parece ser razonable valerse a veces de lugares de conocimiento general, como la poesía de Homero. Ciertamente su inscripción no tendría el mismo alcance si solo se restringiera a sus cavilaciones eruditas, como las que esgrime, por ejemplo, en su polémica contra la teología estoica (cf. fr. 20, NF. 167 + 126/127). Muchas son las máscaras argumentativas con las que Diógenes juega y polemiza, pero una sola es la sabiduría por la que aboga contra todo saber técnico profesional. Siguiendo a Epicuro:

> Es necesario reír y filosofar al mismo tiempo, administrar los asuntos de la casa, servirse de los restantes asuntos personales y jamás dejar de proclamar las voces de la recta filosofía. (*Sentencias Vaticanas*, 41)

V. A modo de conclusión: el devenir de la gramática

---

[198] Cf. D. Blank (2009), quien ha analizado la relación entre las técnicas y la filosofía epicúrea desde la literatura de Filodemo.

[199] Para el valor y originalidad de la inscripción de Diógenes dentro de la tradición epigráfica de Enoanda, cf. M. Bachmann (2017) y J. Hammerstaedt (2017).

Recapitulando, recojamos y enumeremos brevemente las conclusiones a partir del recorrido que hemos trazado:

(i) El espíritu crítico de Epicuro, y la originalidad de su modelo de saber podría considerarse como un hito que polemiza contra el espíritu de la educación de su época, y entre sus expresiones, contra los profesores de gramática.

(ii) El testimonio y las críticas de Sexto, al menos en el libro primero de *Contra los Profesores*, sería útil como hilo conductor para una defensa del epicureísmo contra las pretensiones y acusaciones de la gramática.

(iii) El testimonio de Diógenes de Enoanda no solo prestaría aportes al epicureísmo en general, sino que su uso de la poesía en el fragmento 142 ofrecería una defensa contra las posibles acusaciones del gramático.

(iv) El epicureísmo, a pesar de su espíritu crítico contra la *paideía*, no renegaría sin más de la tradición literaria, sino de su uso técnico y profesional, el cual no entrañaría provecho alguno para la vida práctica.

Ahora bien, a pesar de las posibles polémicas que hemos tratado, sea contra el epicureísmo, sea contra la agudeza escéptica de Sexto, los límites y posibilidades de la gramática no quedan inhabilitados del todo. Para pensar su originalidad como disciplina autónoma, hay que considerarla desde la inauguración de una nueva utilidad que se encuentra en un dominio diferente al de la inmediatez de la vida práctica. Si consideramos por caso la *Gramática* de Dioniso Tracio, su fin no es la educación de una lengua madre, y lejos se halla de la instrucción retórica o dialéctica.[200] Tal como leemos, en su programa disciplinar (*Gram.* I) hallamos una parte *kritikón*, es decir, de "crítica de los poemas". Empero, su tratamiento no refiere a un mero análisis literario, sino que supone el trabajo meticuloso de reconstruir con la mayor justicia posible, y a partir de reglas precisas, las obras de los autores antiguos que sin duda son de suma utilidad y valía para el humanismo en occidente. El cuidado y seriedad del trabajo filológico del gramático, entonces, posibilita su comprensión para recibir adecuadamente su herencia. En este sentido, al tiempo que se aparta de polémicas filosófico-morales, el devenir de la labor y de las exigencias metodológicas de la gramática se acerca más a del restaurador de una obra de arte.

---

[200] Cf. García Gual (2002:16-18).

Referencias bibliográficas

Bachmann, M. (2017), "Oinoanda. Research in the City of Diogenes" en Hammerstaedt, J, Morel, P. & Güremen, R. -eds.- (2017), *Diogenes of Oinoanda: Epicureanism and Philosophical Debates*, Belgium, Leuven University Press.

Bieda, E. (2015), *Epicuro*, Buenos Aires, Galerna.

Blank, D. (2009), "Philophia and Technē: Eepicureanism on the arts" en Warren, J. -ed.- (2009) *The Cambridge Companion to Epicureanism*, Ney York, Cambridge University Press.

Cicerón, E. (2009), *Sobre la vejez Madrid*, Alianza.

Cioran, E. (2014), *Ese maldito yo*, Buenos Aires, Tusquets Editores.

Dionisio Tracio (2002), *Gramática*. Traducción, introducción y notas V. Bécares Botas, Madrid, Gredos.

Diógenes Laercio, (2013) *Vidas y opiniones de los filósofos ilustres*. Traducción, introducción y notas: Carlos García Gual. Madrid, Alianza.

Epicuro (2009), *Obras completas*, trad. José Varas, Madrid, Cátedra.

Farrington, B. (1974), *La rebelión de Epicuro*, Barcelona, Laia B.

Foucault, M. (2014 [1981-1982]), *La hermenéutica del sujeto. Curso en el Collège de France*. Buenos Aires, Fondo de Cultura Económica.

García Gual, C. (2002), "Introducción" en Dionisio Tracio (2002) en *Gramática*. Traducción, introducción y notas V. Bécares Botas, *Op. Cit.*.

_________________ (2011) *Epicuro*, Madrid, Alianza.

_________________ (2016) *El sabio camino hacia la felicidad: Diógenes de Enoanda y el gran mural epicúreo*, Bogotá, Ariel.

_________________ (2016 b) "Filantropía epicúrea. La inscripción de Diógenes de Enoanda y su afán benéfico" en *El sabio camino hacia la felicidad*, Bogotá, Ariel.

Hammerstaedt, J. (2017) "The Philosophical Inscription of Diogenes en the Epigraphic Contexto of Oinoanda. New Finds, New Reserch, and new Challenges" en Hammerstaedt, J, Morel, P. & Güremen, R. -eds.- (2017), *Op. Cit.*

Mosterín, J. (2007), *Helenismo*, Madrid, Alianza.

Liori, A. (2009), *Epicuro. La felicità*, Roma, GTEN.

Lledó, E. (2017), *El epicureísmo*, Madrid, Taurus.

Pfeiffer, R. (1981), *Historia de la filología clásica*, vol. I, Madrid, Gredos.

Roskam, G., "Diogenes' Polemical Approach, or How to Refute a Philosophical Opponent in an Epigraphic Context" en Hammerstaedt, J, Morel, P. & Güremen, R. -eds.- (2017), *Op. Cit.*.

Sexto Empírico, (1997) *Contra los profesores*, Introducción, traducción y notas por J. Bergua Cavero, Madrid, Gredos.

Voltaire, F.-M. (1978), *Opúsculos satíricos y filosóficos*, Madrid, Ediciones Alfaguara.

FICCIÓN Y REPRESENTACIÓN EN AULO GELIO

Jorge Mainero (UBA)

Como su precursor Plutarco, Aulo Gelio fue un hombre de dos mundos: un romano reminiscente, consagrado a escribir las *Noctes Atticae* a partir del recuerdo de su experiencia formativa iniciática en Atenas. De este desplazamiento primario surgen muchos otros, incluido el que será objeto de análisis en el presente estudio. Retórica, antigüedades griegas y romanas, apuntes lingüísticos, anécdotas y arte ingenuo son algunos de sus focos narrativos en sucesión constante; son también los presupuestos del quehacer literario bajo los Antoninos. En su miscelánea (V, 14), se nos transmite la historia del extraño vínculo entre el esclavo de un *vir consularis*, Androclo, y el león que se abstuvo de devorarlo cuando aquel hombre fuera entregado a las fieras, como parte de un espectáculo ofrecido al pueblo en el Circo Máximo.

Gelio proyecta la actitud de un historiador de la cultura, dispuesto a recurrir ya a tradiciones orales, ya al testimonio de fuentes documentales; aquí da cuenta de un episodio tradicional. Él mismo, al principio, deja constancia de su apropiación del relato del greco-egipcio Apión;[201] sin embargo, el aire de cuento popular es manifiesto. Ya Malinowski distinguía entre mitos, o relatos sagrados, y cuentos populares, o historias profanas.[202] Pero conviene complementar su definición atendiendo a la escuela antropológica norteamericana de Franz Boas y Ruth Benedict. Esta última subrayó que mitos y cuentos populares se pueden conectar porque "un relato entra y sale fácilmente del complejo religioso, y argumentos que se narran en dos continentes como cuentos profanos constituyen localmente mitos que explican la creación de los hombres y el origen de las costumbres, pudiendo ser dramatizados en el ritual religioso".[203]

---

[201] Apión, discípulo e hijo adoptivo de Dídimo, nacido en el oasis El Kargeh, sucedió a Teón al frente de la escuela de Alejandría, tratando de mantener la línea científica de Aristarco. Enseñó en varias ciudades, Roma incluida. En el año 40 d.C. formó parte de una delegación enviada a Calígula por los griegos alejandrinos; como representaba al grupo enemigo de los judíos en aquella urbe, Flavio Josefo lo atacó con dureza en el libro II de su *Contra Apionem*. Aparte de escribir las *Egipcíacas*, fuente de Gelio, se dice que practicó el espiritismo al convocar a la sombra de Homero para que revelara su patria (cf. Plinio, *Naturalis Historia*, XXX, 6. 18). También compiló un glosario homérico, basado en Aristarco de Samotracia, el bibliotecario de Alejandría, del cual no se conservan sino fragmentos. Cf. Lesky, A. (1976:836).

[202] Cf. Malinowski, B. (1985 [1926]: 109-ss).

[203] Benedict, R. (1933:179), citado por Kirk, G. S. (1985:48).

Por lo demás, G. S. Kirk ajusta el concepto de cuento popular en los siguientes términos: se trata de "cuentos tradicionales (...) en que los elementos sobrenaturales son subsidiarios; (...) su principal atracción consiste en su interés narrativo".[204] Otro rasgo a tener en cuenta es la pertenencia de los personajes a una clase social dada. En los cuentos populares hay un héroe popular, representativo de la masa social, mientras que en su mayor parte los mitos grecorromanos están protagonizados por héroes aristocráticos. Son característicos los motivos como el empleo del ingenio, la resolución de un acertijo, el empleo de instrumentos o auxiliares mágicos, o recursos como la repetición de acciones en una serie ascendente. Hay diferentes variedades en las diversas culturas: un ejemplo lo constituyen los relatos maravillosos europeos, como los cuentos de hadas de Grimm; otro tipo es el que reúne hombres y animales en interacción, que se desmarca a su vez de las fábulas o apólogos por su pretensión de verosimilitud, su inserción en un contexto histórico y la ausencia de una lección moral deliberada y manifiesta. De esta clase es la historia contada por Aulo Gelio.

Este trabajo se propone analizar el relato del anticuario romano, procurando poner en evidencia su organización estructural y formas de representación. Para ello se tendrá en cuenta, como marco teórico, parte del funcionalismo que V. Propp aplicaba a los cuentos populares rusos y el concepto de representación propuesto por R. Chartier, que afinó el uso de esa noción en las ciencias sociales. Por último, se han de incorporar en el análisis unas consideraciones sobre arquetipos de G. Durand.

I. *Noctes Atticae* V, 14.[205] Análisis funcional

El tema de Gelio es la anagnórisis y se impone por su interés narrativo, como se desprende del encabezado del capítulo 14:

> Quod Apion, doctus homo, qui Plistonices appellatus est,
> vidisse se Romae scripsit recognitionem inter sese mutuam
> ex vetere notitia hominis et leonis.

Acerca de esto, Apión, un erudito que fue llamado Plistonices, consignó por escrito que él vio en Roma el mutuo reconocimiento de un hombre y un león entre sí, procedente de una antigua familiaridad.

---

[204] Kirk G.S. (1985:50).
[205] El texto latino utilizado es el de la siguiente edición: *The Attic Nights of Aulus Gellius*, with and english translation by John C. Rolfe, Vol. I, Loeb Classical Library, Cambridge, Harvard University Press & London, William Heinemann, 1934.

Se presenta a continuación una narración polifónica, en la que las noticias de Apión enmarcan el relato propiamente dicho, a la vez que lo colocan bajo su autoridad. El autor romano aparece implícitamente como traductor de Apión, al cual varias veces remite anafóricamente el verbo declarativo *inquit* ("dice").

> 1 Apio (...) litteris homo multis praeditus rerumque Graecarum plurima atque varia scientia fuit. 2 Eius libri non incelebres feruntur, quibus omnium ferme, quae mirifica in Aegypto visuntur audiunturque, historia comprehenditur.

> Apión (...) fue un hombre de amplios conocimientos literarios, dotado de una erudición variada y muy extensa en cuestiones griegas. Se consideran de no poca notoriedad sus libros, en los cuales está comprendida la historia de casi todas las cosas notables que se ven y se oyen en Egipto.

El relato posterior está bipartido en dos secuencias narrativas. La primera, entre los parágrafos 5 y 16, es en rigor una prolepsis que nos anticipa el final; la segunda, puesta en boca del mismo Androclo, entre los parágrafos 17 y 28, da cuenta de las razones de la anagnórisis en que culminaba la primera secuencia. Véanse los pasajes más significativos de ésta, en el circo romano:

> 10 "Introductus erat inter compluris ceteros ad pugnam bestiarum datus servus viri consularis; ei servo Androclus nomen fuit. 11 Hunc ille leo ubi vidit procul, repente" inquit "quasi admirans stetit ac deinde sensim atque placide, tamquam noscitabundus, ad hominem accedit. 12 Tum caudam more atque ritu adulantium canum clementer et blande movet hominisque se corpori adiungit cruraque eius et manus, prope iam exanimati metu, lingua leniter demulcet. 13 Homo Androclus inter illa tam atrocis ferae blandimenta amissum animum recuperat, paulatim oculos ad contuendum leonem refert. 14 "Tum quasi mutua recognitione facta laetos" inquit "et gratulabundos videres hominem et leonem."

> Había sido incluido, entre muchos otros entregados a la lucha de fieras, el esclavo de un ex cónsul; este esclavo se llamó Androclo. Cuando aquel león repentinamente lo vio de lejos –dice– se detuvo como admirado, y luego se aproximó hacia el hombre, paulatina y plácidamente, como examinándolo. Entonces, mueve la cola suavemente y con indulgencia, según la costumbre y hábito de los perros que

adulan, y se acerca al cuerpo del hombre, ya casi exánime de miedo, y lame suavemente con su lengua sus piernas y sus manos. Ese hombre, Androclo, con aquellas caricias de una fiera tan atroz recupera el ánimo perdido, poco a poco vuelve los ojos para mirar al león. Entonces –dice–, habiéndose producido como un mutuo reconocimiento, podía verse al hombre y al león dichosos y felicitándose.

Las divisiones secuenciales son casi siempre contingentes, dado que dependen del criterio que se emplee para segmentar, pero la aquí adoptada puede resultar operativa. En el análisis que acto seguido se practica se han de aceptar metodológicamente algunos supuestos del esquema de Vladimir Propp, para quien las partes fundamentales del cuento son las funciones de los personajes, que representan las invariantes del relato, y que él identifica en cantidad limitada dentro del *corpus* del *folklore* ruso, hasta llegar a treinta y una; en este caso, ya que no se trata de una creación colectiva y anónima, sino de la versión de un autor literario, se crean algunas denominaciones especiales y no se tiene en cuenta la ley que presupone que la sucesión de tales funciones es siempre idéntica.[206]

Así, la secuencia primordial incluiría estas funciones: <u>situación inicial</u>, <u>castigo</u> y <u>reconocimiento</u>. Sigue una síntesis de la serie final:

17 "Cum provinciam" inquit "Africam proconsulari imperio meus dominus obtineret, ego ibi iniquis eius et cotidianis verberibus ad fugam sum coactus et, ut mihi a domino, terrae illius praeside, tutiores latebrae forent, in camporum et arenarum solitudines concessi ac, si defuisset cibus, consilium fuit mortem aliquo pacto quaerere. (...) 21 "Sed postquam introgressus" inquit "leo, uti re ipsa apparuit, in habitaculum illud suum, videt me procul delitescentem, mitis et mansues accessit et sublatum pedem ostendere mihi et porrigere quasi opis petendae gratia visus est. 22 Ibi" inquit "ego stirpem ingentem, vestigio pedis eius haerentem, revelli conceptamque saniem volnere intimo expressi accuratiusque sine magna iam formidine siccavi

---

[206] Cf. Propp, V. (1977). En la pág. 33, el autor puntualiza que "Por función entendemos la acción de un personaje definida desde el punto de vista de su significación en el desarrollo de la intriga". Publicado en 1928, el libro de Propp aportó un anticipo del camino que después recorrerían el análisis estructural y tipológico en lingüística y etnología; su traducción al inglés (*Morphology of the folktale*) en 1958 lo hizo conocer con bastante retraso en Occidente, y Lévi-Strauss publicó en 1960 un artículo en que oponía el formalismo ruso a su antropología estructural. Sin embargo, en sus "mitemas" hay una supervivencia, siquiera parcial, de las "funciones" de Propp.

penitus atque detersi cruorem. 23 Illa tunc mea opera et medella levatus pede in manibus meis posito recubuit et quievit, 24 atque ex eo die triennium totum ego et leo in eadem specu eodemque et victu viximus.

Habiendo obtenido mi amo –dice– la provincia de África con mando proconsular, yo allí fui obligado a la fuga por los injustos y cotidianos azotes de aquél; y para que los escondrijos fueran para mí más seguros que el dominio de mi amo, señor de aquella tierra, me retiré a las soledades de campos y desiertos: mi decisión fue buscar la muerte de algún modo, en caso de que hubiera faltado el alimento. (...)

Pero –dice–, después que el león se introdujo en aquella guarida suya, como se hizo evidente por la situación misma, y de lejos me ve ocultándome, se acercó, amigable y manso, y pareció que me mostraba una pata, levantándola, y que la extendía como para pedir auxilio. En ese instante –dice–, yo extraje una espina enorme, adherida en la planta de su pata, e hice salir el pus formado en el interior de la herida y, ya sin un gran temor, la sequé más cuidadosamente y limpié la sangre en profundidad. Entonces, aliviado por mi asistencia y mi remedio, puesta su pata entre mis manos, él se recostó y descansó; y, desde ese día, durante tres años enteros, el león y yo vivimos en la misma caverna y con el mismo género de alimentación.

Esta secuencia terminal incluye las siguientes funciones: castigo y alejamiento, encuentro, carencia y reparación. Luego, momento de enlace, partida y captura (las últimas, fuera de la cita). El texto concluye con el cierre del marco, mediante una nueva referencia a Apión (29), y con el *happy ending* típico del cuento popular, cuando hombre y fiera son aclamados por la multitud y cubiertos de flores, al tiempo que exclaman con ornato retórico: Hic est leo hospes hominis, hic est homo medicus leonis ("Éste es el león huésped del hombre, éste es el hombre médico del león").

Aproximaciones teóricas

De Roger Chartier, ex director de *L'École des Hautes Études* en ciencias sociales, se tendrá en cuenta su concepto de representación, importante en la historia cultural de las últimas décadas. Las representaciones son entendidas como actos que operan dentro de un sistema de comunicación, sistema que, a su vez, moviliza operaciones de clasificación y comprensión por las cuales una realidad es representada y construida. En tanto instrumento del análisis cultural, la representación es un procedimiento que hace ver un objeto ausente sustituyéndolo por una imagen capaz de evocarlo como es.

De estas imágenes, algunas son materiales, sustituyendo el cuerpo ausente por un objeto parecido o no, como los maniquíes de cera, madera o cuero que se colocaban encima del ataúd real durante los funerales de los soberanos franceses e ingleses (…). Otras imágenes juegan sobre un registro diferente: el de la relación simbólica que, para Furetière, es la representación de algo moral mediante las imágenes o las propiedades de las cosas naturales. El león es el símbolo del valor (…). Se postula entonces una relación descifrable entre el signo visible y el referente significado, lo que no significa que se lo descifre tal como se debería. [207]

Señala el sociólogo francés que él mismo había organizado un método para enfocar sus trabajos, con tres polos constituidos por: el estudio crítico de los textos, sean canónicos o desconocidos; la historia material de los libros y de los distintos soportes de la escritura; el análisis de las prácticas de lectura que se apropian de varios simbolismos y producen diversos significados. Así se buscaba interconectar disciplinas habitualmente aisladas, como la crítica textual y la filología, la historia del libro y la historia socio-cultural. Aquí, tras la revisión del texto, dejamos de lado lo relativo a la historia material del libro de Gelio, pero buscamos entender sus prácticas de lectura considerando el relato que ha recuperado sobre Androclo y el león. Es decir, se observa que tenemos una representación (la de Gelio) a partir de otra representación (la de Apión). Habida cuenta de que ello podría afectar la verosimilitud de lo narrado, nuestro anticuario se preocupa por convalidar el testimonio que él reelabora. Dentro del cenáculo del siglo segundo en que Gelio escribía, el texto literario es central; las interacciones sociales se transmutan en eventos literarios, y los círculos de eruditos lectores así se convierten en fuentes de autoridad y guardianes de la cultura en esa sociedad.

Hay asimismo una triangulación implicada Egipto-Grecia-Roma: Egipto y Grecia nos remiten a Apión, fuente de Gelio que escribió en griego; Roma es el destino donde todos confluyen y se resuelve la historia. Las *Noctes Atticae*, además, recuerdan desde su título el tópico del desvelo intelectual, la vigilia estudiosa de la *lucubratio* o trabajo nocturno juvenil en Atenas, que rinde fruto durante la madurez en Roma. Finalmente, se observa una correspondencia entre el desplazamiento geográfico que se opera (África-Roma) y los desplazamientos narrativos (Apión-Gelio) que se ponen en marcha. Como sucede en todas las

---

[207] Chartier, R. (1992:57-58).

ficciones literarias, las *Noctes Atticae* de Gelio constituyen un mundo cuidadosamente delimitado y controlado. Esto se verifica en su onomástica y toponimia.

> La mayor parte de los lugares no está especificada. A veces la casa de un amigo, o de un amigo de un amigo, y con frecuencia sitios anónimos. Muy a menudo el emplazamiento es completamente vago. Un puñado de historias retorna a los tempranos días de estudio en Atenas, pero la ubicación parece estar en Roma en un número mayor de casos.[208]

Conclusiones: la historia de la cultura como ficción primordial

En los pasajes analizados no hay presencia de lo sobrenatural, sino de lo extraño dentro de la naturaleza. Los roles básicos están reducidos a tres: el héroe popular, el antagonista, que es el amo, y el auxiliar felino, el león. Sin embargo, los hechos narrados son inconvincentes desde una perspectiva zoológica. En rigor, la especie del león surge del paisaje natural africano, pero su comportamiento está filtrado por la experiencia cultural de Gelio. Por esta vía se introduce el cuento de Apión en el orbe romano, como reescritura que destaca una posibilidad de interacción entre el hombre y la fiera.

La pretensión de historicidad del cuento popular es inadecuada, pero la apropiación del anticuario no representa para él un descrédito como historiador de la cultura, sino más bien una promoción al rango de precursor literario. Es que asoma aquí, en estado larval, un tema largamente revisitado por la literatura moderna: el de la cooperación o confrontación entre humanos y animales, incluyendo la problemática delimitación de sus respectivas fronteras, que en algún momento se entrecruzan. Esto remite por ejemplo, entre nosotros, al relato "Yzur" de *Las fuerzas extrañas* de Lugones, que enuncia una ley de involución vinculada al olvido del lenguaje (el mono, al cabo, es un hombre que no habla, como se verifica al final), o a "Bestiario" de Cortázar, en donde lo bestial no es sólo algo externo contra lo cual se combate, sino también un componente interior del hombre que en parte lo explica.[209] Recordamos igualmente al Borges de *Dreamtigers*, o al del cuento "Tigres azules",[210]

---

[208] Johnson, William A. (2010:101-102).

[209] Cf. Lugones, L. (1993). Para Cortázar, cf. García Canclini, N. (1968).

[210] Cuento, este último, que primero se denominó "El milagro perdido", publicado en el suplemento literario del diario *La Nación*, el 9 de febrero de 1978, y luego incluido en *La memoria de Shakespeare* (1983), con un cambio de título que daba cuenta de la perdurable obsesión borgeana por los tigres entrevistos en sueños. *Dreamtigers* está en *El Hacedor* (1960).

o a Marco Denevi en la sección *Cuentos de hombres y animales*, que pudo renovar la secular tradición de la fábula en "La cola del perro"(una regresión: el perro deviene lobo al no poder sacudirla, dado que no se puede prohibir lo esencial).[211] Seguramente, como dejó escrito Gilbert Durand a propósito de los símbolos teriomórficos, "nada nos es más familiar, desde la infancia, que las representaciones animales";[212] por esta misma razón ellas suelen despertarnos cierto sentido ancestral de reconocimiento. Desde una hermenéutica instaurativa, Durand reporta al león, al tigre o al lobo como símbolos del arquetipo devorador, pero en el cuento popular incluido en las *Noches Áticas* se ha materializado un proceso de eufemización, en virtud del cual lo que cuenta es la posibilidad de asociación entre especies diferentes, como tributo a un origen común que el darwinismo pondría de manifiesto una vez transcurridos cerca de dos milenios.

Referencias Bibliográficas

Aulo Gelio, *The Attic Nights of Aulus Gellius*, with and english translation by John C. Rolfe (1934), Vol. I, Loeb Classical Library, Cambridge, Harvard University Press & London, William Heinemann.

Bickel, E. (1982), *Historia de la literatura romana*, versión española de J.M. Díaz-Regañón López Madrid, Gredos.

Boardman, J., Griffin, J. y Oswyn, M. (1988), *Historia Oxford del Mundo Clásico. 2. Roma*, versión española de Federico Zaragoza Alberich, Madrid, Alianza Editorial.

Borges, Jorge Luis (2004), *La memoria de Shakespeare*, Buenos Aires, Emecé.

Cavallo, G. (1998), "Entre el volumen y el codex. La lectura en el mundo romano", en *Historia de la lectura en el mundo occidental*, Madrid, Taurus.

Chartier, R. (1992), *El mundo como representación. Estudios sobre historia cultural*. Barcelona, Gedisa.

Denevi, M. (1987), "Cartas peligrosas" y otros cuentos, en: *Obras completas*, tomo 5, Buenos Aires, Editorial Corregidor.

Durand, G. (1992), *Les structures anthropologiques de l'imaginaire*, París, Dunod.

Fabre-Serris, J. (1998), *Mythologie et littérature à Rome,* Dijon-Quetigny, Editions Payot Lausanne.

---

[211] Denevi, M. (1987).
[212] Durand, G. (1992).

García Canclini, N. (1968), *Cortázar. Una antropología poética.* Buenos Aires. Nova.

Johnson, W. A. (2010), *Readers and Reading Culture in the High Roman Empire: A Study of Elite Communities*, New York: Oxford University Press.

Kirk, G. S. (1985), *El mito. Su significado y funciones en la Antigüedad y otras culturas*, Barcelona-Buenos Aires, Paidós Studio.

Lesky, A. (1976), *Historia de la literatura griega*, Madrid, Gredos.

Lugones, L. (1993), *Las fuerzas extrañas. Cuentos fatales, Introducción de Noé Jitrik*, Buenos Aires, Austral-Espasa Calpe.

Malinowski, B. (1985), "El mito en la psicología primitiva" (traducción del original inglés de 1926: "Myth in Primitive Psychology"), en: *Magia, ciencia y religión*, Barcelona, Planeta-DeAgostini.

Propp, V. (1977), *Morfología del cuento*, Madrid, Editorial Fundamentos.

SEXTO EMPÍRICO LEE A DIONISIO TRACIO

Marisa Divenosa (UBA - UNLa)

El escepticismo de Sexto Empírico se caracteriza por una potente corrosión argumentativa que, en su afán por desarticular los argumentos de los "dogmáticos", presenta tradiciones teóricas nodales de distintas épocas. La operatoria del escepticismo es recoger cuerpos teóricos de los campos más diversos, y presentarlos mostrando en qué revelan una naturaleza dogmática. Una vez presentada cada doctrina, el escéptico propone argumentos contrarios a ellas, que son igualmente coherentes y que están igualmente atestiguados y apoyados por los filósofos; de este modo, la posición inicialmente propuesta queda en un mismo horizonte con las que resultan sus rivales, y se vuelve imposible decidir cuál es la mejor entre todas ellas. En este movimiento que fue tocando ámbitos del saber muy diversos, la gramática no tardó en volverse un frente de ataque. Y, al concretar este ataque, Sexto se vio obligado a citar posiciones y desarrollos teóricos en torno a los *grámmata* de los que –en cierto modo– es heredero, volviéndose así una fuente para la reconstrucción de la historia de la gramática.

En lo que sigue nos ocuparemos de presentar y analizar el valor de las argumentaciones que el escéptico presenta en su obra *Contra los Gramáticos*, haciendo centro en la figura de Dionisio Tracio y en su *Tékhnē Grammatikḗ*. Dado que dicha elaboración teórica es un hito en la historia de la disciplina, es dable que Sexto esté retomando en ella los elementos especulativos centrales que la constituían en su momento histórico. Nuestro objetivo es discriminar los elementos técnicos gramaticales retomados por Sexto, de sus propias especulaciones, que no nos sitúan en el ámbito lingüístico, sino en el de su propuesta especulativa escéptica.

Estructuraremos nuestro desarrollo en tres momentos: dedicaremos la primera sección a reconstruir la estructura argumentativa del tratado *Contra los gramáticos*, el primero del tratado *Contra los Profesores* o *Adversus Mathematicus*; nos centraremos luego en el análisis de los dos puntos que el escéptico transmite de la gramática de Dionisio Tracio: la definición de gramática y las partes de la misma; dedicaremos un tercer momento a las particularidades del análisis poético realizado por Sexto, a partir de la concepción gramatical de Dionisio. Terminaremos con algunas líneas conclusivas.

I. Sexto y el panorama de los gramáticos

Contra los Gramáticos es el primero de los libros que constituyen el *Adversus Mathematicos* de Sexto Empírico. Este pensador, que vivió alrededor del siglo III d.C., aplica a lo largo de los once libros de esta obra[213] la estructura de la *isosthéneia*: a partir de la igual fuerza de un argumento y su contrario, no es posible tomar posición respecto de una de ellas y es preciso por lo tanto suspender el juicio acerca de cómo son realmente las cosas. Dicho de otro modo, sobre todo asunto podemos encontrar buenos argumentos para sostener A y para sostener también no-A, y esto paraliza nuestra toma de posición. Los ejemplos frecuentemente provistos por Sexto revelan que no hay acuerdo ni unanimidad sobre cómo explicar un fenómeno o argumentar sobre la realidad. Contrariamente a lo que suele entenderse por 'escepticismo', no se trata de una posición que niega la posibilidad de conocer, sino que, a partir de la *isosthéneia* –de esta "igual fuerza" entre dos argumentos contrarios– concluye en la *epokhḗ*: no afirmamos ni negamos.

¿Cómo se aplica concretamente este movimiento al ámbito de la gramática? En *Contra los Gramáticos*, Sexto pretende demostrar en primer lugar que –contrariamente a lo que declaran los gramáticos– la gramática no es una técnica, y que incluso se trata de una disciplina que no aporta absolutamente nada a vida del hombre. Para demostrarlo, el tratado comienza por desarrollar una crítica general a lo disciplinar, es decir al concepto mismo de enseñanza o disciplina (*máthēma*), y esto coloca la discusión ya desde el comienzo en un contexto general del saber que se asienta en la *isosthéneia* antes mencionada.

Apenas comenzado el tratado, en el parágrafo 9 Sexto establece, para evaluar esto, un cuádruple criterio para determinar si una disciplina existe. Estos criterios son: el acuerdo acerca del contenido que le compete –con una digresión acerca de si lo que se enseña es corpóreo o no–; la existencia de un maestro que imparta tal conocimiento; poder señalar discípulos que aprende el contenido técnico; y la comprobación de que existe un método seguido por el maestro para lograr la enseñanza. En cada uno de las diferentes secciones en que se revisan argumentos sobre cada criterio, la conclusión es una y la misma: no existe una materia enseñada (10-30), ni un maestro ni una relación discipular

---

[213] La organización de la obra de Sexto no es unánime. Más allá de los *Esbozos Pirrónicos*, cuya unidad es indiscutida, hay quienes dividen los once libros de *Adversus Mathematicos* en dos cuerpos: el primero, que traducen *Contra los profesores*, comprende seis libros: *Contra los Gramáticos*, *Contra los Retóricos*, *Contra los Geómetras*, *Contra los Aritméticos*, *Contra los Astrólogos* y *Contra los Músicos*. El segundo, compuesto por cinco libros, se titula *Contra los dogmáticos*, está constituido por *Contra los Lógicos* I y II, *Contra los Físicos* I y II, *Contra los Éticos*.

(31-35), ni un método (36-38). Esto –que, como decíamos, constituye el telón de fondo de todo lo que se desarrollará después y es ya una descalificación general de todo saber técnico– es la piedra sobre la que se asientan todas las argumentaciones siguientes. Partimos ya de un terreno débil para poder sostener cualquier cuerpo teórico.

A partir del parágrafo 40, Sexto se centra en la gramática propiamente dicha, y la introduce como el punto de partida de todos los demás aprendizajes (41). Aclara pronto que hace falta especificar dos sentidos en que se utiliza el término *grammatiké*: uno general, con el que hacemos referencia a las letras, "el arte de leer y escribir"; y uno específico, iniciada por Crates, Aristófanes y Aristarco;[214] estos habrían realizado una sistematización más compleja que quienes simplemente se dedican a enseñar a leer y a escribir. En verdad, se trata –sigue especificando Sexto– de la conjunción del arte de las letras, con el de las partes del discurso compuestas por esas letras (49), y esto se revela como "una de las cosas más útiles que hay" (52), porque casi todo depende de este arte de leer y escribir.

A partir de esto, Sexto comienza a revisar las múltiples definiciones de 'gramática', propuestas por los llamados gramáticos (57). Así, los parágrafos anteriores se revelan como introductorios del vasto y desordenado mundo de los *grámmata* que será puesto a prueba ahora:

> Puesto que, según el sabio Epicuro, no es posible ni investigar ni estar en la duda sin preconceptos, será bueno antes de nada considerar qué es la gramática y si con las nociones presentadas por los gramáticos se puede concebir una disciplina real y consistente. (57)

Sexto asume, como Epicuro, que hace falta una *prólepsis* a partir de la cual emprender el camino teórico y reflexivo sobre la gramática; es entonces cuando recoge la palabra de Dionisio Tracio. El escéptico nos cuenta que este renombrado gramático del siglo II-I a.C., autor de una *Tékhne Grammatiké*, concibe que "la gramática es ante todo el conocimiento empírico de la lengua de poetas y escritores". Lo cita textualmente, y se detiene luego en determinar que los escritos no poéticos a los que refiere Dionisio son los de historiadores, oradores y filósofos; determinar qué cosas escribieron bien los filósofos y prosistas es, por tanto, también algo propio del campo gramatical. Sexto explica que la gramática se ocupa de la "forma correcta" (*deontôs*) y consecuente (*akoloúthos*) de sus "usos lingüísticos", y de las cosas que produjeron incorrectamente, al mismo tiempo que determinan en qué sentido

---

[214] Sexto Empírico, *Contra los Gramáticos* 44. La gramática comprendida como filología.

utilizaron un término los diferentes autores que los utilizaron. Los ejemplos que provee a continuación son relativos a la manera en que deben leerse algunos términos. Platón, Tucídides, Demócrito son ejemplos de los autores analizados; de este modo, la gramática parece comprender en su seno a la filosofía y a la retórica. En el caso de Platón, Sexto nos dice que el gramático será quien indique cómo hay que leer el término "*edos*":

> Si hay que pronunciar la primera sílaba sin aspiración y la
> segunda con ella, o bien ambas sin o ambas con aspiración.
> (59)

Con esto refiere a la expresión "*ê d'hos*", "dijo aquel", tan frecuentemente intercalada en los diálogos a modo de referencia del hablante. Si bien el ejemplo atañe a algo realmente lingüístico, la interpretación que da lugar no es clara ni netamente diferente de una interpretación filosófica, toda vez que Sexto interpreta que el gramático determina el uso correcto y coherente de ciertos términos.

Inmediatamente después de presentar esta concepción de Dionisio sobre la gramática, Sexto la contrapone a la manera en que la definen Tolomeo el Peripatético (60) –para quien no se trata de algo empírico–, Metrodoro (61) –quien pondera sobre todo a la filosofía como arte, en detrimento de las otras disciplinas–, y luego la de Asclepíades (72) –que critica, además de la referencia a lo empírico, que se ocupe de "la mayor parte de la lengua de poetas y prosistas", razón por lo cual es un conocimiento limitado y conjetural (71).

Una vez presentadas estas posiciones críticas respecto de Dionisio, Sexto declara que ésta es una discusión marginal, porque lo esencial que debe observarse es que la gramática no se ocupa sólo de los escritos mencionados, sino que

> En ocasiones también se la ve ocupándose de las
> conversaciones corrientes de gente particular y sin
> formación, y verificando lo que es bárbaro y lo que es
> griego, lo que es solecismo y lo que no lo es. (64)

Consecuentemente, al ocuparse entonces de todo discurso, la gramática se ocupa de una infinidad de cosas. Por este camino también Sexto derriba la entidad propia de la gramática: al ocuparse de todo, no tiene un objeto particular, ni ordena y limita sus objetos de análisis, tal como hace una técnica; si no tiene un objeto particular, la técnica gramatical no existe. En el curso de la argumentación, Sexto suma las voces de Queris y de Crates, para quienes la gramática se ocuparía más del significante que de significados. Así, ellos habrían afirmado que:[215]

> el crítico es diferente del gramático y que el crítico tiene que ser experto en el conjunto de la ciencia lingüística, mientras que el gramático simplemente ha de ser capaz de dar cuenta de los dialectos, explicar las cuestiones de prosodia y tener conocimiento de problemas similares; por ello compara al primero con un arquitecto y al gramático con un subordinado suyo. (79)

El gramático aparece aquí abocado a una tarea más instrumental o externa respecto del lenguaje. Se ocupa "simplemente" (*haplôs*) de la lengua (*glôssa*), y es subordinado respecto de quien es crítico de la lengua.

Poco después, el escéptico vuelve a referirse a Dionisio (81), para recordarnos que ha limitado el alcance de la gramática a poetas y prosistas, cosa que nuevamente es criticada por Demetrio, "el apodado Cloro", que habría agregado en su definición de gramática que, además de ocuparse de los poetas, lo hace de la conversación común (84).

Hasta aquí, Sexto presentó, teniendo como referencia la definición de Dionisio Tracio, varias críticas al gramático y definiciones complementarias a la suya. Como adelantamos, el trabajo del escéptico reside en presentar una pluralidad de opiniones sobre el tema de que se ocupa –aquí, la gramática–, para concluir, a partir de la disparidad de posiciones, sobre la imposibilidad de proponer una definición. Como en el resto de su obra, también aquí avanza en su ejercicio argumentativo isosthénico, que lleva a la suspensión del juicio. Hasta aquí Sexto niega la posibilidad de definir la gramática, al menos como una técnica.

El segundo punto en que se detiene es el de las partes de la gramática, tal como los teóricos las han determinado (91-96). Sin mencionar ningún gramático en particular en esta sección, se ocupa de aplicar la misma estructura argumentativa que ya hemos visto: como los pretendidos gramáticos no se ponen de acuerdo acerca de la cantidad y naturaleza de las partes que constituirían la gramática, esta sustancial indefinición confirma que no puede tratarse de una técnica. Por otro lado, como todas las partes de la gramática están íntimamente relacionadas –dice Sexto–, al demostrar que alguna de ellas no existe, se invalida la disciplina toda. Sin embargo, aunque esta parece una manera fácil de destruirla, el

---

[215] El primero parece haber sido un seguidor de Aristarco de Samotracia, en el siglo II a.C., y escribió –según refiere Sexto– una *Gramática*; el segundo, Crates de Malos -o de Pérgamo-, del mismo siglo, parece haber seguido el criterio de la "anomalía".

escéptico se propone ir mostrando que cada una de las partes postuladas por diferentes críticos no es tal.

Así, comienza con "la parte técnica de la gramática" (97-120). Esta se presenta como aquella en la que los gramáticos cifran su orgullo, ya que es la más puntillosa, detallada y difícil: consiste en el análisis y sistematización de los elementos del discurso. Tiene lugar, entonces, en el desarrollo que presenta Sexto, un extenso tratamiento sobre la naturaleza de las letras, clasificándolas en vocales y consonantes, y en vocales breves o largas y consonantes aspiradas o no, y especificando luego las combinaciones posibles entre espíritus, acentos y cantidad de las vocales. Sexto se pregunta acerca del valor de *alpha*, *iôta* y *ýpsilon* como vocales que pueden ser tanto largas como breves sin especificarlo en su propia forma (105-120). Como puede verse, esta sección es netamente técnica y Sexto no hace aquí más que describir lo que encontramos igualmente descrito en el tratado de Dionisio.

Una vez desarmados los principales argumentos acerca de los elementos últimos que constituyen la preocupación de los gramáticos, las letras, el desarrollo avanza sobre su saber más puntual. Sexto se centra, entonces, en la naturaleza de las sílabas (121-141), las particularidades morfológicas de los nombres (142-158), la división en versos (159-168), y la ortografía (169-175) que, junto con la corrección (176-240) y el estudio sobre etimologías (241-247), completan el panorama gramatical. Toda esta larga sección, al igual que la anterior, no le permite a Sexto realizar un movimiento isosthénico, porque recoge literalmente las sistematizaciones técnicas de los gramáticos –que, por otro lado, leemos en Dionisio. Tenemos aquí entonces un valioso material descriptivo de lo que circulaba en el siglo III d.C. acerca del saber técnico gramatical.

Los dos largos apartados que cierran el libro se ocupan de lo que Sexto señaló como dos partes de la gramática: la historia y el análisis poético. Respecto de la primera (248-269), cita numerosos gramáticos para explicitar de qué se trata esta sección, y puede –aunque vagamente– determinar que compete a lugares, personas y relatos de las producciones escritas (257). Volveremos sobre esto en lo que sigue, pero adelantemos que Dionisio Tracio vuelve a ser presentado, respecto de la historia, como alguien que la consideró importante en la gramática. Luego de esta sección, Sexto se aboca a lo que llama "tercera parte de la gramática": la relativa al análisis de la obra poética, que constituye una parte especial de la gramática (270-320). Se citan entonces numerosos pasajes poéticos y se pone en juego un ejemplo de lo que seguramente constituía el análisis literario practicado por sus contemporáneos. La superioridad de la prosa o de la poesía como producción artística, y la importancia de la comprensión léxica en esta exégesis cierran el libro antes de dar lugar a la crítica a la oratoria (libro II), no sin antes declarar la inutilidad de esta parte de la gramática.

II. Sexto y las particularidades de su crítica a Dionisio Tracio

Además de los pasajes referidos, Dionisio Tracio es citado en reiteradas oportunidades en *Contra los Gramáticos*. Este dato es elocuente acerca de la importancia del gramático y de su tratado respecto de la disciplina que empieza a ganar autonomía y fuerza teórica. Por otro lado, Sexto hace de Dionisio un referente para la crítica, no sólo de la propia, sino que lo erige como blanco de los ataques de sus contemporáneos y seguidores. Por eso proponemos en esta sección ver qué recupera el escéptico del gramático, y qué interpretaciones nos propone para criticarlo.

El primero de los puntos por el que es citado Dionisio Tracio compete a la naturaleza empírica de la gramática. Una vez establecido que "La gramática es el conocimiento (*empeiría*) de lo dicho sobre todo por poetas y prosistas",[216] el gramático lista las seis partes que considera sus componentes. La traducción de empeiría por 'conocimiento' propuesta por V. Bécares Botas, borra un poco el problema que Sexto ve aquí. Lo cierto es que muy tempranamente queda dicho que el objeto de la disciplina es empírico: se interesa en la *empeiría* de los discursos, de las cosas dichas generalmente, o sobre todo (*hos epì tò polý*) por prosistas y poetas. El punto es la naturaleza empírica de la disciplina, que –los críticos subrayan– iría en contra de su naturaleza técnica. Si recordamos la clasificación aristotélica de saberes presentada en *Metafísica* I, muy fácilmente acordaremos que una cosa es la práctica, sumida siempre a la contingencia de la inducción, y otra la técnica, anclada en sistematizaciones y abstracciones que hacen posible su transmisión. Sobre este punto contamos con un comentario –posterior a Sexto– que el gramático Melampo[217] hace a la *Gramática* de Dionisio, y que podría esclarecer lo que el escéptico atisba en el planteo; dice respecto de este punto:

---

[216] Dionisio Tracio, *Gramática*, 1.

[217] Melampo es un comentarista bizantino de la *Gramática* de Dionisio que vivió en el siglo VII. Junto con su comentario, se conservan otros también antiguos, como el de Esteban, los Scholia Vaticana, el de Melampo o Diomedes, el de Heliodoro. Tomamos particularmente el del primero porque en sigue en sus grandes líneas lo presentado por Sexto, y en algunos casos lo amplía. En todos los comentarios conservador pueden leerse reconstruidos y abonados con copiosos ejemplos los puntos desarrollados del Dionisio, tanto sobre cuestiones morfológicas, como fónicas, sintácticas y estilistas.

Primero debemos saber qué es experiencia (*peíra*) y después qué es conocimiento empírico (*empeiría*).[218]

En ambos casos, sigue diciéndonos el comentador, se trata de una prueba no racional. Es por esto que, en opinión de Melampo, esta definición no es correcta, y no habría que hablar de *empeiría*, sino de *gnôsis*, conocimiento de naturaleza racional. Pero fue Sexto abrió quien abrió esta vía crítica; si bien sus argumentos no son exactamente iguales a los de Melampo, ambos muestran el error de la concepción de Dionisio: dada su amplitud, la gramática no es un conocimiento técnico; pero tampoco es un conocimiento empírico, porque esto la coloca en un terreno imposible de sistematizar. La pluralidad de cosas que la ocuparían la dejan fuera de toda posibilidad de considerarla un conocimiento unificado sobre algo.

Melampo también explicita quiénes serían los autores de los escritos analizados: mientras que los poetas son fácilmente calificables por escribir en verso, los prosistas o los demás escritores parecen estar –en su comentario– identificados especialmente con los historiadores. Sexto, por su parte, incluyó a los filósofos y oradores entre los prosistas. Antes de centrarse en las partes de las que se ocupa la gramática, Melampo reformula la definición de Dionisio, y propone que se trata ahora del "conocimiento (*gnôsis*) de las cosas que se encuentran normalmente en los que escribieron en verso y sin verso". Quien se dedica a la gramática –puntualiza– no tiene obligación de conocer lo que no se menciona frecuentemente ni los enigmas, sino que le compete sólo el conocimiento de lo cotidiano, de lo que aparece siempre. El comentador resguarda la función del gramático al campo de lo frecuente:[219] "si el gramático sabe estas cuestiones se le ha de alabar, pero si no, no es merecedor de censura".[220] Esta disquisición está ausente en Sexto, que se ocupa de desarticular la posibilidad de pensar la gramática como un conocimiento empírico particular de los poetas y prosistas; en efecto, en términos fácticos y operativos, se ocupa también de "la conversación corriente de gente particular y sin formación", de manera que discrimina entre lo bárbaro y lo griego, "entre un solecismo y lo que no lo es" (I 64). Lo empírico estaría señalando para el escéptico el compromiso práctico de la

---

[218] *Comentarios Antiguos a la "Gramática" de Dionisio Tracio*, trad. V. Bécares Botas, Madrid, Gredos, 2002; p. 124.

[219] Curiosamente, este hecho lo instala realmente en el ámbito de la *empeiría*, cuando Melampo mismo criticó que la esencia de la gramática sea empírica. Dicho de otro modo, le atribuye al gramático la necesidad de poseer un conocimiento no empírico (diferente del que surge de acuerdo con *hòs epì tò polý*), pero lo exime de conocer lo que no sucede regularmente.

[220] *Comentarios...*, p. 126.

actividad gramatical, lo cual la alejaría de lo técnico. Pero –dicho en sus términos– como Dionisio quiso mostrar al gramático como un hombre erudito y de conocimientos profundos (I 62), se vio obligado a pretender, incurriendo en cierta contradicción, que la gramática es una técnica empírica.

El segundo punto relevante en la recuperación que Sexto hace de Dionisio es –como señalamos en nuestra sección anterior– el relativo a las partes de la gramática. En el parágrafo 250 de *Contra los Gramáticos* el escéptico detalla:

> Y Dionisio Tracio, cuando dice que son seis las partes de la gramática (que nosotros hemos descrito más arriba como tres en total), está también incluyendo en ellas la historia (*tò historikón*). Dice, en efecto, que las partes de la gramática son el ejercicio de la lectura en voz alta atendiendo a las particularidades prosódicas, la explicación de las figuras poéticas contenidas en los poemas, la exposición de vocablos y del contenido de las obras (*léxeon kaì historiôn apódosin*), el descubrimiento de etimologías, la exposición de la analogía y la crítica literaria de los poemas.

Al finalizar de enumerar estos elementos, Sexto dice que se trata de una "división absurda" (*atópos*) y equívoca. Él mismo había declarado, en el parágrafo 91, que la cantidad y cualidad de estas partes está lejos de ser consensuada, y que se ocuparía de mostrar que la disciplina en cuestión tiene una parte histórica, una técnica y una tercera "especial", comprometida con el análisis de lo poético y de la prosa. En esta perspectiva, es claro que la postulación séxtuple de Dionisio resulta excesiva. La explicación de Sexto orienta nuestra interpretación hacia la idea de que Dionisio mezcló partes con sub-partes y alteró categorías de la organización. Dicho de otro modo, el gramático considera la lectura en voz alta, la explicación y la crítica de la poesía como partes diferentes, cuando todas ellas pueden comprenderse perfectamente en el estudio de la poesía y de la prosa, y el estudio de etimologías y analogías pertenecería a la llamada por Sexto 'parte técnica'. De este modo, además de la parte histórica –aquella que se ocupa de los vocablos y del contenido de las obras– sólo habría dos secciones complementarias de la gramática.

Igual que Sexto, una vez que termina de analizar su definición, el comentador Melampo retoma la clasificación séxtuple de Dionisio, pero aprovecha su comentario para indicar que anteriormente las partes eran consideradas cuatro: corregir, leer, explicar y juzgar.[221] Una vez explicado en qué consistía cada una de estas, y habiendo aclarado que el último interventor, el crítico, es quien tiene el conocimiento más acabado acerca de la escritura, explica que la corrección es la parte que se transformó en otras tres: interpretación de términos raros, etimologías y exposición de analogías.[222] De este modo, lo que el comentarista sostiene es que el gramático se dedica a: 1. La lectura y prosodia adecuada de los libros, lo cual implica conocimiento de los acentos, cantidades, espíritus y alternaciones que sufra la palabra en su lectura. La correcta pronunciación es igualmente parte de la lectura. 2. La explicación de las figuras poéticas, que ejemplifica proporcionando pasajes de la obra de Homero; 3. La interpretación de las palabras y de los argumentos menos evidentes compete en gran parte a cuestiones dialectales, y hacer comprensible por todos los desarrollos que menos lineales; 4. La búsqueda de etimologías —en términos de Melampo, el "desmembramiento de la palabra"— se presenta como la *alethología* —estudio de la verdad— de términos. Es una de las partes de la corrección, centrada particularmente en los rasgos semánticos de los elementos del discurso; 5. La exposición de la analogía no es ni más ni menos que la sistematización de caso y de flexión verbal. También forma parte de la corrección, porque sólo a partir de esta sistematización será posible determinar errores en el uso de los términos; 6. La crítica de los poemas, última parte de la gramática expuesta por el comentador, implica la pericia y el juicio del gramático para evaluar la calidad de los poemas. Dionisio —dice Melampo—[223] dio preeminencia a esta parte, seguramente porque él mismo era crítico y la prefería por sobre las demás. De este modo, las seis partes propuestas por Dionisio se retoman tardíamente, más allá del esfuerzo de Sexto por sintetizarlas y reagruparlas. Queda entonces en evidencia que su propuesta no trascendió su propio planteo, ya que respondería particularmente a una lógica interna de la propuesta sextiana.

El comentario de Melampo presenta a continuación la descripción detallada de los temas que aparecen en la *Tékhne* de Dionisio. Esto obedece —como dice V. Bécares Botas—[224] a que, más allá de las declaradas intenciones del gramático de establecer las seis partes de la gramática, esa estructura está lejos de ser la que se presenta fehacientemente en la obra. Ella se encuentra en verdad estructurada a

---

[221] *Comentarios...*, p. 126.

[222] *Comentarios...*, p. 128.

[223] *Comentarios...*, p. 132.

[224] Introducción de V. Bécares Botas a los *Comentarios Antiguos a la "Gramática" de Dionisio Tracio* (2002:19).

partir del análisis de unidades lingüísticas: oración, palabra, sílaba, letras, "mediante las cuales obtiene el sistema definitivo de análisis gramatical tradicional: clases de palabras, tipos de sílabas y ordenación fonética, con sus variedades internas".[225] En verdad, tampoco es allí donde Sexto encontró materia fértil para sus críticas. Es en las declaraciones de principio sobre el que se asientan dichas sistematizaciones –y en las consideraciones sobre el valor del trabajo gramatical–, donde encuentra materia para su crítica.

Tanto Sexto como Melampo citan literalmente en sus obras, respecto de las partes de la gramática consideradas por Dionisio, el texto de la *Tékhne*. Para ejemplificar la forma en que se realiza la crítica de Sexto, haremos eje en una de las partes, la historia, y a partir de allí mostraremos la dinámica de la desarticulación sextiana. A pesar de la diferencia entre lo que parece entender Dionisio por *tò historikón*, respecto de cómo lo entienden Sexto y Melampo, todos asumen que la historia es una parte importante de la gramática. Evidentemente, cuando se habla en este contexto de 'historia', en ningún caso se trata de lo que "a partir del siglo XIX se denominó 'gramática histórica'",[226] sino que hace referencia a las reflexiones realizadas sobre la tradición y el uso de términos, y sobre datos relativos a personajes y hechos incluidos en el material analizado. Sexto caracteriza lo propio de lo histórico como aquello

> en que enseña acerca de personajes, como dioses, seres humanos y héroes, o bien diserta acerca de accidentes geográficos como montañas y ríos, o bien transmite informaciones acerca de ficciones y mitos, o cualquier otro asunto de este estilo.[227]

La indeterminación o la dificultad por determinar la especificidad de esta parte es importante en el argumento de Sexto. Su vaguedad hace pensar que esta ella se ocupa de todo comentario sobre cuestiones dichas, que no están técnica o particularmente comprendidas en las otras partes. El escéptico dice allí que, a pesar de que se trata de una parte entre otras, es imposible que cada una de ellas opere con total independencia de las demás. Este comentario va a permitirle adelantar que, mostrando la inviabilidad de una parte, quedará demostrada la inviabilidad de las

---

[225] *Idem* n. 223.

[226] Dionisio Tracio, *O.c.*, Introducción de V. Bécares Botas; p. 56. Tal como especifica R. Bett (*Sextus Empiricus, Agains those In the dlscIplInes*, Oxford, OUP 2018, p. 104, n. 238). "*Historia* originally meant either "inquiry" quite generally (not only what we would call historical inquiry), or an account of what one had learned through such inquiry".

[227] *Gram.* 92.

tres,[228] lo cual constituye precisamente su principal objetivo. Más tarde, citando al discípulo de Crates, Taurisco (248), como quien subordinó la gramática a la crítica, recoge la idea de que, dentro de esta última, lo histórico se encarga del "manejo del material desorganizado" (*tò perì tèn prokheiróteta tês amethódou hýles*).[229]

Después de citar a Dionisio, a su vez, Sexto trae la clasificación de Asclepíades (252), según el cual la historia se subdividiría nuevamente en tres regiones: la comprometida con la historia que es verdad (lo que realmente sucedió), con la que es falsa (ficciones y mitos; más específicamente, las genealogías) y la tercera, relativa a lo que se toma "como si fuera verdad" (la comedia y el mimo, por ejemplo).[230] De ellas, la parte verdadera vuelve a dividirse en tres: la primera es relativa a los personajes y personas de que se trate; la segunda, "lugares y tiempos"; y la tercera se ocupa de las acciones. Sexto sintetiza estas concepciones tan disímiles y complejas a una sola caracterización de la rama histórica de la gramática: su inespecificidad, su desorganización (*améthodos hýle*).[231] Es en base a esta falta de sistematicidad que la caracteriza que –argumenta Sexto– no puede formar parte de la gramática, entendida como técnica. En efecto, si la gramática es fehacientemente una *tékhne*, no puede comprender en sí una parte que no lo sea, que permanezca en la desorganización, que amenace en desvirtuar la seriedad de la totalidad. Los ejemplos que presenta el escéptico tienen que ver específicamente con datos biográficos de los personajes y personas mencionados en los escritos: si fue hijo de…, si vivió en…, etc. Le resulta simple demostrar también por esta vía que, dado que esto podría ser parte de la ocupación de cualquier disciplina –incluso de una no-técnica–, no forma parte de la *grammatikè tékhne*.

Pero Sexto no se contenta con este argumento, y presenta aún la idea de que, siendo la historia esta reconstrucción de hechos particulares, su objeto sería infinito –en efecto, las historias particulares son infinitas–, y por este medio también sería eliminada de la técnica. Lo mismo sucede con la cantidad de narraciones que tenemos sobre un mismo hecho: dado que diferentes fuentes aportan datos diferentes, e incluso contradictorios, sobre lo sucedido, es inconcebible que la historia, como parte de la

---

[228] *Gram.* 96.

[229] *Gram.* 250.

[230] *Gram.* 252. Es sugerente que Sexto cite a Asclepíades en dos ocasiones (72 y 252), y lo haga con posterioridade a dar referencias sobre Dionisio. Dado que la posición del escéptico suele amalgamarse con el primero –gramático, historiador y astrónomo de los s. II-I a.C.–, es posible que encuentre en sus argumentos el primer punto de apoyo para socavar lo teorizado por el Tracio.

[231] *Gram.* 254.

gramática, albergue en ella contradicciones e infinitud de versiones, y que siga siendo parte de la técnica.

Pero el centro de toda la argumentación de Sexto contra la existencia de la historia como parte de la gramática tiene lugar entre los parágrafos 267-8 de *Contra los Gramáticos*:

> en primer lugar, los gramáticos no nos han proporcionado un criterio (*kritérion*) para determinar la veracidad de una historia (*tês aléthoùs historías*), criterio con el que pudiéramos investigar cuándo dicha historia es verdadera y cuándo es falsa. Además, si los gramáticos no se ocupan de ninguna historia verdadera, será también inexistente su criterio de verdad. (...) En efecto, primero habrá que establecer quién dice la verdad entre los testimonios divergentes (*en toîs diaphonoûsi*) y después investigar los hechos; pero si todos cuentan cosas inverosímiles (*apíthana*) y falsas tampoco habrá posibilidad de presentar un criterio técnico.

La clave aquí es el concepto sextiano de *diaphonía*. Este término, utilizado frecuentemente por Sexto, menciona el desacuerdo, la discordancia que puede verificarse entre diferentes opiniones dentro de un campo de conocimiento, cuando se pretende determinar qué es, en qué consiste, qué lo caracteriza, etc. Para el escéptico, la historia cae bajo lo que es 'diafónico', razón por la cual puede hacer pie allí para demostrar la inexistencia de la técnica gramatical: como decíamos, si todas sus partes están íntimamente unidas entre sí y pueden diferenciarse sólo con fines analíticos, y lo histórico, como partes de la gramática, no tiene especificidad, la conclusión es que la gramática carece de especificidad. La falta de consenso respecto de qué es, qué juzga, qué aportes viene a dar lo histórico a la técnica en su conjunto, la invalidan como parte de la disciplina, y sirve a la vez para desmadrar la solidez de la técnica toda. Las otras partes, especialmente las relativas al estudio de las vocales y consonantes, las unidades que conforman la lengua, los tipos de palabras existentes y sus interrelaciones, son tratadas por Sexto como bloques argumentativos blindados; se limita a describirlas y a recogerlas de una tradición que hereda, y cuya solidez se disolverá desde los aspectos más 'diafónicos' de la práctica gramatical.

Recordemos un detalle final, antes de dejar el texto de Sexto. Tras estos desarrollos, y antes de dar lugar al análisis que los gramáticos realizan del discurso poético, el escéptico afirma que los gramáticos mismos no especifican en qué consisten los principios de la parte histórica de la disciplina, porque eso es tarea de los profesores de retórica (*toûto gàr rhetorikôn estì tò érgon*).[232] La refutación de que la retórica es una *tékhne* se realizará en el libro siguiente (*Adv. Math.* II); sin embargo, no encontraremos allí ningún argumento relativo a lo histórico.

En el tratado de Dionisio, una vez que se establecen las seis partes de la gramática, no hay lugar para disquisiciones del tipo que presenta Sexto. No sólo porque el gramático no se detiene en explicar criterios o contenidos concretos, o –mucho menos– en darnos ejemplos de la naturaleza de lo histórico que compete a la gramática, sino porque todo el tratado se desenvuelve en largas series de definiciones relativas a letras, palabras y flexiones, es decir, a lo que Sexto llama "parte técnica". Se ha observado repetidamente la incompletud del tratado de Dionisio, especialmente en lo referente a la sintaxis, que sólo está considerada de manera sumamente indirecta, a partir de las especificidades que se dan sobre el nombre y el verbo. No es menos cierto entonces que la caracterización inicial de los *mére* de la técnica en cuestión no constituye una preocupación real del gramático. De modo que todo lo discutido por Sexto se desprende de su propio interés y avanza por vías propias de su filosofía, más que de la discusión en que se encuentra la cristalización de la técnica gramática en el siglo III d.C.

III. Sexto y el gramático exégeta de la poesía

Dediquemos por último un momento a revisar el nutrido análisis de lo poético que Sexto propone, presentado a continuación de lo que retomamos sobre la historia. De todas las secciones en las que el escéptico critica los diferentes aspectos de la gramática, el dedicado a la poesía es el más extenso (270-320). Como ya dijimos, Dionisio sólo incluye esta parte en su enumeración primera de las partes de la técnica, pero después no da lugar a desarrollos ni ejemplos de la misma. Sin embargo, para el escéptico es también –como lo histórico– terreno propicio para criticar la gramática en su conjunto.

Al presentar a la poesía, Sexto la coloca incluso por encima de la filosofía, ya que todos los filósofos se formaron en ella y encontraron en los poetas referentes de reflexión vital; ejemplos de esto son Pirrón y Epicuro, no menos que Epicarmo (272, 273, etc.). La poesía se revela entonces como algo útil para la vida. Pero, luego de recoger estos testimonios, el escéptico afirma que los dichos de tipo gnómico y exhortativo no necesitan de interpretación gramatical (278), sino demostraciones (*apodeíxeis*), que sólo la filosofía puede proveer (279).

---

[232] *Gram.* 269.

De modo que, como ya había adelantado, dado que los poetas son de poca utilidad o de ninguna, mientras que los filósofos y los demás escritores en prosa enseñan cosas útiles (*tà ophélima*), no necesitamos de la gramática.[233]

Una vez más, Sexto toma la parte por el todo y, argumentando sobre la ineficacia de una sección de la gramática, considera haber destruido la posibilidad de considerar cualquier cuestión sobre ella. Los prosistas en los que piensa incluyen, en primer lugar, a los filósofos que "tienen por objetivo la verdad", en tanto los poetas se preocupan sólo por provocar placer y fortificar las pasiones,[234] porque "la mentira deleita en mayor medida que la verdad". La poesía tiene la función de arrastrar o llevar al alma (*psykhagogeîn*), pero no siempre lo hacen hacia un lugar loable.[235] Al finalizar esta presentación, Sexto estima que lo dicho corresponde a la crítica de la que comúnmente es objeto la poesía, especificando que representa "especialmente a los epicúreos". [236]

Sin mayores detalles, la estructura argumentativa cambia sustancialmente del tono que tenía precedentemente (300), y Sexto razona a partir de una estructura familiar en el cuerpo de su propia obra: presenta una opción de respuesta frente a un problema, y luego la lleva a un absurdo; a continuación presenta la alternativa contraria a la anterior, que nuevamente lleva a un absurdo; finalmente presenta ambas opciones en conjunción, llevándolas evidentemente a un nuevo absurdo; todo esto lleva a la suspensión del juicio. En los pasajes que leemos, la cuestión se presenta de la manera siguiente:

> puesto que todo escrito en prosa y todo poema consiste en las palabras que expresan y en los objetivos por ellas expresados, si realmente el gramático posee un arte de discernir lo dicho por prosistas y poetas, necesariamente tendrá que conocer o bien sólo las palabras (*léxeis*) o bien sólo los objetos subyacentes (*tà hypokeímena prágmata*) o ambas cosas a la vez.[237]

Que los gramáticos, ciertamente, no conocen los objetos de los que se ocupan, queda –para Sexto– demostrado a través de su imposibilidad de interpretar correctamente algunos pasajes del *Timeo* de platón,[238] de

---

[233] I 296.

[234] I 297.

[235] I 297.

[236] I 299. Lo mismo confirma Filodemo, en su *De musica* IV 28.

[237] I 300.

[238] Pl., *Tim.* 35a t 45b.

Timón de Fliunte, de Empédocles,[239] de Homero.[240] El desarrollo no ahorra en afirmaciones dignas de un dogmático consagrado, especialmente cuando clasifica los objetos en físicos, matemáticos, musicales y médicos, y asegura que cada uno es especialidad de un físico, un matemático, un médico, etc.[241] A diferencia de lo que suele hacer, Sexto olvida aclarar aquí que esto lo dice "en la medida en que se nos aparece" y sin dogmatismos (*adoxastón*), y sus dichos se vuelven aquí verdaderas aseveraciones.

Si el lector no hubiera quedado todavía persuadido de la inexistencia de la gramática como técnica, el escéptico vuelve a argumentar que, en la medida en que el gramático debe ocuparse de objetos gramaticales, entre las cuales están las palabras, como ellas son infinitas, de conformación diversa, y se aplican incluso a cosas desconocidas, evidentemente no pueden ser objeto de una *tékhnē*, porque sus temas de estudio son imposibles de sistematizar. Esto vale para el lenguaje cotidiano y no especializado. Ahora, si se trata de términos propios de una disciplina –pongamos por caso, términos filosóficos del tipo *tò tí ên eînai, ou mâllon*, etc.–,[242] con más razón los gramáticos serán incapaces de comprender un registro tan específico. El desconocimiento de la realidad específica a la que los técnicos aplican estas expresiones deja a la gramática fuera de cualquier posibilidad de realizar exégesis léxicas sólidas, *i.e.* técnicas.

Como puede verse, Sexto alterna en la valoración de la poesía y del gramático como su intérprete, refiriendo frecuentemente a la actividad filosófica o a otras actividades específicas que, al parecer, son menos ociosas que la gramática. Como en el caso de la historia, los argumentos son frecuentemente de naturaleza dogmática, en la medida en que realiza aseveraciones terminantes y olvida repetir que ellas son dichas sin pretensión de verdad o de una manera aproximada.[243] Sin duda Sexto intenta en estos apartados dedicados a la poesía diferenciar a la filosofía de otras actividades especulativas, e incluso ponerla por encima de una de ellas. La fuerza de las figuras de los poetas y la impronta de la poesía como vehículo de modelos morales no es una idea nueva, ni puede ser

---

[239] DK B100.

[240] *Il.* IV 383.

[241] I 300.

[242] I 315.

[243] Sexto Empírico, *Esbozos Pirrónicos* I 19: "En efecto, nosotros no echamos abajo las cosas que, según una imagen sensible (*tà katà phantasían pathētikēn*) y sin mediar nuestra voluntad, nos inducen al asentimiento (*eis sunkatáthesin*); como ya dijimos. Y eso precisamente son los fenómenos". Con este tipo de afirmaciones, Sexto se dice partidario de declarar sin afirmar, comprometiéndose así solamente con aquello que aparece pasivamente a la sensibilidad.

subestimada por Sexto. Pero no es posible admitir que existen dos actividades que nos lleven a la buena vida –la filosofía y la gramática–; sólo la primera, por su seriedad y su especificidad, podría comprometerse eventualmente con una vida mejor.

El hecho de que Dionisio no desarrolle estos puntos –probablemente por la naturaleza compendiada de su obra, y por considerar que los elementos técnicos de la lengua son los prioritarios de todo análisis gramatical– no ha desalentado a Sexto a emprender también una sólida desarticulación de la exégesis poética como portadora de un saber respetable.

IV. Algunas líneas para concluir

Indudablemente, uno de los referentes de Sexto al reconstruir las bases teóricas sobre las que se pensaba la gramática como técnica es la obra de Dionisio Tracio. Esto se erige ya como un dato, relevante para nosotros, respecto del *status quaestionis* de la técnica gramática en el siglo III d.C. La manera en que el escéptico transmite lo dicho por el gramático da claras pistas de que posee su obra y la sigue de cerca. La generalidad de algunas afirmaciones que encuentra allí le allana el camino para desarticular la posición de Dionisio, partiendo más de sus supuestos que de los argumentos técnicos que desarrolla.

Dos son los puntos que le interesaron a Sexto para demostrar la naturaleza endeble de la gramática, y que encuentra claramente presentes en la obra de Dionisio. El primero es el relativo a su naturaleza empírica. No es posible que la gramática se conciba como una técnica, si no llega a sobrepasar el grado de la *empeiría*. El segundo es la falta de unidad que tiene como *tékhnē*, que se cristaliza en la heterogeneidad de partes que se le atribuyen. Tres, cinco o seis partes –nueve incluso, si se considera las sub-partes de cada una–, los técnicos en gramática nunca han llegado a ponerse de acuerdo en esto. Y, si no se acuerda sobre el número de sus partes, menos aún se acordará sobre la naturaleza de las mismas. Es en este escenario donde Sexto encuentra un nuevo punto fácil de atacar: la parte histórica de la gramática, *tò historikón*, en su vaguedad y carencia de método, prueba que la gramática está lejos de ser una técnica. En este argumento, Sexto fuerza la palabra de Dionisio, interpretando lo histórico como el contenido de todo discurso, el sentido frecuente que tienen frases o relatos. El único lugar donde el gramático habla de esta materia narrativa es en la enumeración de las partes de la técnica. El otro punto débil es el de la interpretación poética. Sexto no se privará de demoler estos dos pilares de la gramática, para derribar el cuerpo entero de su saber.

Pero lo cierto es que en la *Tékhne* sólo hay mención de estas partes –*i.e.* la histórica y la interpretación poética– al comienzo del libro, y el cuerpo sustancial de la obra de Dionisio se centra pura y exclusivamente en observar cuestiones morfológicas y semánticas, no en cuestiones narrativas y hermenéuticas. ¿Por qué Sexto se detiene tan largamente, entonces, en la disquisición sobre estas supuestas partes de la técnica? Precisamente porque es allí donde la técnica se vuelve más débil y permeable a la crítica escéptica.

Las cuestiones gramaticales interesan a Sexto sólo en la medida en que constituyen contenido enseñado y sobre el que es preciso dudar. No le preocupa esta técnica más que cualquier otro contenido impartido por los maestros. La plantilla o el molde crítico que pudimos observar en *Contra los Gramáticos* será la misma que aplique a cada uno de los temas que enfrenta en su *Adversus Mathematicos*, que puede resumirse como un movimiento que va desde la demostración de la vaguedad e inconsistencia, a la presencia de contradicción en las opiniones de los técnicos; en eso reside la inexistencia de cada pretendida *tékhne*. De este modo, al leer el primer libro contra los profesores, ya hemos conocido el camino que el escéptico recorrerá en los libros que siguen.

Referencias Bibliográficas:

Sexto Empírico (1993), *Esbozos Pirrónicos*, introd., trad. esp. y notas Ángel Gallego Cao y Tomás Muñoz Diego, Madrid, Gredos.

Sextus Empiricus (1997), *Esquisses Pyrrhoniennes*, introd., traduction et commentaires par Pierre Pellegrin, Paris, Points Essais.

Sextus Empiricus (2018), *Agains those in the disciplines*, transl. and comm. By R. Bett, Oxford, OUP.

Bett, R. (2000), *Pyrrho, his Antecedents and his Legacy*, Oxford, University Press.

––––––––––– (2010), *The Cambridge Companion to Ancient Scepticism*, Cambridge, University Press.

Chin-Tai, Kim, "The Relativity of Knowledge and Relativism", in *The International Journal of the Humanities*, vol. 6, No. 6 (2008); p. 83-89.

Hookway, Ch., «Scepticism and Autonomy», en *Proceedings of the Aristotelian Society*, New Series, Vol. 90 (1989-91); p. 103-118.

Stough, Ch., "Sextus Empiricus and Non-Assertion", en *Phronesis*, Vol. 29, N° 2 (1984); p. 137-164.

ÍNDICE

PRÓLOGO   5

LA POLISEMIA DE LA MUERTE, SÍMBOLO DE LA   7
FILOSOFÍA
Brousson, Agustín

ACERCA DE LA *LÉXIS*, LA TONALIDAD AFECTIVA Y LA   17
PERSUASIÓN EN ARISTÓTELES
Vecchio, Ariel

EL TRATAMIENTO DE LA ANÁFORA EN APOLONIO   53
DÍSCOLO Y EL FENÓMENO SINTÁCTICO DEL PRONOMBRE
RELATIVO
Castello, Ángel

ANALOGÍA, ANOMALÍA Y GÉNERO DE VOCES LATINAS EN   79
AULO GELIO
Mainero, Jorge

NARRAR EL SABER FILOSÓFICO: EL SÓCRATES   89
PLATÓNICO COMO *ETHOPOIÍA* DEL *KNOW-HOW*
Vecchio, Ariel

ESTRATEGIAS PARA LA AMPLIACIÓN DE LA TÉCNICA   113
RETÓRICA EN EL FEDRO
Fierro, María Angélica y Lozano, Milena

LA CRÍTICA E INTERPRETACIÓN DE LA POESÍA: UN   137
POSIBLE APORTE DE DIÓGENES DE ENOANDA A LA
POLÉMICA ENTRE EPICUREÍSMO Y GRAMÁTICA
Vargas Caparroz, Juan Agustín

FICCIÓN Y REPRESENTACIÓN EN AULO GELIO   153
Mainero, Jorge

SEXTO EMPÍRICO LEE A DIONISIO TRACIO   163
Divenosa, Marisa